Dalai Lama
Michael von Brück

Wagnis und Verzicht

Dalai Lama
Michael von Brück

Wagnis und Verzicht

Die ermutigende Botschaft des Dalai Lama

Kösel

MIX
Papier aus verantwortungsvollen Quellen
FSC® C014496

Verlagsgruppe Random House FSC® N001967

Neumarkter Str. 28, 81673 München
Übersetzerin: Elisabeth Liebl
Umschlag: Weiss Werkstatt, München
Satz: Leingärtner, Nabburg
Druck und Bindung: GGP Media GmbH, Pößneck
Printed in Germany
ISBN 978-3-466-37235-5
www.koesel.de

Dieses Buch ist auch als E-Book erhältlich.

INHALT

VORWORT

Der Weg meditativer Erfahrung ist offen.
Er ist nicht die Flucht in ein inneres Jenseits;
er führt in die Gegenwart, in die Vernunft zurück.

CARL FRIEDRICH VON WEIZSÄCKER[1]

Hat die Menschheit überhaupt noch eine Chance? Sind die zerstörerischen Potenziale des Menschen inzwischen so unkontrollierbar geworden, dass nur noch Resignation oder Verdrängung bleibt?

Die Antwort ist ein klares: Nein! Denn nichts ist und bleibt, was es ist, sondern entwickelt sich. Der Mensch muss jedoch lernen, vertraut Gewordenes aufzugeben. Dafür brauchen wir das Wagnis, Neues zu erproben, aber eben auch Verzicht auf manche Ansprüche, die wir, um unser Ego zu stabilisieren, für selbstverständlich halten. Vor allem brauchen wir Geduld, und das ist die kluge Balance von Wagnis und Verzicht, von Mut einerseits und Selbstbeschränkung andererseits.

Zwar wird in buddhistischer Perspektive das Bewusstsein als anfangs- und endlos begriffen, doch unter dem Gesichtspunkt des Entstehens aller Dinge in wechselseitiger Abhängigkeit und der Evolution erscheint alles Leben im Wandel. Die menschliche Kulturgeschichte wird ebenso wie die Geschichte der Natur durch das Gesetz von Ursache und Wirkung in Gang gehalten: Wie wir heute denken, fühlen und leben, ist das Resultat der Vergangenheit, und deshalb sind wir durch genetisch ererbte und kulturell geformte Verhaltensmuster zwar geprägt, aber nicht festgelegt. Denn das, was wir jetzt denken und tun, ist wiederum

Ursache für Wirkungen, die sich in der Zukunft zeigen werden. Gedanken und Taten haben nicht nur Wirkungen nach außen, sondern sie wirken auf den Verursacher oder Täter zurück. So gestalten wir uns selbst durch unser Tun, d.h. der Mensch gestaltet sich durch seine eigene Gestaltung. Das bedeutet: Wir sind verantwortlich für das, was wir sind. Und wir sind im Werden.

Mutationen in der Geschichte der Evolution waren dann erfolgreich, wenn sie die verbesserte Anpassung der betreffenden Lebewesen an ihre Umwelt ermöglicht und damit die Lebensqualität erhöht haben. Fehlanpassungen und Fehlentscheidungen hingegen führen langfristig zu Verlust an Lebenskraft. Lebewesen werden, leben und vergehen in Wechselwirkung mit ihrer Umwelt. Ohne dass steuernde Rückkopplung zu Korrekturen anregt, würde die Fehlerquote in jeder Entwicklung zunehmen und ein System sich letztlich selbst zerstören.

Wir sind also nicht festgelegt, sondern können lernen. Menschliche Natur und Kultur lassen sich nicht trennen, denn der Mensch hat zwar von Natur genetische Programme ererbt, doch umgekehrt ist des Menschen eigene Natur auch geprägt durch die Kulturgeschichte. Kultur, die durch Bildungsprozesse über die Generationen hinweg weitergegeben und gestaltet wird, ermöglicht neue und angepasste Formen der Erkenntnis, der Emotionen und des Verhaltens, die auf früheren Entwicklungen aufbauen, diese aber auch korrigieren. Der Anpassungs- und Transformationsdruck ist groß – andernfalls zerstören die Kräfte der Aggressivität (Kriege) und der Gier (Umweltzerstörung) die Grundlage für das menschliche Leben auf der Erde.

Im Rückblick auf die uns bekannte Menschheitsgeschichte beobachten wir, dass Menschen von zwei Kräften angetrieben werden: einerseits von dem Verlangen, einer Gruppe anzugehören, und andererseits sich durch Eigenleistung von einer Gruppe abzuheben. Der erste Faktor macht uns zu sozialen Wesen, der zweite zu Individuen. Wir streben gleichzeitig nach Zugehörigkeit zur Gemeinschaft und nach individuellem Status. Die Gemeinschaft ist Voraussetzung für unsere Entwicklung als Individuen, und als Individuen leisten wir einen Beitrag zur Gemeinschaft, denn wir sind soziale Wesen und Teil der Gemeinschaft. Kulturelle Traditionen setzen dieses Wechselspiel auf unterschiedliche Weise um, aber beide Kräfte sind ständig präsent. Gier, Macht- und Herrschaftssuche, Eifersucht, Liebe, Empathie, Hingabe etc. – alle »negativen« und »positiven« Emotionen können als funktionale Faktoren in dieser Dynamik betrachtet werden. Sie müssen in ein Gleichgewicht gelangen, das das Leben verbessert, anstatt es zu zerstören. Dies geschieht nicht von selbst, sondern durch kulturelle Praxis auf allen Ebenen menschlichen Handelns – individuell, in sozialen Gruppen, politisch und in einer globalen Wirtschaft. Kein Zweifel: Wirtschaft ist heute die treibende Kraft, aber auch die Wirtschaft wird von Wissenschaft und Technologie mit der Motivation menschlicher Emotionen angetrieben.

Wie können diese Prozesse auf der Grundlage von Einsicht gesteuert bzw. rational kontrolliert werden? Dies war und ist die zentrale Frage bei den Gesprächen zwischen Seiner Heiligkeit dem Dalai Lama und Michael von Brück, die über mehrere Tage im April 2018 in Dharamsala, dem Sitz des Dalai Lama, stattfanden, von Michael von Brück herausgegeben und durch den Dalai Lama autorisiert wurden. Die Gespräche spiegeln die Lebenserfahrungen zweier Freunde, die sich vor dem Hintergrund ihrer Biographie in ganz verschiedenen sozialen Kontexten und Funktionen Gedanken um die Zukunft der Menschheit machen. Trotz sehr unterschiedlicher Lebenswege sind beide nunmehr über vier Jahrzehnte hinweg im Geiste intellektueller und emotionaler Diskurse vereint. Was ist dieser »Geist«, was bedeutet »vereint«? Natürlich werden wir unterschiedliche Meinungen und Ansichten zu den aufgeworfenen Fragen und den Möglichkeiten der Implementierung von Instrumenten für eine kulturelle Erneuerung vertreten, die einander ergänzen, aber auch widersprechen. Rückblickend auf unsere Lebenserfahrungen stellen wir fest, dass Mut und Frustration, Erfolg und Misserfolg, Hoffnung und Trauer zu dem beigetragen haben, was wir in diesen Gesprächen zum Ausdruck bringen wollen. Die Transformationsprozesse, über die wir sprechen werden, sind möglich. Und: Sie sind keine unerträgliche Last, sondern sie setzen Kräfte der Kreativität, der Freude, der gesteigerten Lebensqualität frei! Sie können uns ein erfüllteres Leben bereiten. Unter dem Titel »Wagnis und Verzicht« geht es uns einerseits darum, vorläufig Bilanz zu ziehen, und andererseits ein »Programm« zu entwerfen, das viele Menschen berühren und ermutigen möge, um ein transformiertes Bewusstsein als Grundlage für konstruktives Handeln zu entwickeln.

Tenzin Gyatso, XIV. Dalai Lama
Michael von Brück

Die Gespräche wurden auf Englisch geführt. Als ich dem Dalai Lama deutlich machte, dass wir im Deutschen zwei Möglichkeiten haben, das englische »you« zu übersetzen, nämlich in der distanzierteren, aber auch Respekt ausdrückenden Form des »Sie«, oder mit dem familiär-freundschaftlichen »Du«, das Nähe signalisiert, insistierte er kategorisch auf dem »Du«. Die Rücksprache mit den Privatsekretären ergab, dass ich unbedingt beim »Du« bleiben solle, denn das entspreche nicht nur dem ausdrücklichen Wunsch des Dalai Lama, sondern auch der Atmosphäre der Gespräche.
Im Übrigen begegnet der Dalai Lama *jedem* seiner Gäste mit jener ungeteilten freundschaftlichen Präsenz, die so charakteristisch für ihn ist. Denn *alle* Lebewesen stehen zueinander in einer familiär nahen Beziehung und sollten dies täglich verinnerlichen, damit wir in einer Welt leben können, die stärker von Mitgefühl füreinander und Hinwendung zueinander geprägt werde, als das heute der Fall ist.

Michael von Brück

EINFÜHRUNG

Wagnis und Verzicht

Michael von Brück (im Folgenden: MvB): Was ist unter dem Thema »Wagnis und Verzicht« zu verstehen? Einige Vorbemerkungen sind angebracht, damit wir, aber auch unsere Leser wissen, worüber wir reden.

Wagnis hat mit Mut zu tun, kann aber auch in Übermut umschlagen. Im Wagnis steckt Grenzüberschreitung, auch Risiko. Wagnis ist immer auch Abenteuer, es bedeutet meistens, gegen den Strom zu schwimmen und alte Gewohnheiten abzustreifen. Ein Wagnis ist es, Vertrauen zu haben, ohne das wir nicht leben können, das aber oft genug enttäuscht wird. Wagnis ist Aufbruch zu neuen Ufern. Wagnis riskiert das Scheitern. *Verzicht* kann eine kluge Selbstbeschränkung sein, manifestiert sich aber gelegentlich auch als Verzagtheit oder Resignation. Verzicht kann aus Einsicht in die Notwendigkeit folgen, bedeutet aber manchmal auch das mutlose Aufgeben eines brennenden Wunsches oder eines lang erstrebten Zieles. Verzicht kann Vermeidung sein oder eine Beschränkung, die sich der Herausforderung nicht zu stellen vermag. Verzicht kann jedoch auch einen Gewinn an Lebensqualität bedeuten, wenn dadurch intensivere Konzentration möglich wird.

Offensichtlich wird das Leben aller Wesen, uns Menschen eingeschlossen, von Energien geformt, in denen sich ein Wechselspiel widerstreitender Kräfte manifestiert. So, und nur so, kommt es zu Bewegung. Bewegung ist die Grundlage allen Lebens, sie ist der Ausgleich von Gegensätzen: Vor und Zurück, Aktion und

Ruhe, Systole und Diastole, Einatmung und Ausatmung, Bewegung und Stillstand. Der Puls des Herzens, der Puls des Lebens. Diese antagonistischen Kräfte reagieren miteinander und stellen ein gewisses Gleichgewicht her. Solche Gleichgewichtszustände existieren entwicklungsgeschichtlich immer nur für einen kurzen Moment, da das Pendel, schlägt es in die eine Richtung aus, bestrebt ist, wieder in die Gegenrichtung zurückzuschwingen. Der Gleichgewichtspunkt liegt in der Mitte dieser Bewegung, und das Leben ist ein Schwingen bzw. Kreisen um eben diesen Gleichgewichtspunkt. Wagnis oder Mut heißt vorwärtsstreben, Verzicht heißt, das Tempo zu drosseln und, damit verbunden, bestimmten Impulsen nicht oder nicht sofort zu folgen. »Mut« bedeutet, die Stimme zu erheben, tätig und risikobereit zu sein. »Selbstbeschränkung« oder Verzicht heißt, den Augenblickswünschen nicht sofort nachzugeben, sondern abzuwarten und zu sehen, wie sich die Dinge entwickeln. Verzicht erfordert und ermöglicht Geduld – und diese ist gewöhnlich verbunden mit einer gewissen, durch Lebenserfahrung gewonnenen Weisheit.

Es liegt auf der Hand, dass Leben nur möglich ist in Wagnis *und* Verzicht, mit Mut *und* Selbstbeschränkung. Doch ist Verzicht vielleicht auf eine noch viel grundlegendere Weise unverzichtbar: Das Universum scheint über unerschöpfliche Energien zu verfügen, und es strahlt diese Energien mit Dynamik in alle Richtungen ab. Allein aufgrund der Ausstrahlungen von Energie einerseits und der Gravitation, die Ausbreitung zurückhält, konnte sich in der Frühzeit des Universums feste Materie bilden. Das heißt, Form ist nur möglich, weil es diese Anziehungskraft gibt, und das wiederum ist, auf der Ebene des Physikalischen, ein Aspekt der Beschränkung. Nur durch Beschränkung entsteht aus unbegrenzter Energie etwas Spezifisches, ein »Etwas«, das mit vielen anderen »Etwas« interagiert und kooperiert.

Dass jedes »Etwas« genau dieses (und nicht ein anderes) ist, hat seine Ursache in der Beschränkung. Einige Philosophen sprechen in diesem Zusammenhang von »ermöglichender Beschränkung«, weil nur das Spezifische, *dieser* Körper, *diese* Richtung, *dieser* Moment es uns ermöglichen, etwas zu sein, zu haben und es zu erfahren. In diesem Augenblick. Aus dem unermesslichen Raum, der unermesslichen Zeit werden *dieser* Raum und *diese* Zeit. Und dies wiederum ist die Grundlage für jede Erkenntnis, jede Emotion und jede Erfahrung.

Man könnte Wagnis und Verzicht, Mut und Beschränkung als Energien oder Kräfte betrachten, die dem Einatmen und Ausatmen gleichen. Möglicherweise handelt es sich dabei um komplementäre Bewegungsrichtungen, welche unsere Handlungen von Körper, Rede und Geist prägen. Vielleicht hängt die Dynamik dieser Polarität aber auch von unserem Alter ab, davon, an welchem Punkt wir im Rhythmus des Lebens stehen. Gewöhnlich legen junge Menschen Mut, Tatendrang und Ungestüm an den Tag. Sie haben ganz bestimmte Vorstellungen und Wünsche, wie sie ihr Leben gestalten wollen. Sie wagen viel, um etwas zu erreichen, und dürsten danach, die Welt zu verändern. Ältere Menschen lassen sich hingegen meist weniger auf Wagnisse ein, ihre Lebenskreise sind zunehmend eingeschränkt und oft schon aus gesundheitlichen Gründen durch Verzicht geprägt. Sie haben die Erfahrung gemacht, dass man nicht alles erreichen kann, was man hätte erreichen wollen. Sie zügeln ihren Enthusiasmus, und ihre Lebenserfahrung lässt sie die Dinge nüchterner sehen, aus einem erfahrenen Realismus heraus, manchmal aber auch aus Frustration oder Verbitterung.

Wir sind beide in einem Alter, wo Rückschau Eindrücke widerspiegelt, die mit Wagnis und Verzicht zu tun haben. Wir fragen uns, was wir erreicht haben. Und wo wir haben verzichten müssen, vielleicht aber auch ganz bewusst verzichtet haben, um möglichen Schaden abzuwenden? Alter bedeutet ja auch Befreiung, es kann nämlich eine Haltung erleichtern, in der wir weniger *müssen*, sondern vielmehr *dürfen* und *wollen* und auch verzichten *können*. Wir sind vielleicht gelassener geworden und müssen nicht mehr so viele und teils widerstreitende Rollen spielen. Dennoch stellt sich die Frage: Haben wir noch genug Mut zum Wagnis, um uns auf die drängenden Fragen und Probleme, mit denen sich die Menschheit heute konfrontiert sieht, einzulassen? Und wenn ja, woher, aus welchen Ressourcen, beziehen wir unseren Mut und unsere Hoffnung und unsere Bereitschaft zum Wagnis?

Jeder Mensch wächst in einer spezifischen Umgebung auf. Ob dies Bestimmung bzw. Karma ist oder Zufall, erleben und deuten Menschen verschieden. Durch unsere Eltern geprägt, dann durch die Sprache, in der wir aufwachsen, beeinflusst uns auch die Religion bereits in jungen Jahren mit ihren Erzählungen und Ritualen. Später hinterlassen dann Freunde und Lehrer Eindrücke in unserem Geist und in unserem Herzen. Was wir sind, das sind wir in wechselseitiger Abhängigkeit von anderen, unsere natürliche Umgebung inbegriffen. In Abhängigkeit von ererbten physischen wie psychischen Prägungen und diesen frühen Einflüssen bilden wir, während wir heranwachsen, bestimmte Vorstellungen, Bestrebungen und damit unseren Charakter aus. Wir sind also keineswegs Individuen, die von anderen unabhängig wären. Was wir sind, sind wir aufgrund vieler unterschiedlicher Einflüsse, denen wir ausgesetzt waren und sind. Was wir aber mit diesen Einflüssen, die uns geformt haben, anfangen, ob wir sie bewusst ausgestalten oder uns davon frei machen, sie annehmen oder zurückweisen, das liegt ganz entscheidend an uns selbst, an unserem Willen und unseren Fähigkeiten. Aber auch dieser Wille zum Wagnis oder die Fähigkeit zum Verzicht sind eine Folge von Erziehung und Vorbildern, die uns besonders in der Jugend geprägt haben. Wir können bestimmte Ziele akzeptieren oder aufgeben, mit unseren Erfolgen und Fehlschlägen auf unterschiedliche Weise umgehen. In jede Biographie sind Erfahrungen des Erfolgs und des Scheiterns eingezeichnet, und wir vermögen aus beidem zu lernen. Erfolg wie auch Scheitern können uns zum Wagnis ermutigen oder Verzicht lehren, und es gibt keine absolut gültigen Lösungen. Wenn wir Bilanz ziehen, ist immer beides im Spiel: Wagnis und Verzicht.

GESPRÄCHE

Persönliche Erfahrungen

Autorität und vernunftbasierte Selbstverantwortung

MvB: Du schaust bereits auf acht Lebensjahrzehnte zurück, und ich selbst bin neulich siebzig Jahre alt geworden, da können wir Rückschau halten und solche prägenden Erlebnisse bewerten, von denen ich eben sprach. Zwischen uns ist eine langjährige Freundschaft gewachsen, seit unserer ersten Begegnung hier in Dharamsala sind mehr als vierzig Jahre vergangen. Wenn wir Kindheit und Jugend betrachten, sehen wir, dass ein wichtiger Motor im Leben die Lehrer sind, die wir hatten. Wer war für Dich ein besonders wichtiger Mensch in Deinem Leben – der, von dem Du am meisten gelernt hast, der, der Dich am meisten begeistert und inspiriert hat?

Dalai Lama (im Folgenden: DL): Selbstverständlich wachsen wir in wechselseitiger Abhängigkeit von anderen auf, Michael. Das ist unbestreitbar. Doch aus buddhistischer Perspektive und auch aus einer humanistischen Tradition heraus betrachtet, denke ich, dass jeder Mensch sein eigener Lehrer ist. Sich auf einen anderen Menschen zu verlassen, ist keine stabile Grundlage. Wir müssen ein eigenes Verständnis, unsere eigene Intelligenz entwickeln: nachdenken, nachdenken, und noch einmal nachdenken … und alles, jede Situation, mit einer aufrichtigen Motivation analysieren und unsere Überzeugungen begründen. Ist allerdings unsere Motivation nicht echt, dann können wir mit unserem Intellekt viel Unheil anrichten. Selbst gegenüber unserem hochgeschätzten Lehrer, dem Buddha Gautama Shakyamuni, müssen wir eine solche Haltung einnehmen. Beschäftigen wir uns mit dem Buddha, so ist es nicht dieser besondere Mensch, sondern seine Lehre, worauf wir uns stützen sollten. Wir können uns vielmehr mit aller Kraft bemühen, seine Lehre, seine Methode, wie er denkt und die Dinge analysiert, zu verstehen und angemessen zu überprüfen. Wir müssen unsere ganze Intelligenz, unsere analytischen Fertigkeiten einsetzen, um ein korrektes Verständnis seiner Lehren zu erwerben. Denn erst die praktische Anwendung und Überprüfung gibt uns Aufschluss, ob wir eine konkrete Situation verstanden haben oder nicht. Wir folgen seinen Lehren nicht, weil wir uns seiner Autorität beugen, weil er eben der Buddha ist, sondern aus eigener Überzeugung und Einsicht. Dies gilt für jede Behauptung, jede Lehrmeinung und jede Idee. Andernfalls wären wir in einer Ideologie gefangen, was immer höchst gefährlich ist. Es kommt auf selbstständiges Denken und gültige Argumente an, und nicht auf autoritäre Botschaften, die einige für wichtig halten, die für andere jedoch irrelevant sind. Es geht um einsichtige Gründe und stichhaltige Argumente! Das gilt auch für meine eigenen Lehrer. Dementsprechend sagt Lama Tsongkhapa (1357 – 1419), der Begründer der Geluk-Tradition, in der auch ich stehe, in seinem Buch *Lam-rim chen-mo* (dt. Große Darlegung des Stufenweges) ganz unmissverständlich, dass wir eine Anweisung unseres Gurus, die unserer eigenen grundlegenden Einsicht zuwiderläuft, nicht befolgen sollen.

MvB: Wenn ein Guru also etwas lehrt, das der eigenen Vernunfteinsicht widerspricht, dann soll man das kritisieren und verwerfen. Sogar dann, wenn es sich um religiöse Belehrungen handelt?

DL: Ganz recht. Unser Denken und Handeln sollte von Vernunft und klarem Verstehen geprägt sein. Tugendhaftes Verhalten ist vernunftgemäß, also übt man sich allein aus diesem Grunde in tugendhaftem Handeln. Das heißt, man tut, was tugendhaft ist, und vermeidet, was nicht tugendhaft ist, und dabei spielt unsere Urteilskraft die Hauptrolle. Die Urteilskraft aber muss entwickelt und geschult werden. Das ist ein Lernprozess, der unser ganzes Leben lang währt und in Anspruch nimmt. Wir müssen sogar noch einen Schritt weitergehen: Sollte etwas, das der Buddha gelehrt hat oder ihm in den Texten als seine Lehre zugeschrieben wird, der Vernunft widersprechen, so sollten wir es verwerfen. Nagarjuna (2./3. Jh.) und Candrakirti (8. Jh.) zum Beispiel haben das getan. Dabei bezieht sich Candrakirti explizit auf das *Tathagatagarbha-Sutra*, von dem zwei Versionen existieren. Die erste spricht von der Unbeständigkeit als grundlegendem Prinzip, während die zweite die Buddhanatur als etwas Beständiges aufzufassen scheint. Candrakirti lehrt in seinem Text *Madhyamakavatara*, dass auch die Sutras auf Grundlage von logischen Schlussfolgerungen interpretiert werden müssen. Und diese Vorstellung von Beständigkeit wird von ihm verworfen, weil sie allen erkennbaren Tatsachen und der Vernunft widerspricht. Im *Madhyamakavatarabhashyam*, Candrakirtis Kommentar zu seinem eigenen Text, erwähnt er noch zehn weitere Sutras, die nicht wörtlich verstanden werden sollten, sondern interpretiert werden müssen.

Ich vermute, eine derart radikale Haltung gegenüber allen äußeren Autoritäten ist in dieser Form einzigartig. Doch sie verlangt uns auch einiges ab, denn wir müssen unseren eigenen Verstand gebrauchen und die volle Verantwortung dafür übernehmen. Darum verlassen sich viele Menschen letztlich doch lieber auf Autoritäten. Es gibt auch unter tibetischen Lamas einige, die von ihren Schülern verlangen: »Du musst alles akzeptieren, was dich dein Lama lehrt.« Das ist falsch und hat enorme Verwirrung gestiftet.

MvB: Ist es sogar dann falsch, wenn es sich um den Dalai Lama handelt?

DL: Natürlich. Wir sind Menschen, und als solche haben wir Emotionen. Aus diesem Grund empfinden viele ihrem Guru gegenüber emotionale Hingabe. Das ist verständlich und so weit auch in Ordnung, solange man sich dieses Gefühls bewusst ist und es als etwas erkennt, das wir mit dem Verstand ausbalancieren und kontrollieren müssen. Diese Emotion kann einem aber nicht befehlen: »Du musst alles glauben und akzeptieren, was dir dein Guru sagt.« Lama Tsongkhapa drückt dies unmissverständlich aus: Wenn das, was der Guru sagt, richtig ist, dann solltest du es akzeptieren. Ist, was er sagt, falsch, musst du es zurückweisen.

MvB: Das ist in der Tat ein Rat, dessen Umsetzung Mut erfordert. Wir suchen ja Gleichgesinnte, um nicht allein dazustehen, was anstrengend und aufreibend sein kann. Außerdem stellen sich Zweifel ein. Warum gibt es denn in dieser Hinsicht immer wieder Probleme? Versuchen wir doch eine kurze Analyse, wobei ich diese Frage gerne unter zwei Gesichtspunkten vertiefen möchte: einmal unter einem allgemeineren anthropologischen Blickwinkel, und dann vor dem Hintergrund des nicht unerheblichen Problems, das sich uns heute in Gestalt so vieler selbsternannter Gurus stellt.

Erstens ist es offenkundig so, dass wir Menschen, von unseren evolutionär ererbten psychischen Anlagen her, generell zwei Optionen haben: In frühester Kindheit sind wir völlig von unseren Eltern und anderen Menschen abhängig. Später fordern wir unsere Unabhängigkeit ein und durchtrennen solche Bindungen, die vorher unseren Schutz gewährleistet haben. Zwischen diesen beiden psychischen Grundhaltungen, dem Bedürfnis nach Abhängigkeit und Schutz einerseits und dem Verlangen nach Unabhängigkeit und Freiheit andererseits, müssen wir ein Gleichgewicht finden, denn diese beiden widersprüchlichen Tendenzen bestimmen ein Leben lang unser Handeln. Insbesondere in der modernen westlichen Welt halten wir das Ideal der Freiheit des Individuums hoch. Andererseits aber ist es eine erwiesene sozialpsychologische Tatsache, dass viele Menschen schlicht Angst vor der Freiheit haben und sich daher lieber irgendwelchen Autoritäten unterordnen, wenn ihnen diese im Gegenzug Sicherheit und ein Gefühl der Zugehörigkeit und/oder Bedeutung bieten. So gewinnen Diktatoren die Unterstützung der Massen. Das alles ist allerdings auch eine Frage der Erziehung, doch geht es dabei nicht allein um die Ausbildung unserer rationalen Kräfte, sondern auch – und vielleicht sogar in viel höherem Maße – um Erziehung und Kultivierung unserer emotionalen Seite. Vielleicht ist dies sogar eines der dringendsten Erfordernisse, wenn wir die demokratischen Strukturen der westlichen Welt retten wollen, die nicht nur durch bestimmte wirtschaftliche Fehlentwicklungen, sondern auch durch diesen sozio-psychologischen Mechanismus gefährdet sind.

Zweitens haben wir gerade in der westlichen Welt immer wieder Probleme, ja sogar Skandale um Gurus, die ihre Schüler, die sich von ihnen abhängig gemacht haben bzw. von diesen emotional missbraucht werden, ausbeuten. Aus der Geschichte kennen wir religiöse oder philosophische Autoritätsfiguren oder politische Führungsgestalten, die für sich beanspruchten, über eine höhere Einsicht zu verfügen, und Menschen, die ihnen blindlings folgten, nicht selten zu ihrem eigenen Schaden. Doch trotz aller Kritik, die seit den Tagen der Aufklärung von der

Philosophie geleistet wurde, folgen auch heute noch Menschen den falschen Versprechungen und Trugbildern machthungriger Führer politischer und religiöser Art. Die jüngsten Entwicklungen in Nord- und Südamerika wie auch in Europa müssen vor diesem Hintergrund betrachtet werden. Einige buddhistische Lehrer und indische Gurus, aber auch die Gründer verschiedener angeblich christlicher Gemeinschaften legen ebenfalls ein autoritäres Verhalten an den Tag und verbreiten Botschaften, die sich rationaler Kritik zu entziehen versuchen. Sogar im akademischen Bereich, in den Geisteswissenschaften und manchmal auch in den Naturwissenschaften, ist es üblich, kritiklos dem Mainstream zu folgen und die allseits anerkannten Autoritäten zu zitieren, und es ist schwer, den Mut aufzubringen, sein Wort gegen Theorien, Einstellungen und Verhaltensweisen zu erheben, die man, weil allgemein akzeptiert, nicht infrage zu stellen wagt. Der Wissenschaftsphilosoph Thomas S. Kuhn (1922–1996) spricht in diesem Zusammenhang von einem Paradigmenwechsel, der meist nur dann erfolgreich ist, wenn eine neue Wissenschaftlergeneration die alte ablöst. Es gibt Fragen, die wir nicht stellen aus dem einzigen Grund, weil wir sie für politisch nicht korrekt halten und nicht zu Außenseitern werden wollen. Diese Fragen würden den reibungslosen Lauf des Systems stören – des ökonomischen, des politischen oder des theoretischen Systems, auf dem der gesamte Wissenschaftsbetrieb beruht. Es ist ein Wagnis, das eigene Erkennen zum Maßstab zu machen und gegebenenfalls gegen den Strom zu schwimmen! Daher sollten wir Deine Worte sehr ernst nehmen, denn sie geben uns ein Instrumentarium an die Hand, mit dessen Hilfe wir solche falschen Versprechungen als eine spezielle Art »falscher Religion« entlarven können. Wir brauchen die rationale Überprüfung als Gegengewicht, um der autoritären Versuchung widerstehen zu können.

Nichtsdestotrotz begegnen wir in unserem Leben immer wieder Menschen, die für uns eine wichtige Rolle spielen, weil sie uns inspirieren, Wissen vermitteln und geeignete Methoden lehren, wie wir das Denken schulen und entwickeln können, Menschen, die unser Selbstvertrauen stärken. Gerade als Kinder haben wir so viel bekommen von unseren Müttern, Vätern und den Menschen, die einen tiefen Eindruck in uns hinterlassen haben. Gibt es in Deinem Leben solche Menschen?

DL: Oh ja, meine Mutter! Ich wiederhole es immer wieder: Der erste Lehrer, der mir Liebe und Mitgefühl beigebracht hat, war meine Mutter. Unsere Mütter sind ganz wundervolle, von Natur aus liebevolle Menschen. Ich glaube, kein Baby oder kleines Kind hat je das zornige Gesicht seiner Mutter zu sehen bekommen. Alle Mütter lächeln, wenn sie ihre Kinder anblicken. Mein Vater war da anders. Er war recht aufbrausend. Einige Male hat er mir sogar eine Tracht Prügel verabreicht. Deswegen mochte ich meinen Vater nicht besonders. Ich erinnere mich gut: Ich war noch recht klein und krabbelte auf allen vieren herum, mit ungefähr zwei Jahren. Die Morgensonne schien ins Zimmer, die Atmosphäre im Raum war ruhig und friedlich, und ich robbte munter herum. Dabei kam ich in seine Nähe, und er hatte Gebetstexte vor sich liegen. Du weißt ja, die Seiten von tibetischen Büchern liegen einfach lose aufeinander. Irgendwie passierte es dann, dass ein paar Seiten zu Boden flatterten. Mein Vater geriet außer sich vor Wut und schlug mich. Für die nächsten paar Jahre habe ich ihm gegenüber Hassgefühle entwickelt. Das tut mir heute sehr leid.

MvB: Wie hast Du diesen Hass überwunden?

DL: Die Zeit hat ihn geheilt. Wenn der Geist grundsätzlich eher sanft und gütig ist, verschwinden solche negativen Gefühle von selbst. Manchmal kommen sie vielleicht zurück, aber dann vergehen sie genauso automatisch wieder, weil der Wurzelgrund des Geistes aus natürlicher Freundlichkeit besteht.

MvB: Glaubst Du, dass Du Frieden mit Deinem Vater gemacht hast?

DL: Oh ja, natürlich. Später haben sich meine Gefühle total verändert. Es gab keine Probleme mehr.

MvB: Wie hast Du das geschafft? Wie konntest Du einen so starken negativen Eindruck auflösen?

DL: Nun, es gab zwischen uns ja keine grundlegende Meinungsverschiedenheit oder gar tief verwurzelten Hass. Er war ja immer noch mein Vater, ein Teil der Familie, und so machten wir die meiste Zeit irgendwelche Späße, aßen zusammen und verstanden einander gut. Unsere Probleme hingegen traten nur gelegentlich und vereinzelt auf, und das ist etwas, womit man umgehen kann und muss.

MvB: Du sprichst da einen Punkt an, der aus meiner Erfahrung größte Bedeutung hat – das gemeinsame Lachen auf Grund eines tiefen Humors. Ich glaube, dass Humor eine sehr wichtige Rolle in unserer geistigen und emotionalen Entwicklung spielt. Aber warum ist das eigentlich so?

DL: Humor löst Angst und Kummer auf. Wirklicher Humor hat immer mit Warmherzigkeit zu tun. Ein guter Scherz geht nie auf Kosten des anderen, sondern legt allzu Menschliches mit einem

Augenzwinkern offen. Die Pointe ist dabei nie gegen die andere Person gerichtet, sondern zeigt die komische Seite der Situation, wobei derjenige, der den Witz macht, sich selbst nicht ausnimmt. Echter Humor hat also immer mit Herzenswärme zu tun. Spannungen, die durch Ärger entstanden sind, kommen und vergehen wieder, doch solange eine grundlegende Herzenswärme da ist, ist das kein Problem.

MvB: In diesem Zusammenhang finde ich interessant, dass es letztlich zwei Arten von Humor bzw. Witzen gibt: Manche sind universell und wandeln mit der Zeit nur äußere Umstände ab, wie das beispielsweise bei vielen politischen Witzen der Fall ist. In Deutschland hat man solche Witze in der Nazizeit heimlich erzählt, später waren sie dann – der veränderten Situation angepasst – auch unter der kommunistischen Herrschaft im Osten in der Bevölkerung verbreitet. Geändert haben sich dabei nur die Namen. Diese Art von Humor zeichnet sich durch wiederkehrende Muster aus: Sie machen Machtstrukturen bewusst, menschliche Schwächen und Korruption, zeigen aber auch den Mut und die Schlauheit der unterdrückten Menschen, die die Mächtigen durch ihre Gewitztheit überlisten. Humor dieser Art eröffnet plötzlich und unerwartet eine völlig neue Sichtweise auf die Dinge. Er befreit aus einem inneren mentalen Gefängnis von Vorurteilen. Andere Formen von Humor hängen von sehr spezifischen Erfahrungen einzelner Menschen oder Gruppen, bestimmter Gesellschaften oder Generationen ab. Witze arbeiten auch immer mit Wortspielen, mit Redewendungen, Doppeldeutigkeiten und mit Wörtern, die ähnlich klingen, aber ganz unterschiedliche Bedeutung haben. Witze oder humorvolle Anekdoten kulminieren oft in einer überraschenden Pointe, und dabei öffnet sich in einer vertrackten Situation ein Tor der Freiheit. Solche Witze sind nicht übersetzbar. Manchmal operieren

Witze auch auf beiden Ebenen zugleich. Als Beispiel möchte ich Dir einen Witz erzählen, den mir mein japanischer Zen-Meister Hirata Seiko Roshi erzählt hat, der gut Deutsch sprach. Diesen Witz haben wir uns dann im kommunistischen Ostdeutschland immer wieder erzählt: »Was ist der Unterschied zwischen Theorie und Praxis? Die Theorie ist Marx, die Praxis ist Murks.« Die Wörter klingen ähnlich, die Bedeutung ist aber eine ganz andere. Witze können eine festgefahrene Situation aufbrechen, sie schaffen ein Gefühl der Verbundenheit durch Humor. Und Humor lässt jeder Selbstüberhöhung oder Ichbezogenheit erstmal die Luft ab. Humor schafft Distanz und vor allem Selbstdistanz, die Hingabe ermöglicht. Das ist dann der Gipfel der psychischen Kraft, die sich durch Humor entfaltet – Hingabe für den anderen Menschen und auch für sich selbst, gütiger Neuanfang! Manchmal ermöglichen humorvolle Pointen auch einen frischen Blick auf die Dinge, und sie können die Mutlosen wieder aufrichten. Sollten wir nicht mehr Humor entwickeln? Humor hat viel mit spiritueller Reife zu tun.

DL: Oh ja, da stimme ich Dir von ganzem Herzen zu.

Persönliche Begegnungen

MvB: Du betonst zwar nachdrücklich die Bedeutung von Selbstverantwortung, die auf dem rechten Gebrauch der Vernunft fußt, dennoch sollten wir darüber nicht die Menschen aus den Augen verlieren, die in unserem Leben eine wichtige Rolle spielen und uns inspiriert haben. Gerade heute ist jeder von uns durch die starke Wirkkraft der Medien so vielen Einflüssen ausgesetzt, und das ist einer der Gründe, dass es so viel Verwirrung gibt und so viele Menschen – keineswegs nur Jugendliche – sich nach Führung und authentischen Persönlichkeiten sehnen. Freilich war das zu allen Zeiten so, nur die Bedingungen und die Medien haben sich geändert. Jetzt, da ich älter bin, erinnere ich mich voller Dankbarkeit an jene großartigen Menschen, die mich geprägt haben und mir Vorbild für das Abenteuer meines Lebens waren. Wie ist das bei Dir? War zum Beispiel Mahatma Gandhi wichtig für Dich?

DL: Ja.

MvB: Was ist für Dich das Wichtigste, wenn Du Dir sein Leben in Erinnerung rufst? Sein Kampf für die Unabhängigkeit Indiens war erfolgreich, doch die Teilung des Landes konnte er nicht verhindern. Auch seine Ideen zur wirtschaftlichen und sozialen Entwicklung fanden im unabhängig gewordenen Indien kaum Beachtung. So gesehen ist er mit einigen seiner Vorstellungen und Strategien gescheitert.

DL: Gandhi besaß eine sehr gute Ausbildung. Er war tief in seiner indischen religiösen Tradition verwurzelt, hatte in England aber auch eine westliche Bildung genossen. Unmittelbar danach nahm er in Südafrika den Freiheitskampf auf, der die Apartheid beenden sollte. Nach Indien kam er erst später und übernahm dort in jeder Hinsicht den Lebensstil der einfachen Menschen im Hinblick auf Kleidung, Essen und Arbeit. Er wurde einer von ihnen, und er hat sich wirklich mit den Armen und Unterdrückten identifiziert. Auf diese Grundlage stellte er seinen sehr klugen Kampf. Seine ganze Strategie gründete sich auf das Verständnis des menschlichen Geistes, der sozialen und politischen Gegebenheiten sowie der wirtschaftlichen Abhängigkeiten. Er übte sozialen und psychologischen Druck aus, griff aber nie zur Waffe. Sein Kampf war nicht durch Hass motiviert, sondern durch ein tiefes Gefühl für Recht und Gerechtigkeit, wie sie in der Bhagavad Gita, dem Buch, das er über alles liebte, gelehrt werden. Sein Kampf war ein Kampf für die Menschenrechte der Inder. Er kämpfte nicht gegen die Briten als Menschen, sondern gegen das System der Kolonialregierung. Er wollte Freiheit für beide Seiten, für Inder und Briten. Auf diese Weise praktizierte er *ahimsa*, die jahrtausendealte indische Tradition der Gewaltlosigkeit. Sein gewaltfreier Widerstand war keine romantische Träumerei, sondern ein äußerst intelligenter und gut abgestimmter Kampf gegen die Ungerechtigkeit des britischen Kolonialsystems. Er traf dieses System an den Stellen, wo es wirklich verwundbar war. Darüber hinaus respektierte er alle Religionen als Teil der indischen Tradition. Was ich am meisten bewundere, ist seine Lebensweise. Sein Aussehen, sein Verhalten, sein ganzes Handeln war das eines gewöhnlichen Inders, doch all das beruhte auf einem tiefgründigen Wissen.

Gandhi besaß enormen Mut zum Wagnis, und dieser Mut war verbunden mit absoluter Selbstbeschränkung und Verzicht, was seine Rolle im Freiheitskampf, seine eigenen Träume und Erwartungen anging. Er wollte wirklich kaum etwas für sich selbst, und diese Haltung der Bescheidenheit prägte seine politischen Ansichten und Aktionen. Gandhi war strikt gegen die Teilung Indiens und hielt die politischen Entscheidungen, die zur Teilung führten, für einen kardinalen Fehler. Er wollte dem Muslimführer Jinnah sogar das Amt des Ministerpräsidenten übertragen, um diese Tragödie zu verhindern. Pandit Nehru entschied aber anders, da er glaubte, die Mehrheit der Inder würde Jinnah nicht als Premierminister akzeptieren.

Nun liegen aber andererseits die Dinge sehr viel komplexer und komplizierter, wie Du weißt. Kein Ereignis folgt nur aus einer einzigen Ursache. Es handelt sich immer um ein Bündel von vielen Ursachen und Bedingungen, von denen uns einige bekannt sind, andere nicht. Diese Erkenntnis wird im Buddhismus mit dem Begriff der wechselseitigen Abhängigkeit *(pratityasamutpada)* bezeichnet: Man kann nicht von einem einzelnen Ding oder einem einzelnen Faktor sagen: Das ist das entscheidende Element, das Element, dem das größte Gewicht zukommt – nein. Es spielen immer viele Faktoren mit. Wenn man daher einen einzelnen Faktor herausgreift und ihn als »gut« oder »schlecht« wertet, so ist das nicht angemessen, es führt zu nichts. Wir müssen auch die verschiedenen anderen Faktoren berücksichtigen. Denn kein Ding und kein Ereignis geht auf nur eine einzige Ursache zurück, sondern es gibt immer mehrere Ursachen und wechselseitige Abhängigkeiten. Generelle Werturteile von »gut« bzw. »schlecht« treffen auf einer gegebenen Skala nie zu 100 Prozent zu. In eine rational gut begründete Bewertung fließen immer mehrere Aspekte ein, und sie hängt ab von der jeweiligen Perspektive und der Anzahl der betrachteten Faktoren.

MvB: Das ist ein weiterer, sehr wichtiger Bereich, in dem »Wagnis und Verzicht« eine Rolle spielen. Ganz klar, wir müssen Mut entwickeln und ein Wagnis eingehen, um zu handeln und Bedingungen zu verändern, die wir als schlecht, ungerecht oder schädlich für das Glück der Menschen und anderer Lebewesen erkannt haben. Gleichzeitig sollten wir uns aber auch eine gewisse Vorsicht und Zurückhaltung auferlegen, damit wir mit unseren Veränderungsbestrebungen nicht alles noch schlimmer machen, weil wir mangels umfassenden Wissens die Folgen unseres Tuns nicht korrekt abschätzen können. Wir brauchen Verzicht oder Selbstbeschränkung auch, um Geduld zu entwickeln, und umgekehrt. Wissenschaft und eigene Lebenserfahrung zeigen uns, dass die Evolution höchst komplexe Systeme hervorgebracht hat und die Erde wie ein lebendiger Organismus reagiert. Sämtliche

Faktoren in diesem System beeinflussen einander in einem Ausmaß, dass jeder vorsätzliche Eingriff aufgrund menschlicher Interessen Folgen haben kann, die sich für das große Ganze als schädlich herausstellen könnten. So vermögen wir vielleicht Technologien zu entwickeln, die uns ermöglichen, die klimatischen Bedingungen zu beeinflussen, durch Genmanipulation landwirtschaftliche Erträge zu steigern oder bislang undenkbare medizinische Eingriffe durchzuführen, doch solche Eingriffe haben ausnahmslos Nebenwirkungen, die wir nicht kennen oder prinzipiell nicht abschätzen können. Wir müssen von den Möglichkeiten, die uns die Technologie bietet, also mit höchster Vorsicht und Zurückhaltung Gebrauch machen. Wagnis heißt ja nicht Fahrlässigkeit.

DL: Richtig. Aber auch das ist wiederum eine Frage des rechten Gebrauchs unserer Vernunft. Einige Menschen sind überkritisch gegenüber allem, was mit Technik und Technologie zu tun hat, und mir scheint, dass eine solche Haltung besonders in Europa verbreitet ist. Sicher gibt es jeweils gute Gründe. Wir Menschen können aber auf technologische Entwicklung nicht verzichten. Außerdem war jede kulturelle Errungenschaft in der Geschichte der Menschheit immer auch ein Eingriff in die Natur. Häufig beschleunigt die Technologie auch evolutionär bereits vorhandene Abläufe, und da müssen wir natürlich Vor- und Nachteile kritisch abwägen und entsprechend gegensteuern. Wir brauchen also beides. Wir brauchen den nötigen Mut, um schädliche oder ungerechte Bedingungen, speziell im politischen und sozio-ökonomischen Bereich, zu verändern. Das aber geht nur mit dem verantwortungsvollen Einsatz von Technik. Genauso aber brauchen wir Selbstbeschränkung bzw. die Bereitschaft zu akzeptieren, dass wir nicht immer tun sollten, was wir tun können, weil wir sonst anderen Wesen schaden. Vielleicht können wir uns diesem Punkt später noch einmal ausführlicher zuwenden?

MvB: Wir haben einen gemeinsamen Freund, der sowohl Dein wie auch mein Lehrer war. Ich spreche von dem deutschen Physiker und Philosophen Carl Friedrich von Weizsäcker (1912–2007). Ihr seid einander mehrfach mit großem gegenseitigem Respekt begegnet. Was hat Dich am meisten an ihm beeindruckt und was hast Du von ihm gelernt?

DL: Ich erinnere mich, dass wir uns zum ersten Mal 1986 in Bayern begegnet sind, bei der Konferenz »Raum und Zeit«. Die Konferenz ging über mehrere Tage, und es waren Wissenschaftler der unterschiedlichsten Disziplinen vertreten. Joseph Needham zum Beispiel sprach über die wissenschaftlichen Paradigmen in der chinesischen Geschichte. Außerdem war noch Marie-Louise von Franz anwesend, Psychologin in der Tradition Carl Gustav Jungs, der Religionsphilosoph Raimon Panikkar, und noch einige andere. Carl Friedrich von Weizsäcker war zwar einer der Hauptredner, doch nachmittags zogen wir uns immer zurück, und er gab mir eine Einführung in die Quantenphysik. Du warst doch auch mit dabei, Michael, nicht wahr? Außer uns dreien war da noch ein Übersetzer Helmut Gassner und die ganze Atmosphäre war äußerst konzentriert. Von Weizsäcker hat mich sehr beeindruckt, denn er konnte mit derselben Intensität und Klarheit zuhören und erklären. Wenn ich ihm eine Frage stellte, hörte er aufmerksam zu und erläuterte dann alles so, dass ich als Nicht-Physiker es auch verstehen konnte. Er verfügte nicht nur auf seinem Spezialgebiet über enormes Wissen, sondern auch in Philosophie, Logik und in einem gewissen Umfang sogar in buddhistischer Philosophie. Sein Geist war sehr klar, und seine Erklärungen immer verständlich. Kurz, er wusste, wovon er sprach. Sein Denken war aber nicht nur in seinem Fachgebiet, der Physik, von hoher Klarheit, sondern auch bei unseren Diskussionen über Politik und in Fragen der Religionsphilosophie. Vor allem aber ließ er mich tiefen Einblick nehmen in sein liebenswürdiges Wesen. Wir sind wirklich Freunde geworden.

MvB: Weißt Du, was er mir erzählt hat, als wir uns einmal über die intensiven Tage auf der Konferenz »Raum und Zeit« in der herrlichen Landschaft am Eibsee unterhielten? Er erinnerte sich noch gut an die Begegnung mit Dir und meinte: »Wissen Sie, als ich dem Dalai Lama die Kopenhagener Deutung der Quantentheorie erklärte, hörte er mit hundertprozentiger Konzentration zu, seine Aufmerksamkeit schweifte nicht einen Augenblick ab. Und plötzlich unterbrach er mich und warf ein: ›Moment, dieses Argument beruht auf einem logischen Fehlschluss.‹ Und das war eben jener Kritikpunkt, den auch Niels Bohr seinerzeit vorgebracht hatte, als wir diese Probleme mit Heisenberg und anderen in Kopenhagen diskutierten. Es war wirklich erstaunlich, dass der Dalai Lama, der schließlich kein Physiker ist, denselben Widerspruch erkannte wie Niels Bohr. Die beiden hatten aus ganz unterschiedlichen Perspektiven ein logisches Problem erkannt. Wirklich erstaunlich.« Von Weizsäcker erinnerte sich noch gut an diese Geschichte. Ich dagegen habe leider vergessen, welches Problem da diskutiert wurde, vermutlich, weil ich dem Argument nicht wirklich folgen konnte. Wirklich zu schade.

DL: Nun, die Tatsache, dass wir einander verstehen, beruht auf dem Prinzip der wechselseitigen Abhängigkeit, von dem ja bereits die Rede war. Dieses Prinzip spielt nicht nur in der buddhistischen Philosophie eine sehr wichtige Rolle, sondern auch in der modernen Physik und in modernen Formen der westlichen

Philosophie wie der Prozessphilosophie. Allerdings war ich mit der Quantenphysik schon vorher in Berührung gekommen, als ich den amerikanischen Physiker David Bohm (1917 – 1992) traf. Wir haben nicht viel Zeit miteinander verbracht, sondern sind uns vielleicht zwei- oder dreimal begegnet. Wir unterhielten uns über Quantenphysik und bestimmte Ideen, die er entwickelt hatte wie die »implizite Ordnung« *(implicate order)* und die Ganz-Bewegung *(holomovement)*. Doch dann sprach er ein völlig anderes Thema an, und das hat mich so sehr beeindruckt, dass ich mich noch lebhaft daran erinnere. Bohm hatte sich als junger Mensch, in seinen Zwanzigern, mit Politik, besonders mit der »Erbfeindschaft« und den Kriegen zwischen Deutschland und Frankreich, beschäftigt. Deutschland und Frankreich waren seit Jahrhunderten verfeindet gewesen, und diese Feindschaft gipfelte in dem deutschen Überfall auf Frankreich und in Zerstörungen auf beiden Seiten im Zweiten Weltkrieg. Doch nach den Verheerungen des Krieges änderte sich diese feindselige Einstellung auf beiden Seiten von Grund auf. Adenauer und de Gaulle reichten einander aus tiefer Einsicht und aus dem Wunsch heraus, den Lauf der Geschichte zu ändern, die Hand zur Versöhnung. Beide hatten den dazu nötigen Mut und wurden auf diese Weise zu den Hauptakteuren bei der Gründung der Europäischen Union. Wie gesagt, das hat mir David Bohm mit Begeisterung und Hoffnung erzählt, und es hat sich mir stark eingeprägt. An seine Erklärungen zur Quantenphysik erinnere ich mich hingegen kaum noch. Während ich ihm zuhörte, dachte ich, ich verstünde alles, doch schon am nächsten Tag hatte ich restlos vergessen, was ich gelernt hatte. Später dann traf ich mit dem indischen Physiker und Philosophen Raja Ramanna (1925 – 2004) zusammen. Ich hatte Gelegenheit, einige Zeit mit ihm zu verbringen, und mein Verständnis der modernen Physik hat sich deutlich vertieft. Du siehst, wie solche Netzwerke uns zu tieferem Verständnis, zu mehr Wissen und Einblick in die Wirklichkeit verhelfen. Und dies wiederum hilft uns, angemessen zu handeln. Das ist wirklich wunderbar. Daher schätze, respektiere und bewundere ich diese Menschen, die meine Freunde geworden sind, zutiefst.

MvB: Wie Du weißt, waren sowohl Carl Friedrich von Weizsäcker als auch Raja Ramanna an der Entwicklung der Atombombe beteiligt – der eine für Deutschland, der andere für Indien. Von Weizsäcker, sein Freund und Lehrer Werner Heisenberg sowie einige andere Wissenschaftler hatten von Hitler und dem NS-Regime den Befehl bekommen, eine solche Vernichtungswaffe zu entwickeln, um Deutschland den Endsieg zu sichern. Später sagte er stets, dass sie ihr Bestes versucht hätten, um den Bau einer Atombombe für Hitlers Armee beispielsweise durch Verzögerung zu verhindern. Doch andererseits verheimlichte er nicht, dass sie als Wissenschaftler auch ein Interesse daran hatten, die nötigen Gelder für ihre Forschungen zu erhalten. Und so lagen der Wissenschaftler und der Humanist auch in ihm im Widerstreit. Bis zu seinem Tod war er sich nicht sicher, ob er und die anderen Wissenschaftler genug getan hätten, die Entwicklung der Atombombe für Nazi-Deutschland zu verhindern. Im Übrigen wird das geistige Erbe Carl-Friedrich von Weizsäckers in Deutschland gepflegt: Die Udo-Keller-Stiftung (Forum humanum) hat einen Stiftungslehrstuhl an der Universität Tübingen eingerichtet und nach ihm benannt, der die Verbindungen zwischen Physik und Philosophie, natürlich auch der Ethik, thematisieren soll. Du kennst diese Universität, denn dort hat man Dir 1988 den renommierten Dr. Leopold Lucas-Preis verliehen, und zu den Trägern dieses Preises gehört auch Richard von Weizsäcker, der frühere Bundespräsident Deutschlands. Carl Friedrich von Weizsäcker war sich übrigens auch der Tatsache bewusst, dass Hitler auf die jungen Menschen, die sie damals waren, durchaus eine gewisse Faszination ausübte – der große Führer, der eine neue Weltordnung schaffen würde. Und das Massenspektakel, das dieser entsetzliche Führer aufführte, hat ja auch Millionen von Menschen beeindruckt. Selbst heute werden wir Zeugen des Aufstiegs ähnlicher Art von Führern und Diktatoren im politischen Leben, aber auch in anderen Bereichen. Sie ziehen Menschen an, indem sie ihnen einen Lebenssinn zu geben versprechen. Wiederholt sich die Geschichte? Sollten Wissenschaftler auf der Grundlage moralischer Argumente ihre Stimme erheben und sich gegen den ungezügelten technologischen Fortschritt aussprechen, der ja auch zur Massenvernichtung von Leben führen kann?

Was können wir aus den Erfahrungen der Vergangenheit lernen, damit junge Menschen in Amerika, Russland, China, Indien oder Europa nicht wieder solchen Diktatoren ins Netz gehen, die ihnen scheinbar einen Lebenssinn bieten, eine Sache, die es wert ist, mutig dafür zu kämpfen, eine Sache, hinter der sich letztlich aber nur der brutale und gewaltsame Kampf um Macht und Herrschaft verbirgt?

DL: Wir Menschen sind soziale Wesen, das liegt tief in unserer Natur. Im Tierreich ist es so, dass das stärkere Tier die schwächeren anführt. Das gilt sowohl innerhalb der einzelnen Arten, wo es um die Rangordnung geht, als auch für das Verhältnis zwischen den Arten, wo die stärkere Spezies – wie der Elefant oder der Tiger – an der Spitze der Nahrungspyramide steht. Die Kleineren richten sich immer nach den Größeren und Stärkeren. Das gilt auch für die Gattung Mensch. Doch bei letzterer zählt nicht allein die physische Kraft, denn wir Menschen sind fähig, Kultur zu schaffen, was wiederum auf Wissen und Erfahrung beruht. Alles, was eine Generation an Wissen und Erfahrung gewonnen und entwickelt hat, gibt sie durch die Erziehung an die nächste weiter. Erziehung ist daher der Schlüssel, der entscheidende Faktor für die Entwicklung des Menschen und auch für die unvermeidliche Rangordnung in der Werteskala. Jedes einzelne Individuum zählt, besonders, wenn wir das Privileg haben, in einer Demokratie zu leben, doch diejenigen unter uns, die eine gute Ausbildung erhalten und infolgedessen hohe Kompetenz und einen entsprechenden Status haben, akzeptieren wir als Führungsfiguren. Das »Führersystem«, das auf brutaler Machtausübung, bloßer körperlicher Kraft und dem rücksichtslosen Gebrauch von Waffen beruht, ist also hoffentlich endgültig Vergangenheit. In der heutigen Gesellschaft und auch im Wettbewerb der Länder untereinander beruht eine Vormachtstellung immer auf Technologie. Technologie aber basiert auf Wissenschaft und diese auf Wissen. Wissen erwirbt man, indem man von seiner Intelligenz Gebrauch macht. Langfristig ist dies das einzig zu rechtfertigende Kriterium, auf das sich ein Führungsanspruch gründen kann. Könige, Demagogen, »Führer« und manchmal leider auch religiöse Oberhäupter streben nach persönlichem Vorteil und beuten zu Tausenden die Menschen aus, die ihnen folgen. Ihre Herrschaft gründet sich auf Täuschung und Einschüchterung, und sie führen Krieg, um die Massen zu ködern und ihre Macht auszubauen. Jedes »Führersystem« muss Krieg führen, um seine Stabilität aufrechtzuerhalten. Krieg ist hier nicht ein Verbrechen wie alle anderen, sondern das Herzstück jedes egoistischen Gebrauchs von Macht durch Herrscher, deren Handeln nur auf den eigenen Vorteil abzielt. Solcher Machtmissbrauch kann vielfältige Formen annehmen, denn »Krieg« heißt ja nicht nur militärische Konfrontation, auch in der Wirtschaft bekriegen die Menschen einander um Marktanteile, jeder hat seine »Schlachten«, die aus einer begrenzten Perspektive heraus ausgefochten werden müssen. In der Politik geht es um Machtkämpfe zwischen Parteien, Wortgefechte in der Presse und so weiter. All das sind Strategien, um die eigene Vormachtstellung zu festigen und Untertanen oder Anhänger im Austausch für »Schutz« zu blindem Gehorsam zu verpflichten. In Wahrheit aber geht es nur darum, sie zu beherrschen. Das ist Herrschaft durch Angst. Je mehr Angst ein sogenannter Führer bei den Menschen erzeugen kann, desto blinder werden sie ihm folgen und desto mehr Macht kann er ausüben. Zu diesem Zweck opfert er das Leben Tausender Untertanen. Hierfür lassen sich in Geschichte und Gegenwart zahllose Beispiele finden.

Heute aber leben wir in einer Zeit der Demokratie. Die wahren Herrscher eines Landes oder einer Gemeinschaft sind die Menschen. Und das Volk, die Menschen, und dazu zählen in den meisten Fällen auch die Soldaten, wollen nicht ihr Leben opfern, um ihren Guru oder Führer zu retten. Aber es muss uns klar sein, dass auch demokratische Gesellschaften verwundbar sind. Fühlen die Menschen sich unsicher, wird vielleicht erneut der Ruf nach einem starken Führer laut, der rasche Ergebnisse und schnelle Vorteile verspricht. Er simplifiziert die Probleme und tischt den Leuten Lügen und falsche Versprechungen auf. Die Menschen vertrauen ihm auf emotionaler Ebene. Sie gebrauchen ihren Verstand nicht, um die Folgen zu bedenken. Dann wieder gibt es Gesellschaften, die mit den langsamen und mühseligen Prozessen von demokratischer Meinungsbildung, Argumentation und Kompromissfindung wenig vertraut sind. In Ländern, die lange monarchistisch oder zentralistisch regiert wurden, sind die Menschen daran gewöhnt zu tun, was ein anderer ihnen befiehlt. Selbst ein demokratisches Land wie Deutschland hatte nach 1918 nicht den Mut und die Geduld, die ökonomische und soziale Krise der 1920-er Jahre auf Grundlage demokratischer Regeln zu bewältigen. Der Kaiser hatte zwar abgedankt, doch der Untertanengeist war noch recht lebendig. Die Mentalität war damals so, dass man sich lieber auf einen Einzelnen, einen »Führer«, verließ. Die Menschen waren von allen möglichen Seiten Druck ausgesetzt, und dies führte direkt in die nächste Diktatur. Das totalitäre Regime gelangte sogar durch Wahlen an die Macht! Die Demokratie braucht Menschen mit Weitsicht, die die Dinge aus einem offenen, langfristig orientierten Blickwinkel betrachten. Andernfalls gewinnen sogenannte Führerfiguren an Attraktivität. Wenn die genannte offene Perspektive fehlt, dann erscheint eine solche Persönlichkeit wieder charismatisch anziehend, und irgendwann hat man dann plötzlich einen neuen Führer. Gerade wegen der modernen Medien mit ihren Möglichkeiten, mächtige Männer in brillanten Bildern als Sympathieträger zu präsentieren, stehen wir hier vor einem echten Problem. Was wir brauchen, ist ein vernünftiges Urteil und eine Urteilskraft, die sich immer wieder kritisch selbst prüft. Mein Gefühl ist, dass die Menschen die Dinge immer nur nach ihrer kurzfristigen Wirkung beurteilen, die Vernunft aber verlangt nach einer offenen und langfristigen Perspektive.

MvB: Du gehst davon aus, dass die Menschen die Demokratie wirklich wollen. Hieran sind Zweifel durchaus berechtigt. Wenn man sich die aktuelle politische Lage ansieht, egal ob in den USA, in Russland oder in bestimmten europäischen Ländern, können wir einen Aufstieg von rechtsgerichteten, nationalistischen Parteien bzw. Bewegungen beobachten, die zunehmend an Einfluss gewinnen und demokratische Prozesse unterhöhlen. Selbst in liberalen, wirtschaftlich gut gestellten Ländern wie Italien, den Niederlanden, Frankreich oder Deutschland bekommen solche Parteien immer mehr Wählerstimmen. Sie machen ganz offen mit Parolen Politik wie »Mein Land kommt zuerst«, gepaart mit Rassismus und der Verunglimpfung anderer Religionen. Dazu brauchen sie das Feindbild des »Anderen« oder »Fremden«, an dem diese Leute fleißig stricken. Der Fremde wird zum Sündenbock gemacht, der an allen Problemen komplex organisierter Gesellschaften schuld ist, während die »Populisten« das Komplexe reduzieren, simplifizieren und sich als die großen Retter präsentieren, die das Volk von all diesen Übeln befreien würden. Es ist aber nicht so, dass die Wähler solcher rassistischen bzw. nationalistischen Parteien ökonomisch auf der Verliererseite stehen würden. Häufig leben sie in sehr reichen Gegenden. Sie mögen Zukunftsängste wirtschaftlicher oder sozialer Natur haben, doch leiden sie keineswegs Not. Trotzdem wählen sie Politiker, die sich als starke Männer – in Frankreich ist die Anführerin der Nationalisten eine Frau – aufführen. Sie wollen einer Art »Guru« folgen. Es scheint hier ein ernstes psychologisches bzw. sozialpsychologisches Problem vorzuliegen. Und die Religionen ziehen, wie in den USA oder Russland, durch Kungeleien Profit aus diesen gefährlichen Tendenzen, statt ihnen entschlossen entgegenzutreten. Statt Teil der Lösung scheinen sie eher ein Teil des Problems zu sein. Was kann man da tun?

DL: Auch in diesem Problembereich kommt aus meiner Sicht Erziehung und Bildung eine entscheidende Rolle zu. Der richtige Gebrauch der Vernunft muss erlernt werden. Menschen müssen so erzogen werden, dass sie sich der Komplexität der Welt bewusst werden, und auch der Tatsache, dass Lösungen, ganz gleich auf welchem Gebiet, ebenfalls komplex sind. Nur auf der Basis von Wissen lassen sich Ängste überwinden und Mut entwickeln. Das ist die Vorbedingung für jede erfolgreiche Bildung, zumindest im psychologischen und sozialen Sinn. Das moderne Bildungssystem in seiner jetzigen Form ist fast ausschließlich faktenzentriert und berücksichtigt Dinge wie innere Werte oder inneren Frieden kaum. Diese Form der Erziehung führt zu einem materialistischen Lebensstil, einer materialistischen Kultur. Das ist der Grund, warum die Menschen sich so wenig um innere Werte kümmern und sich nur für äußere, materielle Dinge interessieren. Die gesamte Kultur bewegt sich in eine materialistische Richtung, denn alles wird kommerzialisiert. Innere Werte sind ein Thema, für das sich Bildungssysteme wenig interessieren und über das kaum jemand spricht. Während das moderne Bildungssystem in Europa, in Großbritannien und in den USA hohe wissenschaftliche Standards setzt und einen guten Unterricht in den naturwissenschaftlichen Fächern gewährleistet, gibt es enorme Defizite, was die wirkungsvolle Schulung in Ethik und Moral angeht, die vielerorts gar nicht stattfindet. Diesen Teil des Lebens überlässt man den verschiedenen religiösen Gruppierungen, die sich auf ganz unterschiedliche Glaubensvorstellungen berufen. Und deshalb bekämpfen sie sich untereinander und gegenseitig, weil jeder behauptet, im Besitz der alleinigen Wahrheit zu sein. Das kann keinesfalls die Grundlage einer Ethik für die moderne Welt sein. Tatsächlich hat der Einfluss der Religion auf das, was heute in der Welt passiert, kontinuierlich abgenommen, weil in den Gesellschaften ganz andere Kräfte wirksam sind, auch wenn diese Kräfte von einigen religiösen Institutionen, die beim Spiel der Macht mitmischen wollen, instrumentalisiert werden. Das gegenwärtige Bildungssystem konzentriert sich hauptsächlich auf Naturwissenschaften und Technik, vielleicht noch ein wenig auf Wirtschaft. Der Lebensinhalt, der sich aus einer solchen Ausrichtung ableitet, ist materieller Natur und nur auf materiellen Erfolg ausgerichtet. Ein solcher ist mit Sicherheit wichtig, und es ist auch nichts Schlechtes daran, aber das ist nicht alles, worum es im Leben geht. Wir brauchen mehr als nur die materielle Befriedigung von Bedürfnissen, wie man so sagt. Anders ausgedrückt: Es geht nicht nur darum, unser Hirn zu schulen, sondern wir müssen auch unser Herz entwickeln, wir brauchen eine Schulung in Einfühlungsvermögen und Warmherzigkeit.

MvB: Ja, aber Warmherzigkeit ist nicht nur die romantische Vorstellung eines empfindsamen Herzens. Wir müssen unsere intellektuelle und unsere emotionale Seite gleichermaßen schulen, oder vielleicht noch wichtiger, ein Gleichgewicht von Verstand und Emotionen schaffen, von Urteilskraft und Gefühl. Theoretisch wissen wir, dass unser Denken unser Fühlen beeinflusst und unser Fühlen umgekehrt unser Denken bzw. unsere Werturteile. Allzu oft aber sehen wir nur, was wir sehen wollen. Wir nehmen die Wirklichkeit nicht so wahr, wie sie ist, sondern filtern heraus, was in unser emotionales und rationales Schema, zu unseren Vorurteilen und Erwartungen passt. Ich finde es hochinteressant, dass hier die buddhistische Analyse des Geistes und die modernen, auf der Hirnforschung aufbauenden Kognitionswissenschaften zu ähnlichen Schlussfolgerungen gelangen. Die gute Nachricht dabei ist, dass wir lernfähig sind und unsere rationalen Fähigkeiten im Verbund mit unserer emotionalen Natur entwickeln können. Wir müssen in der Lage sein, unsere Handlungsimpulse und Reaktionen kritisch zu bewerten, damit wir sie entweder verstärken oder zügeln können. Diese Fähigkeit können wir auf der Grundlage von Wissen und Einsicht entwickeln. Denken und Fühlen sind keine unvereinbaren Elemente unserer geistigen Ausstattung, sie ergänzen einander vielmehr. Die Entwicklung von Warmherzigkeit hat daher nichts mit romantischer Weltflucht zu tun, sondern ist das zentrale Erfordernis, um als Einzelner wie als Gesellschaft unser menschliches

Potenzial auf eine Weise zu entwickeln, dass es nicht hinter unserer Fähigkeit zum technologischen Fortschritt zurückbleibt. Technologischer Fortschritt muss immer auch in diesem Sinne bewertet werden, sonst wird er zerstörerisch, nicht wahr?

DL: Ganz genau.

MvB: Du sagst auch, dass bisher die traditionellen Religionen die Schulung in Ethik und Moral übernommen und so der Gesellschaft ein Wertesystem geliefert hätten, das es ermöglicht habe, ein Gleichgewicht zwischen den Interessen des Einzelnen und der Gesellschaft zu schaffen; heute aber könnten die Religionen diese Aufgabe nicht mehr erfüllen, weil wir aufgrund der globalen Abhängigkeit voneinander auch eine globale Perspektive brauchen. Und es gibt ja keine Religion, die allgemein akzeptiert wird. Die Rolle, welche früher die Religion innehatte, müsste also von der zivilen säkularen Gesellschaft selbst übernommen werden, bzw. von einer gewählten, verantwortlichen Regierung, und zwar auf der Grundlage der Vernunft, denn diese wird als einzige Kraft universell akzeptiert. Früher hätten wir für diese Dinge die Religion gehabt mit ihren religiösen Institutionen und mit ihren jeweiligen Lehren. Da aber die Religionen aus verschiedenen Gründen angeblich degeneriert seien und sich zersplittert wie auch vorurteilsbeladen zeigten, würden sie für viele Menschen keine akzeptable Autorität mehr darstellen. Für die Entwicklung eines guten Herzens und von Mitgefühl zu sorgen, sei nun die Pflicht des Staates, in dessen Händen die Verantwortung für das Bildungssystem liege.

DL: Ja. All unsere kulturellen Einrichtungen, nicht nur das offizielle Bildungssystem, tragen für die Entwicklung eines guten Herzens Verantwortung. Auch die Kunst, ob klassische oder Pop-

Kultur, Literatur, Theater usw. sind dazu prädestiniert. Die Art der Sprache, die wir verwenden, die Bilder, Geschichten und Lieder, die wir schaffen, wirken auf die Menschen ein. Dank der Möglichkeiten, welche die sozialen Medien und das Internet bieten, kann heute jeder Inhalte produzieren und veröffentlichen. Und was bekommen wir da zu sehen? Ein Übermaß an Gewalt und Hassbotschaften und extrem unreife Äußerungen. Liest man solche Kommentare und Meldungen, hat man oft das Gefühl, dass der Autor dieser Zeilen eigentlich psychiatrische Hilfe bräuchte. Nicht nur die Erziehung des Verstandes, auch die des Herzens ist notwendig. Bildung sollte nicht nur, sondern *muss* heute sogar vermitteln, wie man ein gutes Herz entwickelt – nicht auf der Grundlage religiöser Überzeugungen, sondern auf der Basis wissenschaftlicher Erkenntnisse, die uns zeigen, wie unser Geist funktioniert. Von wissenschaftlicher Seite wurde in letzter Zeit bei unzähligen Gelegenheiten und mit guten Argumenten darauf hingewiesen, dass die grundlegende menschliche Natur von Mitgefühl geprägt ist. Natürlich wird dem mancherorts widersprochen, doch was wir brauchen, ist eine offene Diskussion, die sich auf erwiesene Tatsachen und Versuche gründet und nicht auf ideologische Annahmen und Behauptungen. So kann man zum Beispiel an kleinen Kindern sehen, dass sie ein Gefühl der Zusammengehörigkeit haben. Sie spielen einfach miteinander, völlig ungeachtet ihrer Unterschiede, seien diese nun sprachlicher, religiöser oder ethnischer Natur. Natürlich konkurrieren sie auch miteinander, aber gewöhnlich tun sie sich einfach zusammen und spielen. Selbst wenn es einmal Streit gibt, vertragen sie sich schnell wieder. Das liegt in der menschlichen Natur. Aber sobald sie mit dem Erziehungssystem in Berührung kommen, wird viel zu viel Gewicht gelegt auf das »wir und die anderen«, auf *unsere* Religion, *unsere* Nation, *unsere* Rasse. Hitlers Rassismus und seine Erfindung des »arischen« Herrenmenschen gehören in diese Kategorie. Sieht man sich seinen geistigen Hintergrund an, so finden wir Ansätze dieser unseligen Ideologie in Kultur und Erziehung lange vor dem 20. Jahrhundert. Ich glaube, das eigentliche Problem liegt in unserem modernen Erziehungssystem.

Wie ich eben sagte, ist die grundlegende menschliche Natur eher mitfühlend. Die andere Seite ist, dass unsere negativen Emotionen wie Wut, Hass oder Eifersucht nicht nur anderen schaden, sondern auch uns selbst, weil sie uns krank machen. Negative Emotionen verursachen Herzkrankheiten sowie diverse andere psychosomatische Störungen. Sie schwächen sogar das Immunsystem. Ist der Geist mitfühlender und friedlicher, sind wir automatisch auch körperlich und seelisch gesünder. Auch auf sozialer Ebene kann man feststellen, dass, wo immer sich ein mitfühlender Mensch aufhält, die ganze Atmosphäre angenehmer ist. Ein zorniger Mensch dagegen wird immer ein negatives Klima um sich herum verbreiten, egal wie reich oder mächtig er ist.

MvB: Nun ja, das klingt gut und überzeugend. Bist Du aber vielleicht nicht viel zu optimistisch, was die menschliche Natur angeht? Du sagst, die menschliche Natur sei mitfühlend, und sicher ist diese Tendenz vorhanden. Doch ist in der menschlichen Natur wohl auch die andere Seite angelegt, nämlich ein tief verwurzeltes Konkurrenzverhalten, der Wunsch, andere zu übertrumpfen. Die Bibel erzählt dazu die Geschichte von Kain und Abel: Die zwei Brüder wetteifern miteinander, wer von beiden Gott wohlgefälliger sei, und aus Eifersucht tötet Kain seinen Bruder Abel. Das ist das Paradigma des Brudermordes. Oder nehmen wir die Begierde nach fremdem Besitz. Es gibt Belege, dass schon Stammesgesellschaften regelmäßig auf Raubzug gingen, um das Hab und Gut ihrer Nachbarn, deren Frauen und

Ernten zu stehlen oder die Überfallenen gar zu versklaven. Das waren die Kriege der Frühgeschichte. Der Mensch steht aber immer noch auf dieser Stufe, weiterentwickelt hat sich allerdings seine Waffentechnik. Die Gründe, warum die Menschen zur Waffe greifen, haben sich nicht wesentlich geändert. Sieht man sich die Menschheitsgeschichte, sagen wir der letzten zehntausend Jahre, an, so hat es ständig Kämpfe gegeben, damit eine Partei besser, reicher, mächtiger wird als die andere. Ich war einmal bei einer internationalen Konferenz von Managern eines der berühmtesten Elektronikkonzerne zu Gast. Und diese Leute gebrauchten ständig Formulierungen wie »Konkurrenzkampf« oder »seine Eliteeinheiten aufmarschieren lassen«, um »die Übernahmeschlacht« auf dem Aktienmarkt zu gewinnen, weil doch die Konkurrenz eine »feindliche Übernahme« plane. Kurz, das gesamte Vokabular, die ganze Rhetorik war mit militärischen Metaphern gespickt, und das zeigt sehr klar die Haltung dieser Menschen, ihre offenen oder verdeckten Motive und Absichten. Liegt darin nicht die andere Seite unseres evolutionären Erbes? Der Stärkere tötet den Schwächeren, der große Fisch frisst den kleinen? Ist das nicht ebenso Teil unserer Natur? Was können wir da tun?

DL: All das zeigt nur, dass wir Menschen von unserer Intelligenz einen ganzheitlicheren, stärker auf die Wirklichkeit bezogenen Gebrauch machen müssen, dass unser Handeln oft zu kurzsichtig und beschränkt ist. Zum Beispiel hat ein amerikanischer Wissenschaftler eine Reihe von Experimenten durchgeführt, ob und inwieweit sich negative, destruktive Emotionen in der Miene eines Menschen widerspiegeln. Dabei hat er festgestellt, dass die Negativität, die wir im Gesicht des anderen zu erkennen meinen, in der Hauptsache auf unsere eigenen, vorurteilsbeladenen Projektionen zurückgeht. Genauso sehen heute viele Philosophen die Wahrnehmung und ihre Interpretation – als nicht in der Wirklichkeit begründet.

MvB: Man muss kein radikaler Konstruktivist sein, um diese offensichtliche Tatsache zu erkennen, die in der westlichen Philosophie bereits von dem bedeutenden Philosophen Immanuel Kant dargelegt wurde.

DL: Richtig. Und selbstverständlich ist es auch im Buddhismus eine altbekannte und grundlegende Erkenntnis, dass wir die Wirklichkeit nicht so wahrnehmen, wie sie ist. Doch unser Geist kann sich dieser Tatsache bewusst werden und von der Vernunft Gebrauch machen, um die richtigen Schlüsse zu ziehen und unsere Wahrnehmung zu schulen und dann die tatsächlichen Wahrnehmungen korrekt zu interpretieren. Die meisten unserer negativen Emotionen sind Reaktionen auf das, was vermeintlich passiert, doch beruhen sie nicht auf der Wirklichkeit, wie sie ist, sondern auf Unwissenheit. Unwissenheit lässt uns kurzsichtig und borniert werden. Positive, konstruktive Emotionen sind weniger von psychologischen Schattierungen und Vorurteilen gefärbt. Sie lassen uns spontaner reagieren auf das, was gerade passiert, und beruhen daher weniger auf Unwissenheit. Das ist auch der Grund, warum positive Emotionen zu klarem Denken hinführen können. Sie wirken motivierend, klärend, erhellend und erzeugen Einsicht. Negative Emotionen hingegen können das nicht, sie verstärken nur andere negative Emotionen, aus denen sich am Ende vielleicht eine Depression entwickelt.

MvB: Das ist ein interessanter Gesichtspunkt. Ich bin mir sicher, dass wir später noch einmal darauf zurückkommen werden, weil er so viel mit dringend nötigen Veränderungen in unserem Bewusstsein zu tun hat, damit wir ein ausgewogenes Verhältnis von Wagnis und Verzicht, von Mut und Selbstbeschränkung entwickeln können, von dem dann unser Handeln bestimmt wird.

DL: Richtig, und auch hier sind wiederum Bildung und Erziehung entscheidend. Die Fakten, die wir eben diskutiert haben, liefern uns meiner Meinung nach eine gute Ausgangssituation, was positive Emotionen angeht. Die Frage ist nicht, ob im Menschen von Natur aus eher das Gute oder eher das Böse überwiegt, denn wie Du schon sagtest, sind in unserem Genpool vielfältige und widersprüchliche Möglichkeiten angelegt. Die Frage ist vielmehr, ob wir bestimmte ererbte Optionen verändern und weiterentwickeln und uns an die heutigen Lebensumstände anpassen können. Das ist die evolutionäre Dynamik, nicht wahr? Positive, lebensfördernde Emotionen zu kultivieren ist eine Überlebensfrage. Nur dann werden wir Menschen eine Zukunft haben. Und die Möglichkeiten dazu sind im menschlichen Bewusstsein und seinen Fähigkeiten angelegt. Das sind Dinge, die wir Kinder lehren können und müssen. Man kann Kinder doch ganz einfach fragen: Schaust du lieber in ein böses Gesicht oder in ein freundliches, mitfühlendes? Mit Hunden können wir nicht rational kommunizieren, doch selbst im Umgang mit Hunden beobachten wir, dass das Tier sich fürchtet, wenn wir es zornig anschauen. Und auch ein Hund besitzt Erinnerungsvermögen und lernt, sein Verhalten dem emotionalen Ausdruck seines Besitzers anzupassen. Der Hund lernt, bei wem er aufpassen muss und an wem er emporspringen darf, weil diese Person zu ihm freundlich war und es wahrscheinlich wieder sein wird. Auf uns Menschen trifft dies in noch weit höherem Maße zu, weil wir höchst komplexe und differenzierte Mittel und Wege entwickelt haben, auf emotionaler Ebene zu agieren und zu reagieren.

Wie Du siehst, hat all das nicht das Geringste mit Religion zu tun. Wir müssen keine religiösen Gebote befolgen, um positive Emotionen zu entwickeln. Solche Gebote können nützlich sein oder auch nicht, doch oft bleiben sie etwas Aufgesetztes, und die Leute befolgen sie nur, wenn sie von anderen beobachtet werden oder wenn der Verstoß dagegen bestraft wird. Hinzu kommt, dass die verschiedenen Religionen und Autoritäten ganz unterschiedlichen, ja widersprüchlichen Geboten folgen. Hier aber geht es nicht um religiöse Gebote, sondern um klare Erkenntnisse auf der Grundlage vernünftiger Überlegungen und Beweise, die auf wissenschaftlichem Weg gewonnen werden können und daher universell gültig sind und jedem offenstehen. Jeder Mensch möchte Glück und Freude erfahren. Freude aber empfinden wir, wenn wir unser Leben mit anderen teilen, weil wir in der Gemeinschaft geben und teilen, denn wir Menschen sind soziale Wesen. Zeigen wir anderen gegenüber mehr Liebe und Mitgefühl, werden wir zumindest langfristig eine positive Reaktion erleben. Das sagt uns schon der gesunde Menschenverstand. Dazu müssen wir nicht erst die Lehren von Buddha oder Jesus bemühen.

MvB: Sehen wir uns die aktuellen Bildungssysteme der Welt an, dann stellen wir fest, dass immer mehr Druck und Wettbewerb herrscht, egal ob in China, Europa, Japan oder Nordamerika. Selbst kleine Kinder stehen schon unter einem immensen Leistungsdruck. Sie müssen extrem viel Detailwissen pauken, um die anspruchsvollen Aufnahmeprüfungen an weiterführenden Schulen zu bestehen. Berichte speziell aus Asien belegen, dass junge Menschen sogar Selbsttötung begehen, weil sie diesem Druck nicht gewachsen sind, oder von Medikamenten abhängig werden. Sicher ist auch Konkurrenzdruck ein Grund für dieses Phänomen. Eine andere Ursache aber könnte sein, dass Menge und Komplexität des Wissens, das die Wissenschaft uns liefert, von Tag zu Tag anwachsen. Unsere Kinder müssen all das bewältigen, um ihren Weg im Leben zu gehen. Wie können wir mit dieser Situation umgehen und dann auch noch fordern, dass der kontrollierte Umgang mit Emotionen Platz im Lehrplan findet?

DL: Michael, wir beide wissen doch, dass der Mensch eine Art körperlicher Gesundheitsvorsorge braucht, die mit dem Sport Eingang in den Lehrplan gefunden hat. Genauso aber brauchen wir im Bildungswesen eine Art geistiger Hygiene, und diese besteht hauptsächlich in der Schulung unserer emotionalen Fähigkeiten. Damit sollte so früh wie möglich begonnen werden, schon im Kindergarten, und das Ganze sollte völlig ohne Druck ablaufen. Lernerfolge werden sich immer nur dann einstellen, wenn die Kinder mit echtem Interesse bei der Sache sind, wenn sie Freude am Lernen haben und Belohnungen diese Freude verstärken. Das aber trifft nicht nur auf das emotionale Training zu, sondern auch auf die Schulung der rationalen Fertigkeiten und des Gedächtnisses.

Aber Du hast recht, der schulische Leistungsdruck ist massiv. Doch Druck erleben wir ja nicht nur in der Schule. Auch der darstellende Künstler, der auf der Bühne sein Bestes geben möchte, steht unter Druck. Sogar wenn man einer religiösen Praxis folgt und beispielsweise über Leerheit meditieren soll, ist man einigem Druck ausgesetzt! Ein gewisses Maß an Druck scheint also notwendig zu sein, um gute Resultate zu erzielen. Nutzt man diesen Druck zu seinem Vorteil und zieht Konzentration, Kraft und Begeisterung daraus, lässt sich damit auf positive und konstruktive Weise umgehen. Ein Mehr an Druck, Problemen oder Hindernissen kann, richtig genutzt, unsere Begeisterung und unsere Einsatzfreude steigern. All das hängt im Wesentlichen von der eigenen Einstellung ab, davon, wie wichtig einem das ist, was man tut, von der Motivation also. Wenn man zutiefst davon überzeugt ist, dass die Mühen des Lernens einem selbst und vielleicht auch anderen von Nutzen sein werden, anders ausgedrückt, wenn man den Wert dessen, was man tut, entsprechend hoch veranschlagt, dann spielen Druck und Schwierigkeiten keine Rolle. Man wird damit fertig und hält auch Zeiten der Frustration und des Schmerzes aus, weil man ja ein bedeutendes Ziel verfolgt. Auf diese Weise bleibt der Erfolg nicht aus, gleichgültig, wie hoch die Schwierigkeiten und der Druck bei einer Aufgabe sein mögen.

Nun gibt es da noch dieses andere Gefühl: »Ich will die Nummer eins sein.« Unser Ego. Wir denken nicht *wir, wir, wir,* sondern nur *ich, ich, ich.* Und diese Haltung ist ziemlich engstirnig und wirklichkeitsfremd. Wirklichkeitsfremd, weil wir Menschen nun einmal soziale Wesen sind und keiner von uns ohne den Rückhalt in der Gemeinschaft überleben würde, auch wenn wir noch so findig und intelligent wären. Um leben zu können, müssen wir auf unsere Mitmenschen vertrauen. Vertrauen funktioniert aber nur, wenn es gegenseitig ist. Diese Gegenseitigkeit des Vertrauens beruht auf einer grundlegenden Form von Altruismus. Altruismus ist also der Dreh- und Angelpunkt unserer Existenz. Seit vielen Jahren sage ich immer wieder, dass wir eine intelligente Form der Fürsorge für uns selbst brauchen. Das Problem mit der Fürsorge für uns selbst liegt aber darin, dass diese recht einseitig und zu wenig reflektiert ist, weil wir über die Landkarte unserer Emotionen, unser emotionales System, einfach zu wenig Bescheid wissen.

Lass mich diesen Punkt in Begriffen erklären, die der christlichen Tradition entlehnt sind. Viele Menschen im Westen folgen einer der christlichen Traditionen, für die das Element des Glaubens zentral ist. Die Bibel spricht nicht von Meditation, zumindest nicht in diesem strengen, methodischen Sinn, wie es die indischen Begriffe *shamatha* (Konzentration und Geistesberuhigung) und *vipashyana* (Einsicht in die Natur der Wirklichkeit) signalisieren. Im kulturellen Rahmen des Christentums wird also der Glaube bzw. das Vertrauen auf Gott betont. Ähnlich verhält es sich im Islam, wo die Gläubigen unentwegt die Anrufung *Gott, Gott*, oder besser gesagt *Allah, Allah* wiederholen. In Indien dagegen existierten bereits in der Zeit vor Shakyamuni Buddha *shamatha*- und *vipashyana*-Techniken und die dazugehörigen gedanklichen Modelle. Aus meiner Sicht ist der Buddha selbst ein »Produkt« der indischen Tradition. Denn bereits vor dem Erscheinen des Buddha vertrauten die Menschen in Indien nicht allein auf den Glauben an Shiva oder Vishnu, sondern auch auf ein gewisses Training ihres Geistes. Der Vorstellung vom Karma zufolge ist alles, was uns widerfährt, das Resultat früherer Umstände und Taten – die Verantwortung liegt also ganz auf unseren eigenen Schultern. Um negatives Karma zu mindern und positives Karma zu mehren, ist es wichtig, dass wir an unserer Motivation arbeiten. Um unsere Motivation zu stärken und in die richtige Richtung zu lenken, wurde die *shamatha*- und die *vipashyana*-Meditation entwickelt. Das oberste Ziel dabei ist, dass wir uns selbst beherrschen lernen und nicht nur die äußere Welt. Dabei sollten wir mit derselben methodischen Klarheit und derselben wissenschaftlichen Haltung vorgehen, wie wir es in den Naturwissenschaften tun, um die äußere Welt zu beherrschen.

Buddhistisch-christliche Wechselbeziehung

MvB: Während der vergangenen Jahrzehnte hast Du in regem Austausch mit christlichen Freunden gestanden, allen voran mit Thomas Merton (1915–1968), einem Trappisten, der ehemals Mitglied der Kommunistischen Partei Frankreichs war, als »Dichtermönch« berühmt wurde und eine »interreligiöse Mystik« lebte, sowie dem englischen Benediktinermönch Laurence Freeman (geb. 1951). Der Dalai Lama und seine Gesprächspartner haben bei diesen Gelegenheiten Texte der buddhistischen wie der christlichen Tradition jeweils aus der »Fremdperspektive« interpretiert. Anlässlich des Evangelischen Kirchentags 1993, der in München stattfand, haben wir beide einen ähnlichen Dialog in einer Münchner Kirche geführt. Ich hatte einige Texte sowie einen Gottesdienst vorbereitet, und unser Studentenchor begleitete diese Liturgie mit wunderbarem Gesang. Dann trugst Du Deine Gedanken zu einer bestimmten christlichen Erzählung vor, und ich kommentierte einen zentralen buddhistischen Text aus meiner Sicht, bevor wir in einen gedanklichen Austausch über unsere Erfahrungen mit diesen Texten und ihren Interpretationen eintraten. Dein Text war aus dem *Matthäus-Evangelium*, Kapitel 25, entnommen, und ich habe einige Strophen aus dem Hauptwerk Shantidevas, dem *Bodhicaryavatara*[2], kommentiert.

DL: Lass uns zurückgreifen auf das, was wir damals in München vor so vielen Jahren gesagt haben. Es gibt ja Aufzeichnungen, und so können wir feststellen, ob unsere Ideen auch heute noch tragfähig sind.

MvB: Einverstanden. Ich beginne mit den berühmten Versen von Shantideva.[3]

Kapitel 3, *Verse 7 bis 10:*

Alles so Getane,
alles Gute, das ich angesammelt habe:
Mögen dadurch aller Lebewesen
Leiden aufhören

Für die Kranken sei ich
ihre Medizin, ihr Arzt selbst
und ihr Krankenpfleger
bis zur Heilung ihrer Krankheit.

Speisen und Getränke mögen herabregnen
und die Qualen von Hunger und Durst beenden!
Im Zeitalter großer Hungersnot
sei ich selbst Speise und Trank!

Den Wesen, die arm und in Not sind,
sei ich ein unerschöpflicher Schatz
in Form der verschiedenen Dinge, die sie brauchen,
vor ihnen ausgebreitet!

Kapitel 10, *Verse 2, 18 bis 20, 22, 55:*

Mögen die Wesen überall, wie viel Leid und Krankheit
sie auch an Körper und Geist erfahren,
dank meiner Verdienste
ozeangleiche Freude und Glück erlangen.

Mögen die Blinden Formen sehen,
Taube mögen immer Töne hören,
und wie einst auch Mayadevi
mögen Schwangere ohne Schmerz gebären.

Nackte mögen Kleidung finden.
Hungernde mögen Speise erhalten.
Dürstende mögen Wasser
und wohlschmeckenden Trank erhalten.

Arme mögen Wohlstand erlangen.
Leidgeplagte mögen Freude finden.
Entmutigte mögen Vertrauen wiederfinden
und vortreffliche Beständigkeit erlangen.

Ängstliche mögen furchtlos sein.
Gefesselte mögen befreit sein.
Schwache mögen Stärke gewinnen.
Freundschaft miteinander möge herrschen.

Solange der Raum besteht
und Wesen darin leben,
möge auch ich darin sein
und die Leiden der Wesen aufheben.

Der Buddhismus kennt keine Vorstellung von einem Gott als persönlichem Wesen, das von Ewigkeit zu Ewigkeit im Himmel existiert. Natürlich ist man sich auch innerhalb der christlichen Theologie darüber im Klaren, dass es sich bei einem solchen Gottesbild um nichts anderes als um ein anthropomorphes Sprechen von Gott, um eine Art mentaler Projektion handelt. Dennoch glauben die Christen in aller Welt gewöhnlich, dass Gott eine Person ist, einen Willen hat, liebt und zürnt und dass es in seiner Macht steht, die Welt zu erschaffen, zu erhalten und zu lenken. Buddhisten versuchen mit gutem Grund, solche Vorstellungen zu vermeiden, auch wenn Buddhisten, die nicht philosophisch gebildet sind, ob in Sri Lanka, Thailand, Myanmar, Tibet oder

China, Korea und Japan sich durchaus mit inbrünstigem Glauben an übernatürliche, auch als Person vorgestellte Mächte um Beistand und Hilfe in ihren alltäglichen Belangen wenden. Bemerkenswert – und auch in Shantidevas Text klar zu spüren – ist der tiefe spirituelle Ernst, die innige Sorge, die ganze Ausrichtung, die dem Leben gegeben wird: das Bestreben, jeden Gedanken, jedes noch so flüchtige Gefühl, jede mitleidsvolle Regung angesichts des Leids, das all die fühlenden Wesen erleben, der Befreiung von eben diesem Leiden zu widmen. Dass unsere Welt eine Welt voller Leiden ist, ist eine der grundlegenden Erkenntnisse im Buddhismus. Durch Hingabe an das letztendliche Ziel, durch das Vertrauen in die spirituelle Kraft, die die Grundlage all dessen bildet, können wir zur Weisheit erwachen und Mitgefühl in uns erwecken. Dieses Mitgefühl ermöglicht es, alle Wesen als unsere Freunde, ja sogar als unsere Mütter und unsere Väter zu betrachten. Der gesamte buddhistische Pfad gipfelt in diesem einen Ziel: *karuna*, heilende Hinwendung zu allen Wesen, zu empfinden. Wenn Shantideva von unserem Verdienst spricht und davon, dass wir ihn allen Wesen widmen sollen, dann redet er nicht von äußerlichen, aufzählbaren Aktivitäten, die irgendwo in einem himmlischen Buch der guten Taten verzeichnet würden. Im Buddhismus versteht man unter *punya*, was gewöhnlich mit »Verdienst« übersetzt wird, eine innere Ausformung des Bewusstseins, die unserer persönlichen Verantwortung obliegt. Warum? Weil unsere Gedanken, Worte und Taten nicht nur nach außen wirken, sondern auch nach innen, das heißt, sie verändern und prägen den Handelnden bzw. das Subjekt selbst. Das versteht man unter Karma. Gedanken sind nicht nur spontane Produkte unseres eigenen Denkens, das von unserem Willen gesteuert würde, sondern sie sind Produkte der Geschichte unseres Wechselspiels mit der Außenwelt, sie verbinden uns mit oder trennen uns von der Welt, die uns umgibt, von anderen

Menschen, von anderen fühlenden Wesen. Unsere Eindrücke, unsere Gedanken, Gefühle und Worte in eine Richtung zu lenken, dass sie heilsam, heilend, konstruktiv zum Wohle aller Formen von Leben wirken, das ist die uns gestellte Aufgabe. Unser Ego jedoch will, christlich gesprochen, immer etwas anderes und tut auch immer etwas anderes, als Gott uns gebietet, und genau das ist der Punkt: Das Ego zu zähmen, indem man es in den Dienst nimmt für das Wohlergehen der Gemeinschaft aller lebenden Wesen und ihrer Interessen. Darin liegt die Essenz des buddhistischen Weges, von dem Shantideva spricht. Was uns hier gezeigt wird, sind die Kranken, die Schwachen, die Hungernden und die Dürstenden, die Nackten, all die Bedürftigen, denen es versagt ist, die Fülle des Lebens zu erfahren: Mögen sie stark und einander Hilfe und Stütze sein. Das zeigt klar, dass der Buddhismus keine Religion individualistischer Weltflucht oder cleverer Selbstverwirklichung ist, die Erleuchtung nur für sich selbst sucht, sondern dass es ihm um die Gemeinschaft mit den leidenden Wesen der Welt geht. Das ist es, was buddhistische Lehrer seit Jahrhunderten gelehrt und praktiziert haben. Davon können wir lernen, denn was sie befolgen, ist nicht nur ein Gebot, sondern eine Lebensweise. Der Buddhismus lehrt eine Form des Geistestrainings, die uns zu altruistischem Handeln befähigt und ermutigt. Folgen wir dem buddhistischen Pfad, wird uns bewusst, dass wir unseren Geist so schulen können, dass er bestimmte positive Qualitäten verwirklicht: die Qualität der Liebe, die Qualität der Selbstlosigkeit auf der Grundlage der Einsicht in die Substanzlosigkeit des Ego. So entwickeln wir die Qualität von *karuna* als tätiges, heilendes Wirken zum Wohle aller fühlenden Wesen. Und schließlich lässt derartige Geistesschulung eine Intensität entstehen, die den Praktizierenden tiefste Achtung vor dem Geheimnis des Lebens empfinden lässt, das Christen Gott nennen würden, dem Buddhisten jedoch keinen Namen geben, um nicht Gefahr zu laufen, an eigenen gedanklichen Konzepten oder emotionalen Vorlieben festzukleben. Der buddhistische Weg der Geistesschulung bietet wirksame Methoden an, um Bewusstheit zu entwickeln und speziell unsere innere Motivation zu stärken. Mit diesen Methoden bleibt das hier beschriebene Ziel keine erwünschte, aber unerreichbare Utopie, sondern ein Ziel, das hier und jetzt schrittweise erreicht werden kann, in eben diesem Körper und auf der Grundlage eben dieses Geistes, den wir haben.

Shantideva beschreibt in diesen Versen einen Weg der Praxis. Die Sprache, die er verwendet, mag für christliche Ohren zunächst einmal befremdlich klingen. Doch wenn wir sie in unsere Welt der Sprachbilder und Lebensmuster übersetzen, so finden sie Resonanz, denn wir können in ihnen so etwas wie die Erfahrung der Väterlichkeit Gottes vernehmen in dem Sinne, wie Jesus dieses Wort gebrauchte.

Die folgende Geschichte über den buddhistischen Meister Asanga, der während des 3./4. Jahrhunderts in Indien lebte, erklärt das eben Gesagte in aller Deutlichkeit: Asanga wollte sich einst zum Meditieren in die Einsamkeit zurückziehen. Also schickte ihn sein Lehrer in eine abgelegene Höhle hoch in den Bergen. Dort meditierte Asanga drei Jahre lang streng in absolutem Schweigen mit dem Ziel, eine Vision vom zukünftigen Buddha Maitreya zu erlangen. Doch nichts geschah. Also kehrte Asanga zurück zu seinem Lehrer und berichtete, dass er keine Vision von Maitreya gehabt habe. Sein Lehrer sprach ihm Mut zu und erklärte, er müsse Geduld haben. Und schickte ihn zurück in seine Höhle. Nach weiteren drei Jahren stieg Asanga wieder vom Berg herab und klagte, es sei nichts passiert. Und erneut wurde er für drei Jahre in seine Höhle geschickt. Nach diesen drei Jahren war Asanga am Boden zerstört. Enttäuscht, weil es ihm nicht gelungen war, Maitreya in einer Vision zu erfahren, verließ er die

Höhle in den Bergen. Auf dem Rückweg begegnete er unvermutet einem winselnden Hund, der offensichtlich verletzt war und starke Schmerzen hatte. Er nahm den Hund in die Arme, um ihn zu beruhigen. In diesem Moment zeigte sich Maitreya in all seinem Glanz vor ihm. Asanga fragte ihn, warum er ihm nicht früher erschienen sei, schließlich habe er so streng meditiert und sein Bestes gegeben. Worauf Maitreya antwortete: »Ich war die ganze Zeit bei dir, du konntest mich nur nicht sehen. Erst als du mit spontanem Mitgefühl auf das Leiden dieses Wesens reagiert hast, öffneten sich deine Augen.«

DL: Fahren wir gleich fort mit dem Text aus dem *Matthäus-Evangelium*, Kapitel 25,31-46:

> *Wenn der Menschensohn in seiner Herrlichkeit kommt und alle Engel mit ihm, dann wird er sich auf den Thron seiner Herrlichkeit setzen. Und alle Völker werden vor ihm zusammengerufen werden und er wird sie voneinander scheiden, wie der Hirt die Schafe von den Böcken scheidet. Er wird die Schafe zu seiner Rechten versammeln, die Böcke aber zur Linken. Dann wird der König denen auf der rechten Seite sagen: Kommt her, die ihr von meinem Vater gesegnet seid, nehmt das Reich in Besitz, das seit der Erschaffung der Welt für euch bestimmt ist! Denn ich war hungrig und ihr habt mir zu essen gegeben; ich war durstig und ihr habt mir zu trinken gegeben; ich war fremd und obdachlos und ihr habt mich aufgenommen; ich war nackt und ihr habt mir Kleidung gegeben; ich war krank und ihr habt mich besucht; ich war im Gefängnis und ihr seid zu mir gekommen. Dann werden ihm die Gerechten antworten: Herr, wann haben wir dich hungrig gesehen und dir zu essen gegeben, oder durstig und dir zu trinken gegeben? Und wann haben wir dich fremd und obdachlos gesehen und aufgenommen, oder nackt und dir Kleidung gegeben? Und wann haben wir*

dich krank oder im Gefängnis gesehen und sind zu dir gekommen? Darauf wird der König ihnen antworten: Wahrlich, ich sage euch: Was ihr für den Geringsten meiner Brüder getan habt, das habt ihr mir getan. Dann wird er sich auch an die auf der Linken wenden und zu ihnen sagen: Weg von mir, ihr Verfluchten, in das ewige Feuer, das für den Teufel und seine Engel bestimmt ist! Denn ich war hungrig und ihr habt mir nichts zu essen gegeben; ich war durstig und ihr habt mir nichts zu trinken gegeben; ich war fremd und obdachlos und ihr habt mich nicht aufgenommen; ich war nackt und ihr habt mir keine Kleidung gegeben; ich war krank und im Gefängnis und ihr habt mich nicht besucht. Dann werden auch sie antworten: Herr, wann haben wir dich hungrig oder durstig oder obdachlos oder nackt oder krank oder im Gefängnis gesehen und haben dir nicht geholfen? Darauf wird er ihnen antworten: Wahrlich, ich sage euch: Was ihr für einen dieser Geringsten nicht getan habt, das habt ihr auch mir nicht getan. Und sie werden weggehen und die ewige Strafe erhalten, die Gerechten aber das ewige Leben.

DL: Zunächst einmal danke, Michael, für Deine Erläuterung eines zentralen Textes der buddhistischen Tradition aus der Sicht eines christlichen Theologen. Nun ist es an mir als buddhistischer Mönch, eine Stelle aus dem Evangelium zu interpretieren. Betrachtet man diese Verse, so ist die Essenz dessen, was Jesus sagt, meiner Meinung nach die folgende: Wenn du ein anderes Wesen verletzt, dann verletzt du mich. Wenn du andere liebst und sie unterstützt, dann liebst und unterstützt du mich. Die Verse aus dem Werk Shantidevas sagen ebenfalls, dass ein Mensch, der anderen hilft, damit den Buddha selbst erfreut. Und wenn jemand einem anderen ein Leid zufügt, dann missfällt dies dem Buddha zutiefst. Dieselbe Bedeutung, dieselbe inhaltliche Intention hat auch diese Stelle aus dem *Matthäus-Evangelium.*

Trotz einiger Unterschiede, die hinsichtlich der philosophischen Begrifflichkeiten zwischen den einzelnen Religionen bestehen, denke ich, dass die Wurzel aller Religionen Vergebung, Hingabe, Liebe und Mitgefühl gegenüber allen Menschen und auch gegenüber nichtmenschlichen Wesen ist. Ich denke, dass dies die Basis für jede Form christlicher Theologie, ja das Herzstück der christlichen Religion ist. Darum bin ich auch überzeugt, dass jeder Mensch, der einen anderen aus tiefstem Herzen liebt und wertschätzt, in ihm auch Gott liebt und wertschätzt. Jemand, der andere hasst und ihnen Schlechtes wünscht, kann Gott unmöglich wirklich lieben. Zumindest wäre dies eine sehr fragwürdige Liebe.

In ganz unterschiedlichen Religionen wird die Meditation als wichtiges Hilfsmittel gesehen, und ich glaube aus eigener Erfahrung sagen zu können, dass Meditation tatsächlich ein wirkungsvolles und nützliches Werkzeug ist, um unseren Geist effektiv zu verändern. Mithilfe der Meditation können wir merkliche Verbesserungen hinsichtlich des Zustandes unseres Geistes erzielen, vor allem in Bezug auf die Art und Weise, wie er arbeitet. Grundsätzlich unterscheidet man zwei Arten von Meditation: geistige Sammlung *(shamatha)* oder Konzentration und analytische Meditation *(vipashyana)*, und beide müssen immer zusammen praktiziert und so geübt werden, dass sie einander wechselseitig befruchten, damit wir das Ziel erreichen, von dem eben die Rede war.

Ich möchte hier etwas aus meiner eigenen Erfahrung mit der Meditation berichten, aber es ist nicht ganz einfach, über dieses Thema zu sprechen, wenn man, wie ich, nicht ausreichend Energie und Zeit in die Meditationspraxis investiert und sehr viel Erfahrung gesammelt hat. Nun habe ich jedoch eine gute Entschuldigung dafür, dass ich für mein Empfinden vielleicht zu wenig Zeit und Mühe in das Meditieren investiere, da der Dalai

Lama einfach einen sehr vollen Terminkalender hat. Das mag als Entschuldigung ganz glaubwürdig sein, dennoch bin ich der Überzeugung, dass wir unseren Geist und seine positiven Qualitäten, von denen bei Shantideva und im Evangelium die Rede ist, nur entwickeln können, wenn wir unsere Aufmerksamkeit *kontinuierlich* darauf ausrichten, diesen zu schulen, zu pflegen und zu läutern. Ist es durch konzentrierte Anstrengung gelungen, den eigenen Geist tatsächlich positiv zu verändern, dann hat das mit Sicherheit massive Auswirkungen darauf, wie man sich selbst, seine Mitmenschen und die Welt im Allgemeinen wahrnimmt. Denn es ist der Zustand unseres Geistes, der bestimmt, wie unser Dasein sich gestaltet, auch wenn wir dem ständigen Einfluss angenehmer bzw. unangenehmer oder leidvoller Faktoren ausgesetzt sind, deren Ursprung in unserem physischen Körper und seiner Umgebung liegt. Durch entsprechende Geistesschulung können wir dennoch einen Zustand von innerem Frieden erreichen. Dann werden solche äußeren Bedingungen, die man gewöhnlich als unbefriedigend und störend empfinden würde, den Geist nicht länger negativ beeinflussen. Trotz physischen Leidens ist es also möglich, einen Zustand von Unerschütterlichkeit und Frieden zu erreichen. Und, so viel nur nebenbei, ein solcher Geisteszustand wirkt sich auch äußerst positiv auf das körperliche Wohlergehen aus.

Im Buddhismus gilt die eigene Anstrengung als Voraussetzung dafür, dass uns der Segen der Buddhas und Bodhisattvas zuteilwerden kann. Denn der Geist muss entsprechend vorbereitet werden, damit er zum geeigneten Gefäß wird, um die außergewöhnlichen Qualitäten eines Buddha aufzunehmen. Das ist die Grundlage, auf der wir den Segen der Buddhas und Bodhisattvas erfahren können. Ich vermute, dass dies auch in den Religionen, die an einen Schöpfergott glauben und auf ihn ausgerichtet sind, die Grundlage ist, um den Segen Gottes empfangen zu können. Denn auch göttlicher Segen bedarf eines Gefäßes, das ihn aufnehmen kann, nicht wahr? Das Gefäß muss zumindest offen und empfangsbereit sein. Die Offenheit für den Segen Gottes ist eine reale Kraft, die wirkliche Veränderungen im Leben bewirken kann, denn nur wenn der Geist vorbereitet ist, kann sich das Herz diesem Segen öffnen. Steht nicht im selben Kapitel des *Matthäus-Evangeliums* auch das Gleichnis der fünf klugen und der fünf törichten Jungfrauen? Die fünf klugen Jungfrauen haben sich vorbereitet, Jesus als ihren Bräutigam zu empfangen, die fünf törichten aber nicht. Wie man sieht, sprechen Buddhisten über dieselbe Erfahrung, nur in anderen Bildern. Nach meiner Erfahrung sind Meditation und Gebet sehr wirksame Methoden, um den Geist zu läutern und dauerhaft zum Positiven zu verändern.

Es ist meine tiefe Überzeugung, dass alle Menschen ohne Ausnahme das Potenzial besitzen, ihren Geist zu entwickeln und zum Positiven zu verändern, egal, ob sie reich oder arm, gebildet oder weniger gebildet sind, egal, woher sie kommen. Auf dieser Grundlage ist es möglich, aus jedem einen besseren Menschen zu machen, ihm oder ihr zu mehr geistigem und emotionalem Wohlergehen zu verhelfen. Auf dieser Basis ist auch die Hoffnung berechtigt, dass die Gesellschaft und die Menschheit insgesamt sich zum Besseren hin verändern und bessere Bedingungen für das Leben auf der Erde schaffen kann. Hierin liegt die Hoffnung für eine bessere Zukunft, für eine bessere Welt.

MvB: Das war wirklich eine großartige Veranstaltung damals in München, und ich glaube, die Themen, die dort angesprochen wurden, sind heute noch so wichtig wie vor 25 Jahren. Und vielleicht ist die Situation heute noch brisanter und verlangt noch dringender nach Veränderung.

DL: Das stimmt.

MvB: Als Reaktion auf das, was Du zuvor gesagt hast, habe ich eine Stelle aus dem *Johannes-Evangelium* ausgewählt. Du hattest gesagt, dass es im Islam, aber auch im Christentum immer heißt: »Gott, Gott…« Das stimmt zwar, aber es gibt auch noch andere Bilder und Formulierungen. Das Christentum hat – und das durchaus in gewisser Differenz zum Islam – von Anfang an Gott aus dem Himmel hier herunter ins menschliche Dasein geholt. Mehr noch, Gott selbst wird Mensch, und so haben die frühen Christen Jesus auch wahrgenommen. Ihre Erfahrung von Jesus gab ihnen das Gefühl: »Er ist göttlich, der Mensch gewordene Gott.« Und Jesus sagt in einer meiner Lieblingsstellen im *Johannes-Evangelium* (Joh 15,1-2):

> *Ich bin der wahre Weinstock und mein Vater ist der Winzer. Jede Rebe an mir, die keine Frucht bringt, schneidet er ab, und jede Rebe, die Frucht bringt, reinigt er, damit sie mehr Frucht bringt.*

Ist das nicht ein Bild – Jesus verwendet immer Gleichnisse und keine logischen Erklärungen, da er zu einfachen Menschen redet –, das eine Art von Geistestraining beschreibt?

> *Ich bin der Weinstock, ihr seid die Reben. Wer in mir bleibt und in wem ich bleibe, der bringt reiche Frucht; denn getrennt von mir könnt ihr nichts vollbringen. (Joh 15,5)*

Ich deute diese Stelle so, dass die göttliche Kraft die Quelle all unserer Energie ist, dass der Mensch aus ihr hervorgeht. Unsere wahre Natur ist nicht unser Ego, sondern die göttliche Energie in uns. Sie ist unsere tiefere Natur, unsere Urquelle, die Christus den Weinstock nennt. Der Weinstock produziert den Lebenssaft, der durch die Reben fließt, die Lebensenergie im Menschen. Und wenn wir sie wahrnehmen und kultivieren, wenn wir mit unseren tiefsten inneren Lebensenergien verbunden sind, dann tragen wir Frucht. Im Prinzip, so denke ich, meint diese Stelle dasselbe wie der buddhistische Begriff *Tathagatagarbha* (Buddhanatur), auch wenn die Ausdrucksweise eine andere ist.

DL: Richtig.

MvB: Was denkst Du darüber? Kannst Du einer solchen Sichtweise zustimmen?

DL: Ich denke, was eine theistische Religion ausmacht, ist der Glaube, dass wir alle von Gott geschaffen wurden. Anthropomorph gesprochen heißt das, dass Gott unser Vater ist. Alle Menschen und die ganze Welt sind eine Schöpfung Gottes. Und was für ein Vater ist Gott? Er ist grenzenlose Liebe. Und weil er unser Vater ist, tragen wir auch einen Keim von ihm in uns, und dieser Keim ist Liebe. Das ist sehr stark, wirklich schön.

MvB: Als ich mir unser Gespräch, das wir vor vielen Jahren in München führten, in Erinnerung rief, ist mir noch eine interessante Äußerung eingefallen. Ich denke, sie ergänzt unsere beiden Sichtweisen. Sie stammt von Albert Schweitzer (1875 – 1965), dem großen Humanisten, Arzt, Musiker und Theologen. Er spricht von »Ehrfurcht vor dem Leben« *(veneratio vitae)*, gleichgültig, ob es sich in einem Menschen oder einer Fliege oder was für einem Lebewesen auch immer ausdrückt. Ausgehend von einer authentischen Erfahrung dieser Ehrfurcht vor dem Leben, als er in einem afrikanischen Fluss eine Herde von Flusspferden beobachtete, schreibt er:

Ehrfurcht vor dem Leben, veneratio vitae, *ist die unmittelbarste und zugleich tiefste Leistung meines Willens zum Leben. In der Ehrfurcht vor dem Leben geht mein Erkennen in Erleben über ... Mein Leben trägt seinen Sinn in sich selber. Er liegt darin, dass ich die höchste Idee lebe, die in meinem Willen zum Leben auftritt ... die Idee der Ehrfurcht vor dem Leben ... Die Ethik wächst mit der Welt- und Lebensbejahung aus derselben Wurzel hervor. Denn auch Ethik ist nichts anderes als Ehrfurcht vor dem Leben ... Denn in Welt- und Lebensbejahung und in Ethik erfülle ich den Willen des universellen Willens zum Leben, der sich in mir offenbart. Ich lebe mein Leben in Gott, in der geheimnisvollen ethischen Gottespersönlichkeit, die ich so in der Welt nicht erkenne, sondern nur als geheimnisvollen Willen in mir erlebe ... Sich zu den vielgestaltigen Erscheinungen des Willens zum Leben, die miteinander die Welt ausmachen, in der Gesinnung der Ehrfurcht vor dem Leben zu verhalten, ist ethische Mystik ... Von meiner Jugend an war es mir gewiss, dass alles Denken, wenn es sich zu Ende denkt, in Mystik ende. In der Stille des Urwaldes Afrikas war ich fähig, diesen Gedanken durchzuführen und auszusprechen.*[4]

»Mein Erkennen geht in Erleben über.« Damit sagt er doch Folgendes: Ich weiß, dass alle Dinge miteinander verbunden sind. Sowohl die modernen Naturwissenschaften als auch unsere je eigene Lebenserfahrung lehren uns genau das. Doch auch wenn ich dies weiß und vielleicht auch eine tiefere Einsicht in solche Zusammenhänge gewinne, folgt daraus für das Leben meist nichts, wenn nicht eine emotionale Empfindung und das Gefühl von Ehrfurcht hinzukommen, erst dann nämlich wird dieses Wissen um die Einheit der Dinge zur prägenden Erfahrung. Eine solche Erfahrung verbindet Herz und Verstand, sie verändert meine Motivation wirklich. Sie ist das, was Schweitzer »ethische Mystik« nennt, eine Erfahrung der Einheit allen Lebens, die ganz automatisch egoistisches Verhalten in eine Verhaltensweise verwandelt, die von Verbundenheit, Zuwendung und fürsorgender Liebe getragen ist. Das ist die Erfahrung, die Schweitzer selbst machte und aus der er die enorme Energie bezog, mit der er sein Hospital in Lambarene in Westafrika aufbaute und internationale Kampagnen für Abrüstung und gegen Atomwaffen führte, übrigens Seite an Seite mit seinem Freund Albert Einstein. Was Schweitzer beschreibt, ist, auf einem sehr viel bescheideneren Niveau, auch meine Erfahrung, obwohl ich bis jetzt noch nicht in der Lage war, diese Erfahrung wirksam so in die Praxis umzusetzen, dass sie an den Leiden der Welt etwas geändert hätte. Wie siehst Du das?

DL: Ich denke, es stimmt, was Du sagst. Albert Schweitzer besaß sehr viel Einsicht und Mut. Zu seiner Zeit war er ein wahrer Pionier, und was ihn bewegte, war eine außergewöhnliche Erfahrung der Einheit allen Lebens. Das ist mit Mystik gemeint, nicht wahr? Er hat auch insofern recht, als Gefühle, die ausschließlich auf Unwissenheit basieren, keinen Raum für das Denken lassen. Konstruktive Emotionen sind immer auch mit Vernunft verbunden, beide ergänzen einander: Denken führt zu Weisheit, das heißt, zu einem tieferen Verständnis der Wirklichkeit jenseits von Dualität. Wenn dieses tiefere Verständnis sich mit Emotion verbindet, und dieses freudvolle, liebevolle Empfinden mit tieferer Einsicht, dann ist das in jedem Fall gut und transformierend.

MvB: Da Du gerade von Weisheit sprichst, die ja offensichtlich mehr ist als nur Wissen, würde ich gerne meine Definition von Weisheit mit Dir teilen.

DL: Oh ja, bitte.

MvB: »Weisheit ist Maß in der Praxis durch Wissen.« Oder anders gesagt: Es geht um eine Praxis, die nicht blind ist, sondern vom rechten Verständnis der Wirklichkeit geleitet wird.

DL: Ja, wenn unsere rationale und unsere emotionale Seite verbunden sind, sodass wir zu richtigen, d.h. vernunftgemäßen Handlungen gelangen.

MvB: Es war diese, auf der Ratio basierende und zugleich stark emotionale Erfahrung, aus der Mahatma Gandhi, Albert Schweitzer und so viele andere Kraft und Stärke zogen. Schweitzer war das, was man einen Universalgelehrten nennt: Wissenschaftler, Arzt, Organist und Pianist, Theologe, Philosoph, vergleichender Religionswissenschaftler. Weil er spürte, dass eine akademische Laufbahn in Frankreich oder Deutschland nicht der richtige Weg wäre, der ihn zu der Weisheit führen würde, von der wir eben sprachen, ging er nach Afrika, wo er sich in seinem Hospital um die einfachen Menschen kümmerte. Und er sagte, er habe das nicht getan, weil er große Pläne zur Weltverbesserung gehabt hatte, sondern weil er nicht anders konnte, weil er diese Erfahrung der Einheit des Lebens gemacht hatte, das Gefühl der Verbundenheit mit den Tieren im afrikanischen Dschungel, mit den Flusspferden im Ogowefluss.

DL: Ja, eine solche Erfahrung braucht eine geeignete Vorbereitung, um wirklich zu sehen, zu schmecken, zu hören, zuzuhören. Man braucht dazu einen ruhig gewordenen Geist und ein hohes Maß an Entschlossenheit.

Bildung und Erziehung

MvB: Wir haben bereits kurz über das Thema Erziehung gesprochen, sollten nun aber einige zentrale Gesichtspunkte aufgreifen und ausführlicher diskutieren. Erziehung beginnt ja nicht erst in der Schule, sondern schon viel früher in der Familie, mit der eigenen Mutter. Die Situation ist aber heute doch die, dass Vater und Mutter für viele Kinder aus den unterschiedlichsten Gründen gar nicht mehr verfügbar sind. Sei es, weil die Eltern beide berufstätig oder geschieden sind, sei es, weil die Eltern irgendwo weit weg, vielleicht sogar auf einem anderen Kontinent leben, weil sie nur dort Möglichkeiten sehen, sich überhaupt den Lebensunterhalt zu verdienen oder aber eine glänzende Karriere zu machen. Und so wachsen Kinder oft ohne die Liebe und Geborgenheit auf, die eine Familie zu geben vermag. Das ist ein Thema in der Welt globalisierter Lebensbedingungen. Siehst Du eine Möglichkeit, die Familie gleichsam neu zu erfinden, nachdem die klassischen Familienstrukturen gerade auseinanderzubrechen scheinen?

DL: Als soziale Wesen kommen wir durch und mit einer Mutter zur Welt, und während unserer ersten Lebensjahre konnten wir nur überleben, weil unsere Mütter uns mit ihrer Liebe und Fürsorge umgaben, weil sie uns ihre Milch gegeben haben. Doch unsere Mütter können uns nicht ein ganzes Leben lang umsorgen. Unsere frühkindlichen Erfahrungen bilden allerdings die Grundlage dafür, dass wir positive Emotionen entwickeln. Als kleine Kinder erleben wir sehr unterschiedliche Situationen, und manche lassen Eifersucht und Frustration in uns entstehen. Doch Kinder lernen auch zu differenzieren und den Wunsch nach sofortiger Befriedigung von Wünschen aufzuschieben. Sie verstehen immer besser, dass sie sich um sich selbst, um ihre

Interessen und widersprüchlichen Neigungen langfristig kümmern müssen. Später dann kommen sie mit dem offiziellen Erziehungssystem in Berührung. Wie ich bereits sagte, sollten wir Kinder, sobald sie in den Kindergarten kommen, die Kontrolle ihrer Emotionen lehren, und diese Erziehung in emotionaler Hygiene sollte auf wissenschaftliche Erkenntnisse gegründet sein. Ist dies der Fall, dann ist es aus meiner Sicht gar nicht so wichtig, ob die Eltern immer anwesend sind oder nicht. Ich sehe in Bildung und Erziehung den Hauptfaktor. Von unseren Eltern bekommen wir einfach und ohne eigene Leistung Zuwendung und Liebe, während Erziehung und Bildung dabei meist im Hintergrund bleiben.

MvB: Möchtest Du damit sagen, dass Kinder im Alter von zwei oder drei Jahren mehr oder weniger ihren eigenen Weg gehen und dem öffentlichen Erziehungssystem überlassen werden können? Mir erscheint das schwierig, denn es gibt zwischen den Schulsystemen der einzelnen Länder, bedingt durch Tradition und historische Erfahrungen, erhebliche Unterschiede. In Ostasien kommen Kinder früher als in Europa in die Schule, zumindest war das früher der Fall. Der wissenschaftliche Fortschritt verläuft aber heute so rasant, dass das Schulsystem mit der Vermittlung dieser Erkenntnisse kaum noch Schritt halten kann. Das ist auf der ganzen Welt so. Schulkinder müssen heute so viel lernen, dass viele sich überlastet fühlen und schon früh in Depressionen oder Hyperaktivität abgleiten. Unsere Überlegung sollte doch sein: Welche grundlegenden Fertigkeiten müssen wir unseren Kindern vermitteln, sodass ihr Forschergeist geweckt wird, sie unvoreingenommen im Denken sind und logisch und kreativ an die Aufgaben herangehen können?

DL: Wie gesagt, Erziehung ist für mich der alles entscheidende Faktor. Das bestehende Schulsystem aber weist – wovon ich zutiefst überzeugt bin – gravierende Mängel auf. Erziehung muss auf wissenschaftlichen Erkenntnissen und nicht bloß auf Tradition und politischen oder ökonomischen Interessen beruhen. Wenn Kinder in der Schule lernen, wie das menschliche Gehirn, wie unser Verstand und unsere Emotionen funktionieren bzw. welche Dysfunktionen hier auftreten können, wenn sie lernen, ihre Gefühle zu kontrollieren und die Erkenntnisse, die sie durch eigene Analyse gewonnen haben, auf ihr tägliches Leben anzuwenden, dann werden diese Kinder sich anders entwickeln. Ich weiß zum Beispiel von mindestens zwei amerikanischen Städten, deren Schulsystem in diesem Sinne Schwerpunkte setzt, was diesen Städten den Beinamen »City of Compassion« bzw. »City of Kindness« eingebracht hat. Freundlichkeit und Mitgefühl kommen dort im Unterricht wie auch im öffentlichen Leben generell verstärkt zur Sprache. In der Folge hat sich das Klima in den Schulen geändert, die Schüler sind weniger aggressiv, mitfühlender und eher bereit, anderen zu helfen. Diese Resultate sind klar erkennbar und empirisch überprüfbar. Es hat sich gezeigt, dass das Bildungssystem hier einen nicht unerheblichen Einfluss ausüben kann. Leider geht es in der modernen Psychologie so oft nur um die Ebene der sinnlichen Erfahrung, wie sie funktioniert und wie wir sie intensivieren können, und nicht so sehr um die geistige Seite. Und so ist die Gesellschaft gänzlich fixiert auf das Erleben physischer Empfindungen, wozu auch der Sport gehört. Olympische Spiele und Fußballweltmeisterschaften sind Großereignisse, die in der ganzen Welt verfolgt werden, wogegen grundsätzlich nichts einzuwenden ist, trotzdem ist das eine recht einseitige Angelegenheit. Das ist einfach zu wenig und eine Beschränkung unserer Möglichkeiten. Wir sollten uns auch für unsere psychischen und mentalen Ressourcen interessieren.

Da stehen uns unbekannte Welten offen, die wir entdecken können. Manche Menschen gehen so sehr im Sport auf, dass sie fanatisch werden und dann einander in den Stadien sogar regelrechte Schlachten liefern.

MvB: Ja, auch im Sport gibt es heute viel Gewalt. In Europa sowie in Süd- und Nordamerika gehen die Fans der verschiedenen Vereine bei Fußballspielen gewaltsam aufeinander los. Manchmal wird dabei sogar jemand getötet.

DL: Laute, aufpeitschende Musik zu hören, intensive Geruchs-, Geschmacks- und Tastempfindungen, Sex eingeschlossen, sind heute eminent wichtig geworden. Solche Überstimulierungen sind Verdrängungen, es sind Versuche, einer Lebensweise zu entkommen, die extrem oberflächlich und schädlich ist und zudem ein hohes Maß an Ungerechtigkeit und Frustration erzeugt. Selbst der Bereich der Sexualität ist derart durchökonomisiert und durchpolitisiert, dass es kaum möglich ist, hier zu einer Ausgewogenheit zu finden.

MvB: Ähnliche Tendenzen können wir ja auch im Internet beobachten. Das Internet ist, auch was sexualisierte Inhalte betrifft, aber nicht nur da, voll von hasserfüllten, herabsetzenden Ausfällen gegen andere Menschen. Meinst Du, dass wir hier mehr Regulation und Kontrolle brauchen?

DL: Ein gewisses Maß an Kontrolle ist vielleicht tatsächlich unvermeidbar. Doch Vorsicht ist geboten, auch hier halte ich Erziehung für die bessere Lösung. Menschen, die einen stabilen Geist entwickelt haben und gesunde zwischenmenschliche Beziehungen pflegen, lassen sich auf einen solchen Hass-Jargon, wie Du ihn eben erwähnt hast, nicht ein. Hier muss sich unsere

Kultur verändern. Wir haben gelernt, dass wir auf körperliche Hygiene achten müssen, um gesund zu bleiben. Genauso müssen wir jetzt lernen, dass zum Gesundsein auch mentale Hygiene gehört. Andernfalls werden wir massive Probleme bekommen. Doch so, wie wir auf ökologische Nachhaltigkeit umstellen können, können wir auch eine psychische Nachhaltigkeit anstreben. Dazu braucht es Entschlossenheit, Mut und Geduld. Wie ich bereits gesagt habe und bei vielen Gelegenheiten auch beobachten konnte, ist so ein Umdenken möglich, wie die Ergebnisse belegen.

Man muss Kindern und selbst Erwachsenen beibringen, wie man ein ausgewogenes Leben beginnen und führen kann. Das gilt für Arbeitsrhythmen, Essgewohnheiten, Sexualität, Sport und alle anderen Lebensbereiche. Menschen verlieren diesbezüglich oft das rechte Maß, und das führt zu Frustration, Krankheit und sogar Gewalttätigkeit. Nehmen wir zum Beispiel das Verlangen nach sexuellem Vergnügen: Dieses Verlangen mag spontan auftreten, aber Menschen, die diesem Instinkt unkontrolliert nachgeben und nur auf sofortige Befriedigung aus sind, können viel Unheil anrichten, wenn sie dabei auf Mitmenschen keinerlei Rücksicht nehmen. Sie schaden anderen und damit letztlich sich selbst. Wir Menschen müssen lernen, Impulse, die auf eine sofortige Bedürfnisbefriedigung abzielen, zu zügeln. Unsere erste Reaktion sollte immer sein, dass wir dieses Verlangen im Gesamtzusammenhang unseres Lebens betrachten, was in erster Linie heißt, dass wir darüber nachdenken, welche Konsequenzen sich ergeben würden, wenn wir ihm nachgeben. Wenn wir dann zu dem Ergebnis kommen, dass es nicht weise oder nützlich wäre, jenem spontanen Verlangen nachzugeben, sollten wir zunächst verzichten und ihm einfach keine weitere Beachtung schenken. Stattdessen beschäftige man seinen Geist mit anderen Dingen, die im Moment heilsamer sind. Wenn man sich um solche starken Triebimpulse nicht weiter kümmert, werden sie meist von selbst schwächer. Wenn das Verlangen wieder verschwunden ist, sieht und erkennt man, dass daran irgendetwas nicht gestimmt hat oder nicht im Gleichgewicht war. Um das Thema Emotionen, Triebe und Verlangen, Befriedigung und Selbstbeschränkung usw. herrscht sehr viel Verwirrung, die ihren Ursprung in der fehlenden Kenntnis der Funktionsweise unseres Geistes hat. Mit »Geist« ist hier gemeint, was im Buddhismus als »sechstes Bewusstsein« bezeichnet wird[5], das über der reinen sinnlichen Wahrnehmung und den damit verknüpften fünf Arten von Sinnesbewusstsein steht. Ausgehend vom Ego, von Ängsten und früheren Erfahrungen konstruiert das sechste Bewusstsein seine eigene Wirklichkeit, die gänzlich bestimmt ist von Anhaftung und dem Wunsch, das Ego stabil zu halten. Und doch ist dem sechsten Bewusstsein auch die Fähigkeit eigen zu erkennen, dass das, was wir als Wirklichkeit erfahren, sein eigenes Konstrukt ist. Und es kann dieses Konstrukt dahingehend korrigieren, dass es stärker der tatsächlichen Verfasstheit der Welt entspricht, es kann erkennen, dass es mit allem, was es umgibt, eng verflochten ist. Mitgefühl entsteht im sechsten Bewusstsein und nicht auf der Stufe des Sinnesbewusstseins. Die moderne Psychologie arbeitet im Normalfall aber nur mit der Ebene des Sinnesbewusstseins. Die Psychologie muss über diese Stufe hinausgehen und bei der Erforschung des Geistes tiefer gehen. Das ist es auch, was einige Wissenschaftler und Philosophen zur Zeit tun, nur finden ihre Forschungsergebnisse meist keinen Eingang ins Erziehungssystem und haben keinerlei Einfluss darauf, wie der Einzelne bzw. die Gesellschaft ihr Leben organisieren. Das Sinnesbewusstsein haben wir mit den Tieren gemeinsam. Es ist unser Vital-Bewusstsein, das unsere grundlegenden physischen Bedürfnisse regelt und damit unser Überleben sicherstellt.

Zugegebenermaßen ist dieses Bewusstsein oft stärker als unser Wille, anders zu reagieren, vor allem wenn dieser nicht geschult ist. Doch der Unterschied von Mensch und Tier besteht eben im sechsten Bewusstsein, wie es in der buddhistischen Psychologie genannt wird, die ich eben angesprochen habe. Bei Tieren mögen zwar gewisse anfängliche Vorbedingungen für dieses Bewusstsein ebenfalls vorhanden sein, doch ist es nicht voll ausgebildet wie beim Menschen, selbst wenn es auch bei Menschen zunächst nur als Potenzial angelegt ist, das wir erst entwickeln müssen.

Es fehlt uns also vor allem an Wissen über unser mentales System, über das sechste Bewusstsein, das wir auch einfach als liebende Güte oder Weisheit bezeichnen können. Doch wo hat es seine Wurzeln, seinen Ursprung? Kommt es vom Sinnesbewusstsein, vom Sehbewusstsein oder vom Hörbewusstsein? Nein! Es kommt von einer anderen Ebene unserer geistigen Struktur. Die wichtigste Frage ist aber nicht, woher es kommt, sondern wie diese Ebene des Bewusstseins entwickelt und mit den anderen Bewusstseinsebenen verbunden werden kann. Darüber wissen wir momentan nichts oder fast nichts. Diese Fragen sollten Gegenstand wissenschaftlicher Forschung und Überprüfung werden. Das ist ein wichtiges Thema für die global gültigen Erkenntnismethoden der Wissenschaft und nicht für die Religion, wo jeder seine eigenen Glaubensvorstellungen, Meinungen und Vorgehensweisen hat.

MvB: Im Buddhismus wird das Training des Geistes seit langem gelehrt, aber auch in den hinduistischen Traditionen kennt man seit Hunderten von Jahren verschiedene Formen der Geistesschulung. Wenn ich mir aber meine Schüler und mich selbst anschaue, dann sehe ich, dass da selbst nach fünfzig Jahren Meditation und Analyse noch Emotionen wie Angst, Zorn, Ungeduld und Eifersucht auftreten können. Es ist sehr schwer, diese negativen Emotionen auszumerzen. Wie ist Deine Erfahrung? Welchen Rat kannst Du uns geben?

DL: Der Faktor Zeit spielt eine wesentliche Rolle. Lass mich von ein paar Beobachtungen berichten, die meiner persönlichen Erfahrung entstammen. Ich habe fünfzig, sechzig Jahre lang ernsthaft das Einüben einer altruistischen Haltung praktiziert. Mit der Zeit wurde sie wirklich Teil meines Lebens, und jetzt ist sie einfach spontan und ohne Anstrengung da. Es gab also Fortschritte, aber sie haben eine gewisse Zeit gebraucht. Diese sollten und müssen aber mit einem korrekten Verständnis von *shunyata*, der Leerheit, verbunden werden. Was ist darunter zu verstehen? Dass nichts so existiert, wie es scheint. Dinge und Ereignisse sind nicht unabhängig voneinander, vielmehr ist alles miteinander verknüpft. Ein beliebiges Etwas ist das, was es ist, nur in Beziehung zu etwas anderem. Das ist ein höchst tiefgründiges Verständnis der Wirklichkeit, das uns der Buddha hinterlassen hat. Doch seine Worte nur zu zitieren, reicht nicht aus. Wir müssen vielmehr die Wahrheit seiner Worte in der Tiefe unseres Geistes selbst erkennen. Sobald wir diese Einsicht tatsächlich erfahren haben, wird sich unsere Einstellung und unser Verhalten entsprechend verändern, und diese Sicht der Wirklichkeit stellt sich dann ganz spontan und mühelos ein. Aber wie Du siehst, ist das die Frucht von fünfzig Jahren Praxis. Solche Entwicklungen brauchen Zeit und sind auch nicht ganz so einfach.

MvB: Du sagst, dass Du eine altruistische Haltung eingeübt hast. Kannst Du erklären, wie Du das machst? Wie sieht diese Praxis aus?

DL: Der wichtigste Aspekt ist, dass man über die Nachteile einer egoistischen, selbstbezogenen Haltung nachdenkt und darüber, welchen Nutzen es bringt, andere an die erste Stelle zu setzen, besonders auf lange Sicht.

MvB: Diese Praxis besteht also in einer Reflexion?

DL: Ja.

MvB: Das heißt, Deine Praxis ist, dass Du in konzentrierter Meditation sitzt und dabei nachdenkst und reflektierst?

DL: Richtig. In Shantidevas *Bodhicaryavatara*, aus dem Du ja eine Stelle zitiert und kommentiert hast, geht es im 6. Kapitel darum, wie wichtig die Praxis der Geduld ist. Dort erklärt er auch, dass unsere Feinde unsere besten Lehrer sind. Was Shantideva sagt, basiert aber nicht auf Zitaten aus den klassischen buddhistischen Lehrtexten früherer Zeiten, sondern auf Reflektieren und Argumentation. Sein Gedankengang dabei ist zweifach: Erstens lernen wir, mehr Geduld zu entwickeln, wenn jemand uns widerspricht, denn das stärkt unseren Geist, insbesondere unsere Willenskraft. Zweitens, selbst wenn eine Gegenkraft auftritt, ist dies ja ein Gegengewicht, ein Aspekt der Dynamik des Lebenszyklus. So erscheint dies zunächst zwar isoliert betrachtet als Gegenkraft, sie ist aber ein Teil des größeren Prozesses, der auf lange Sicht zum Ausgleich führt. Durch Beobachtung und Nachdenken kann man diese größeren Zusammenhänge erkennen. Und die Erkenntnisse der modernen Wissenschaft decken sich sehr gut mit dieser Erkenntnis. In Kapitel 8 erklärt Shantideva, wie heilsam Altruismus ist und wie schädlich sich eine egoistische Haltung langfristig auswirkt. Um es noch einmal zu wiederholen, er sagt das nicht, weil der Buddha erklärt hat, dass eine altruistische Einstellung gut und heilsam sei. Shantideva begründet seine Aussage vielmehr mit Argumenten, die auf Nachdenken und Reflexion beruhen, d.h. er gibt Gründe an. Jede religiöse Praxis zur Entwicklung einer altruistischen Einstellung, die auf Nachdenken und Einsicht beruht, macht uns reifer und zufriedener und somit auch glücklicher. Mit der Zeit wird es zu unserer täglichen Erfahrung, dass eine altruistischere Haltung in allem, was wir jeden Tag tun, mehr Lebensfreude schenkt. Selbstbezogenheit und Egoismus dagegen isolieren uns und erzeugen Angst, weil wir ständig fürchten müssen zu verlieren, was wir als uns zustehend betrachten. Angst aber erzeugt Ruhelosigkeit, sie macht den Geist unglücklich. Sozial gesehen vertieft Furcht die Kluft zwischen uns und unseren Mitmenschen, sie schafft Distanz. Distanz aber erzeugt oder verstärkt das Gefühl von Einsamkeit. Einsamkeit macht uns unglücklich und traurig, und das wiederum verstärkt unsere Angst, eine Abwärtsspirale also. Es ist doch offensichtlich, dass wir Menschen nicht allein leben können, sondern von anderen Wesen, insbesondere von anderen menschlichen Wesen, abhängig sind. Damit ist bewiesen, dass es zu einem fundamentalen Widerspruch führt, wenn wir eine selbstbezogene Haltung einnehmen, denn das Ego verursacht Angst, Angst führt zu Isolation, Isolation führt zum Unglücklichsein, und das ist zutiefst gegen die grundlegende menschliche Natur.

MvB: In diesem Zusammenhang, namentlich dem Problem der Einsamkeit, stellen sich mir zwei Fragen, die beide mit Verzicht oder Entsagung zu tun haben. Die erste haben einige meiner Schüler in Deutschland gestellt und mich gebeten, sie an Dich weiterzugeben: Als buddhistischer Mönch hast Du den Zölibat auf Dich genommen, das heißt, Du hast auf das Ausleben der Sexualität, auf eine eigene Familie usw. verzichtet. Wie kommst

Du mit einem solchen Verzicht, mit dieser Entsagung zurecht? Und zweitens: Du bist nicht nur Mönch, sondern auch eine politische Leitfigur in höchster Verantwortung. Aber sämtliche politischen Bemühungen um Tibet sind bis jetzt ergebnislos geblieben, Tibet hat seine Unabhängigkeit nicht wiedererlangt. Wie gehst Du mit diesem Scheitern Deiner politischen Ziele um? Wie gehst Du damit um, dass Du den ganz menschlichen Wunsch nach einer eigenen Familie und auch Deine politischen Ziele aufgegeben hast? Betrachtest Du den politischen Aspekt als Misserfolg, oder ermutigt Dich das eher, auf andere Weise weiterzumachen?

DL: Das sind wieder Fragen, in denen sich, wie mir scheint, ziemlich ausgeprägt eine westliche Art zu denken widerspiegelt, ein materialistischer Lebensstil. Sexuelles Begehren, das unmittelbare Verlangen, verspürt man nur einen kurzen Moment. Es mag von Zeit zu Zeit auftreten, aber es vergeht schnell wieder. Das haben mir auch zölibatär lebende Christen und Hindus bestätigt. Das Vergnügen, das man durch sexuelle Betätigung erfährt, ist tatsächlich nur ein kurzer Moment der Befriedigung und hat sehr viel mit Emotionen zu tun. Emotionen aber kommen und gehen. Man kann immer wieder beobachten, dass Menschen aufgrund eines starken erotischen Verlangens, dann aufgrund einer solchen erotischen Liebe heiraten, aber irgendwann fangen sie an zu streiten, bis sie sich schließlich scheiden lassen. Das beweist, dass sexuelles Verlangen nicht auf einem langfristig stabilen Geisteszustand beruht und diese Beziehungen sich nicht auf vernünftige Überlegungen gründen. Vor vielen Jahren habe ich mich in San Francisco einmal mit einem Eheberater, er war Katholik oder Protestant, unterhalten. Er erzählte mir, dass er Paaren gewöhnlich den Rat gibt, nicht aufgrund körperlicher Anziehung zu heiraten. Die Partner sollten sich erst besser kennenlernen und gegenseitigen Respekt entwickeln, ehe sie heiraten. Dem kann ich nur zustimmen. Rein körperliche Anziehung ist zeitlich begrenzt und sehr stark von Unwissenheit geprägt. Betrachtet man die Wurzeln sexueller Anziehung und wirft einen Blick auf die Menschheitsgeschichte, um zu analysieren, wie es diesbezüglich heute auf der Welt aussieht, so ist klar, dass das sexuelle Vergnügen nicht nur recht flüchtig ist, sondern auch massiv durch kulturelle Einstellungen geprägt wird. Manchmal verursacht es noch mehr Probleme, als man ohnehin schon hat, und das liegt nicht ausschließlich an bestehenden sozialen Restriktionen, sondern hat auch psychische Gründe: Zuerst haben Menschen, bei denen das Sexuelle im Vordergrund steht, Schwierigkeiten, einen Partner oder eine Partnerin zu finden. Dann machen sie sich Sorgen, ob sie nun ein Kind haben sollten oder nicht. Schließlich kommt das erste Kind, und auch wenn sie sich darüber freuen, so gibt es auch hier Anlass zu Angst und Sorge. Und dann kommt vielleicht noch ein zweites oder ein drittes Kind, und das ist dann zu viel, die Sorgen nehmen überhand. Die Leute denken über Abtreibung nach, und das ist wirklich nicht gut. Vielleicht haben sie ja vorher überlegt, ob sie Verhütungsmittel anwenden, was völlig in Ordnung ist, aber diese Vorstellung passt ihnen vielleicht auch nicht. Hat ein Paar ein oder mehrere Kinder, dann leidet es. Hat es keine Kinder, leidet es ebenfalls. Und so geht es noch weiter: Hat ein Paar Kinder, macht es sich Sorgen um die Erziehung der Kinder, ob sie einmal gut versorgt sein werden und ihr Leben in der Gesellschaft meistern. Dann macht man sich noch mehr Sorgen, weil die Frage auftaucht, wen die Kinder einmal heiraten werden, welche Verwandtschaft sie haben werden und was aus den Enkeln wird. Dauernd gibt es Gründe, sich zu ängstigen oder zu sorgen über das, was ist oder einmal sein wird oder sein könnte.

MvB: Was Du eben gesagt hast, erinnert mich an eine Bemerkung des Psychoanalytikers und Sozialphilosophen Erich Fromm (1900 – 1980). In seinem weltberühmten Buch *Die Kunst des Liebens* schreibt er, dass sexuelle Anziehung für den Augenblick die Illusion der Einheit erzeuge, aber ohne Liebe lasse diese »Vereinigung« Fremde einander ebenso fremd bleiben, wie sie es vorher waren. Ja, ohne Liebe könne diese »Vereinigung« eher aus Enttäuschung zur Entfremdung zwischen zwei Menschen führen, die sich vorher sehr nahestanden. Daraus entsteht Leid, und das ist eine Erfahrung, die in allen Kulturen und Religionen, die wir kennen, thematisiert wird.

Aber Du plädierst ja trotz allem nicht für eine zölibatäre Gesellschaft, oder? Schließlich brauchen wir Kinder, damit diese neue Generation das Leben auf der Erde fortsetzt. Und ohne Kinder gäbe es auch gar keine Möglichkeit, durch Erziehung die Dinge zum Besseren hin zu verändern!

DL: Das ist natürlich richtig. Was ich eben sagte, bezog sich ja auch auf die Frage Deiner Schüler in Deutschland. Ein zölibatäres Leben zu führen ist nicht schwer, denn es eröffnet Möglichkeiten für eine ganz eigene Form der Freiheit. Aber natürlich kann man auch im Rahmen einer Ehe ein erfülltes Leben führen, das echtem beiderseitigem Wachstum gewidmet ist. In beiden Fällen hängt alles davon ab, wie dieses Leben konkret aussieht, vom Grad der geistigen Reife. Doch wie ich bereits sagte, sind Eheprobleme allgegenwärtig. Das ist ein altbekanntes Phänomen. Als ich vor einigen Jahrzehnten einige meiner Freunde kennenlernte, hatten sie Frau und Kinder. Als wir uns das nächste Mal trafen, hatten sie eine neue Frau. Und als wir uns ein paar Jahre später wieder begegneten, hatten sie wieder einen neuen Partner oder Partnerin. Das ist schon nicht unproblematisch für die Erwachsenen, aber so richtig schlimm ist es für die Kinder.

Hier gibt es sehr viel Leid und Unglück. Als Single oder zölibatär lebender Mensch hat man solche Sorgen nicht oder kaum. Ganz egal, wo man lebt, im Osten oder im Westen, auf der nördlichen oder der südlichen Hemisphäre, ganz egal, wie arm oder reich jemand ist – das Leben eines »Haushalters« zu führen, wie der Buddha das Laienleben nennt, ist an und für sich schon eine Herausforderung, die den Betreffenden in alle möglichen Schwierigkeiten verstrickt. Ein zölibatäres Leben hat andere Herausforderungen, sicher, und ist ebenfalls mit den ihm eigenen Schwierigkeiten verbunden, aber es schenkt einem auch eine gewisse Freiheit.

MvB: Möglicherweise gibt es ja auch andere Mittel und Wege, Eheprobleme zu lösen – ohne Scheidung, ohne Leid und ohne Trennung von den Kindern. Indem man in einer verantwortungsvollen Partnerschaft zusammenbleibt, die die verschiedenen Interessen und Belange auf der Basis von Liebe, Mitgefühl und Verantwortungsbewusstsein integriert, einer Partnerschaft, in der es nicht um die eigenen Bedürfnisse, um Eifersucht und den eigenen Vorteil geht, sondern um gemeinsame Verantwortung, um eine tiefere spirituelle Einheit anstelle emotionaler Verschmelzung. Das funktioniert natürlich nicht, solange die Betreffenden auf ihr Ego und die Befriedigung nur eigener Bedürfnisse fixiert sind, denn so lange wird man den Partner für die eigenen egozentrischen Zwecke missbrauchen. Wenn sich aber beide Partner, ohne Besitzansprüche, in ihrer Entwicklung gegenseitig fördern, wenn beide einander in tiefer Liebe verbunden sind – die nicht nur auf Emotionen beruht, die heute so und morgen so ausfallen, sondern auf der Erkenntnis, dass sie voneinander und auch von den Menschen ihrer Umgebung, und diese von ihnen, wechselseitig abhängig sind –, dann würde sich diese Beziehung ganz anders gestalten. Ich weiß aus eigener

Erfahrung, dass das, zumindest in einem gewissen Umfang, möglich ist. Natürlich ist das jeden Tag aufs Neue eine Angelegenheit von Versuch und Irrtum, und man braucht dazu ebenso viel Mut wie Selbstbeschränkung. Und auch die Bereitschaft, immer wieder neu zu beginnen, wenn wir an den Emotionen gescheitert sind. Wie hört sich das für Dich an?

DL: Nun, sehr, sehr gut. Ich bin überzeugt, dass man auf beiden Wegen, zölibatär oder in von Liebe erfüllten Beziehungen, zu spiritueller Reife gelangen kann. Ehe wie Zölibat sind einfach zwei unterschiedliche Wege. Worauf es aber bei beiden ankommt, ist die Frage, wie wir unsere geistige Bewusstheit entwickeln. Diese Entwicklung ist Wagnis und Aufgabe zugleich. Es geht nicht um ein zölibatäres oder nicht zölibatäres Dasein, sondern um unsere Sichtweise: Ob es uns gelingt, egoistische Tendenzen zu überwinden und authentische Liebe und Mitgefühl zu entwickeln, weil wir erkannt haben, dass wir alle miteinander verbunden sind. Dazu braucht man Mut. Und einen klaren Geist.

Das Gesetz wechselseitiger Abhängigkeit – Urteilsvermögen und Liebe

DL: Du hattest mich zuvor nach Scheitern oder Erfolg gefragt, nach Enttäuschung und Mut, was meine Rolle in der Politik angeht, und ich bin Dir die Antwort auf diese Frage noch schuldig geblieben. Bis 2001 hatte ich die volle politische Verantwortung für die Exiltibeter, und ich habe versucht, dieser Aufgabe so gut wie möglich gerecht zu werden und mich dabei von meinem Gewissen, vor allem aber von analytischem Denken und meinen so gewonnenen Erkenntnissen leiten zu lassen. Grundsätzlich gilt für mich, dass es nichts zu bereuen gibt, falls man mit seinen Bemühungen scheitert, vorausgesetzt, man hat alles versucht, sein Bestes gegeben und von seiner Weisheit Gebrauch gemacht, und die eigene Motivation war aufrichtig. Wenn man alles gegeben hat, was man an Intelligenz und Altruismus aufbieten kann, und dann scheitert – und selbst Gott und Buddha können scheitern –, dann gibt es keinen Grund für Bedauern. Nach 2001 ging ich in den politischen Teilruhestand, und 2011 zog ich mich völlig aus meiner aktiven politischen Führungsrolle zurück. Die Verantwortung liegt jetzt bei den gewählten Amtsträgern. In der Politik braucht man ein hohes Maß an Mut, denn manchmal muss man sich auch Machtspielen und Intrigen verweigern. Wahrhaftigkeit erfordert das Wagnis. Und manchmal auch Verzicht, denn wenn die Ziele, die man sich gesetzt hat, nicht erreicht werden können, muss man seine Wünsche und seinen Ehrgeiz zurücknehmen und lernen, sich in Geduld zu üben. Die Wahrheit setzt sich am Ende immer durch, aber das kann ein sehr langer Entwicklungsprozess sein. So betrachtet habe ich jetzt ziemlich viel Freiheit.

MvB: In einigen deutschen Medien hieß es, dass Du ohne alle Vorbedingungen nach Tibet zurückkehren würdest, wenn man Dich dazu einlüde. Stimmt das?

DL: Ich bin Tibeter, und als solchem liegt mir Tibet natürlich sehr am Herzen. Andererseits bin ich auch jemand, der Altruismus praktiziert in dem Bewusstsein, dass die sieben Milliarden Menschen auf dieser Erde eins sind, und so gilt meine Sorge nicht ausschließlich Tibet. Es gibt ein tibetisches Sprichwort, das sagt: »Deine Heimat ist dort, wo du glücklich bist.« Und alle, die dir mit Güte und Freundlichkeit begegnen, sind deine Nächsten.

Bis 1959 habe ich in meinem Heimatland Tibet gelebt. Jetzt lebe ich schon 60 Jahre als Flüchtling in Indien. Und als Flüchtling in Indien lebe ich sehr viel besser und glücklicher, als ich es in meiner Heimat unter den derzeitigen Bedingungen könnte. Denn im Exil kam ich mit vielen Menschen aus aller Welt in Berührung. Was die Tibetfrage angeht, so hat sie mit Karma zu tun, dem Karma von sechs Millionen Tibetern. Die jetzige tragische Situation in Tibet hat viel mit der Geschichte zu tun. Die Tibeter tragen auch mit an der Verantwortung für den Zusammenbruch ihres Landes. Vom 7. bis zum 9. Jahrhundert war Tibet ein einiges und sehr mächtiges Land. Dann im 9. Jahrhundert setzte ein politischer Zerfallsprozess ein. Ein Freund von mir, er ist Chinese, hat mir erzählt, dass beginnend mit der Tang-Dynastie im 7. Jahrhundert bis zum Ende der Qing-Dynastie im frühen 20. Jahrhundert Tibet in den chinesischen Geschichtsbüchern nie als Teil Chinas bezeichnet wurde. Erst später behaupteten die Kuomintang und auch die Kommunistische Partei, dass Tibet ein Teil Chinas sein solle. Um ihre persönliche Macht zu sichern, waren auf tibetischer Seite zuvor schon einzelne Lamas und lokale politische Führer dem chinesischen Kaiser gegenüber allzu willfährig. Nun erleben wir, wie die jetzige Generation die Folgen früherer Fehler zu tragen hat. Nichtsdestotrotz habe ich die Chinesen nie als schlechte Menschen oder als meine Feinde betrachtet, sondern als meine Brüder und Schwestern. Die Politik, die sie machen, ist falsch, doch das kann sich ändern. Unsere grundlegende Beziehung, unser gemeinsames fundamentales Menschsein zeigt uns, dass wir Geschwister sind, und das wird sich nicht ändern, sondern immer so bleiben, weil es in unserer Natur liegt. Wenn man so denkt, gibt es nicht viel Grund zur Sorge. Dennoch würde ich nicht nach Tibet zurückkehren, sollten mich die Chinesen eines Tages einladen, sondern hier in Indien bleiben. Ein chinesischer Freund, mit dem ich mich vor zehn oder fünfzehn Jahren genau in diesem Raum hier unterhalten habe, hat mir den Rat gegeben, nicht dauerhaft nach Tibet zurückzukehren, sondern in Indien zu bleiben, selbst wenn sich die Lage so verändern sollte, dass eine Rückkehr möglich wäre.

MvB: Nun wird unser aller Leben von Entscheidungen mitbestimmt, die von anderen Leuten oder sogar von anderen Ländern getroffen werden, und wir können an dieser Situation nicht viel ändern. Globale Wirtschaft, Massenmedien und die modernen Verkehrssysteme schließen uns immer enger zusammen. In der Folge haben wir das Gefühl, dass unser Leben fremdbestimmt ist und unter der Kontrolle ungreifbarer Mächte steht, die uns von allen aktiven Gestaltungsprozessen ausschließen und uns hindern, das umzusetzen, was aus unserer Sicht wünschenswert wäre. Einige moderne Technologien verstärken dieses Gefühl noch. Das Gefühl der Machtlosigkeit, das Gefühl, fremdbestimmt zu sein bzw. von unbekannten Kräften oder Dynamiken beeinflusst zu werden, erzeugt Angst. Und dieses Gefühl der Angst lässt die Menschen dann vielleicht in eine Form von Regression gehen, indem sie sich abzuschotten versuchen, mit Gewalt reagieren und in alle möglichen Panikreaktionen verfallen wie Amokläufe, Selbstmordattentate, Morde usw. Überall auf der Welt herrscht Angst vor dem Klimawandel, vor Terrorismus, vor Arbeitslosigkeit, vor Migration, vor künstlicher Intelligenz oder intelligenten Maschinen, die uns Menschen unterwerfen. Allenthalben herrscht Angst, das eigene Leben, den eigenen Wohlstand, die eigene Identität oder was auch immer zu verlieren. Diese existenziellen Ängste werden heute zudem verstärkt durch konkrete politische Ängste wie zum Beispiel, dass einige wenige Länder wie China, Russland oder die USA zu mächtig werden. Wie soll man mit solchen Ängsten umgehen? Du selbst scheinst ja kein sonderlich ängstlicher Mensch zu sein. Wie wirst Du mit Angst und Furcht fertig? Kennst Du überhaupt so etwas wie Angst?

DL: Die Meditation über Leerheit kann hier sehr viel bewirken. Negative Emotionen wie Anhaftung, Zorn usw. hängen mit einer einseitig überzogenen Sichtweise zusammen. Dahinter steht das Ego, das seine Identität stabilisieren möchte. Das ist aber unmöglich, weil alle Dinge und Ereignisse miteinander verbunden sind. Wie ich bereits sagte, wurzelt Angst in unrealistischen Erwartungen.

MvB: Und was ist mit der Angst vor dem Tod? Hast Du Angst vor dem Tod?

DL: Nein.

MvB: Das ist eine bemerkenswert klare Aussage. Wir tun so viele und manchmal schädliche Dinge, verletzen andere und uns selbst, weil wir Angst vor dem Tod haben. Manche Psychologen vertreten die Meinung, dass die Übersteigerung von Gier und Lust als Ausgleich gegen die Angst vor dem Sterben diene, eine Art hilfloses Streben nach Sicherheit und letztlich »Unsterblichkeit« sei.

DL: Als Buddhist sehe ich den Tod als natürlichen Prozess und Teil des Lebens. Ich akzeptiere den Tod als Faktum, dem ich unterworfen bin, solange ich Teil dieses weltlichen Daseins bin. Da ich weiß, dass ich dem Tod nicht entgehen kann, hat es in meinen Augen keinen Sinn, Angst davor zu haben. Ich sehe den Tod so, als würde man abgetragene Kleidung wechseln, doch ist das nicht das Ende aller Dinge. Allerdings weiß keiner, wann und wie er sterben wird. Daher ist es weise, darauf vorbereitet zu sein und mit dieser Vorbereitung früh genug vor unserem Tod zu beginnen. Wir müssen mit dieser Vorbereitung sofort, jetzt in diesem Moment, anfangen. Jeder Mensch wünscht sich ein Sterben in Frieden, einen friedvollen Tod. Und es sollte uns klar sein, dass wir nicht auf einen friedvollen Tod hoffen dürfen, wenn unser Leben von Gewalt erfüllt ist und unser Geist andauernd von Emotionen wie Wut, Anhaftung oder Angst geprägt wird. Wenn wir uns also einen friedvollen Tod wünschen, müssen wir lernen, friedvoll zu leben. Das heißt, wir müssen unseren Geist so schulen, dass er ruhig und ausgeglichen wird und uns ermöglicht, friedvoll zu leben. Tun wir das nicht, fügen wir uns unvorhersehbaren Schaden zu.

MvB: Angst vor dem Tod könnte aber doch auch eine Art natürlicher Instinkt sein, gewissermaßen eine Selbstschutzreaktion des Lebens. Sogar Tiere scheinen Angst vor dem Tod zu haben, wenn ihr Leben in Gefahr ist. Mit welcher Art von Praxis überwindest Du diese Angst?

DL: Mit der Praxis des *bardo* vom Leben und Sterben.[6] Das Leben ist ein ständiger Wandlungsprozess, doch die Lebensenergie selbst setzt sich fort. Unser Körper hat dagegen nur eine begrenzte Lebenszeit. Hier halte ich den Glauben an Gott oder an die Wiedergeburt für sehr nützlich. Ob man nun »Gott«, »Ishvara« (Sanskrit) oder »Allah« (Arabisch) sagt, ist ein anderes Thema, und die verschiedenen religiösen Traditionen haben jeweils eigene Wege entwickelt, um sich zu artikulieren. All diese Wege sind wertvoll, wenn sie uns zum wesentlichen Punkt führen. Und dieser Punkt ist, dass man nicht einfach das Wort »Gott« wiederholt, sondern wirklich in sich selbst seine Gegenwart verspürt, als Kraft, die zum Handeln motiviert. Aus meiner

Sicht als Buddhist heißt das: Solange es irgendwo Wesen gibt, die leiden, so lange will ich leben und helfen, das Leiden zu überwinden, wo immer es sich zeigt – in welcher Lebensform sich dies dann ausdrückt, ist eine andere Frage. Der Tod ist also kein Problem. Ob man es jetzt Seele, Selbst, Bewusstsein oder karmische Energie nennt, dieses Etwas setzt sich fort. Der einzig wichtige Gedanke ist: Solange wir dieses Leben haben, sollten wir es auf sinnvolle Weise nutzen. Dann gibt es am Ende keinen Grund, etwas zu bedauern. Und keine Angst. Das ist alles eine Sache der eigenen Wahrnehmung und der geistigen Haltung.

MvB: Das »Tibetische Totenbuch« *(bar do thos grol)* ist berühmt und wird nicht nur von Fachleuten geschätzt. Heute wird es auf der ganzen Welt angewandt, um den Menschen zu helfen, bewusst in den Sterbeprozess einzutreten. Tatsächlich geht es in diesem Text aber nicht nur um den Tod, sondern um den Übergang von einem körperlich-geistigen Stadium in ein anderes während und am Ende unserer Lebenszeit. Der endgültige Sterbeprozess ist nur eines der Übergangsstadien, von denen in diesem Buch die Rede ist. Befolgst Du eine spezielle Praxis, um Dich mit Sterben und Tod vertraut zu machen?

DL: Nein. Ich befasse mich mit diesen Praktiken nicht tiefer. Bis ich sterbe, wird das Einüben einer altruistischen Haltung meine Hauptpraxis sein. Ich versuche, meinen Geist als Ganzes, Verstand und Gefühle, in diese Praxis einzubringen und sie in den Alltag, ständig in jede noch so kleine Handlung einfließen zu lassen. Das heißt, dass man sich in jedem Augenblick mit Körper, Rede und Geist dieser altruistischen Haltung bewusst ist. Meine zweite Hauptpraxis ist das Erkennen der Leerheit oder *shūnyatā*, worüber wir schon gesprochen haben. Diese beiden Meditationsformen halte ich für wichtiger als das Visualisieren bestimmter Gottheiten oder andere Yogapraktiken.

MvB: Da wir gerade von Altruismus reden – meiner Meinung nach ist Liebe nicht bloß ein Gefühl, sondern hat damit zu tun, wie die Wirklichkeit beschaffen ist.

DL: Kannst Du das näher erklären, Michael?

MvB: Soweit wir durch Modelle der Grundlagenwissenschaften, besonders der Elementarteilchenphysik, und auch durch unsere subtilere Lebenserfahrung wissen, setzt sich die Wirklichkeit nicht aus Dingen zusammen, mit denen wir irgendwann nachträglich eine Beziehung eingehen oder nicht, sondern sie ist ein Netz von Bezügen, das die Dinge überhaupt erst zu dem macht, was sie sind. Das lehrt uns die Quantenphysik, dann auch die Logik, und speziell die buddhistische Logik legt großen Wert darauf zu erklären, dass alle Dinge leer *(shunya)* sind, dass sie nicht sind, was sie zu sein scheinen. Ein Beispiel: Etwas ist nur hell, weil gleichzeitig das Dunkle existiert, und umgekehrt. Was wie eine inhärente Eigenschaft aussieht – hell *oder* dunkel –, ist in Wirklichkeit ein in wechselseitigen Beziehungen stehendes Ganzes. Die Daten der gegenwärtigen Physik scheinen ja eine ähnliche Deutung nahezulegen: Die Wirklichkeit ist ein vernetztes Ganzes, vielleicht ein Energiefluss, aus dem heraus Partikel und Dinge in Erscheinung treten. Dieses Aufeinander-Bezogensein ist grundlegender als die scheinbar unabhängige Existenz von Teilchen bzw. Dingen. Und das ist auch, wie mir scheint, die grundlegende Natur der Liebe: ein wechselseitiges Aufeinander-Bezogensein. Natürlich ist das, was hier zunächst physikalisch beschrieben wurde, nur die Basis. Wenn das Leben sich entwickelt und Bewusstsein dazukommt (in der Wissenschaft spricht man von Emergenz), wird diese wechselseitige Bezogenheit sehr viel komplexer, und Liebe ist viel mehr als der virtuelle Potenzialraum, in dem sich Ereignisse zu Teilchen ausformen. Doch selbst auf der Ebene von Emotion und Erkenntnis ist Liebe ein selbstreflexives Aufeinander-Bezogensein, ein Streben nach Ganzheit.

DL: Gut. Formulieren wir es noch einmal anders: Es gibt zwei Arten von Liebe. Die erste ist unvoreingenommen und gründet sich auf Einsicht und Vernunft, die andere ist voreingenommen und gründet sich auf Emotionen. Die erste, auf Vernunft beruhende Liebe können wir ohne Grenzen immer stärker werden lassen.

MvB: Auf der Grundlage von wechselseitiger Abhängigkeit bzw. wechselseitiger Bezogenheit.

DL: Ja. Und auf der Basis von Vernunft und Einsicht. Und dann gibt es, wie gesagt, eine zweite Form von Liebe, die nicht auf Vernunft beruht, sondern auf dem Affekt. Diese zweite Form von Liebe ist eine Spontanreaktion, und sie kommt und geht. Sie hängt davon ab, ob wir einen Menschen oder ein Ding gerade mögen oder nicht, von unserer Bewertung also. Einer Liebe, die nur auf dem Affekt oder nur auf Emotionen beruht, fehlt die Langzeitperspektive, es geht ihr nur um unmittelbare Befriedigung, ob das nun gut ist oder nicht. Affekte sind spontane Reaktionen, die ihren Ursprung in Unwissenheit haben. Ihre Befriedigung kann im Moment zweckdienlich sein, uns später aber schaden. Affekte brauchen daher immer Vernunft und Einsicht als Gegengewicht, damit wir richtig einschätzen können, was gerade mit uns passiert, und darauf – aus einer gewissen reflektierten Distanz – mit mehr Weitsicht reagieren.

MvB: Aber Emotionen sind doch auch Teil unserer geistigen Natur. Wir entwickeln Emotionen, um an anderen Anteil zu nehmen, um Beziehungen zu vertiefen oder auch zu vermeiden. Wäre es nicht ideal, wenn wir diese beiden Fähigkeiten, Verstand und Gefühl, zusammenbrächten, um eine vollständige, ganzheitliche Erfahrung von Liebe zu machen?

DL: Wir müssen erst die Begrifflichkeiten klären. Ich habe einmal mit dem Biologen Francisco Varela (1946–2001) eine Diskussion über das Thema Emotionen geführt. Wir haben uns darauf verständigt, dass man selbst dann, wenn man zum Buddha geworden ist, immer noch Emotionen hat, selbst auf dieser höchsten Ebene also. Solche Emotionen wurzeln aber nicht in Unwissenheit, sondern in Einsicht und Erkenntnis, wie wir es eben beschrieben haben. Emotionen dieser Art muss man nicht beseitigen, da sie sehr stark sind und uns zu positiven Handlungen motivieren können. Sie lassen uns altruistisch handeln, weil wir unser Einssein mit anderen, mit allen leidenden Wesen wirklich fühlen. Andere Emotionen haben ihren Ursprung dagegen in Unwissenheit, sie sind flüchtig, sie kommen und vergehen. Hier ist keine Weiter- oder Höherentwicklung möglich. Sie sind nicht hilfreich, sondern destruktiv, weil sie unseren Blickwinkel verengen, Grenzen ziehen und den anderen zu einer – zumindest potenziellen – Gefahr für unser Ichbewusstsein werden lassen. Diese Emotionen sind spontane Reaktionen, sie sind plötzlich da und verschwinden nach einiger Zeit wieder, können also nicht konstruktiv geformt werden. Emotionen aber, die auf Einsicht und Vernunft beruhen, kann man immer weiter verstärken. Warum? Weil sie nicht einer begrenzten Ichperspektive entspringen, sondern der Erfahrung und Betrachtung des Ganzen, das keine Grenzen hat.

Es ist ein gutes Zeichen, dass uns die Wissenschaft heute diese grundlegenden Erkenntnisse näherbringt, die wir jahrhundertelang rein auf der Erfahrungsebene gewonnen und geschätzt haben. Tatsächlich ist daran überhaupt nichts Geheimnisvolles, denn das ist einfach die Beschaffenheit der Wirklichkeit, wie Du gesagt hast. Raum, Zeit, Kausalität, all diese fundamentalen Kategorien und die Naturgesetze sind miteinander verflochten, und wir sind ein Teil davon. Altruismus hat eine Basis, die sich wissenschaftlich begründen lässt. Altruismus braucht aber auch das emotionale Element, damit daraus eine starke Motivation zum Handeln wird. Ich bin daher zuversichtlich, dass wir uns mit der richtigen Erziehung, durch Analyse und die Schulung von Verstand und Emotionen, entsprechend entwickeln können. Und diese Entwicklung ist eine Entwicklung der Liebe.

Kultur und Institutionen

Familie und Freundschaft

MvB: Bisher haben wir uns eher über persönliche Erfahrungen unterhalten, angefangen bei der Kindheit bis hin zu dem, was ein sinnerfülltes Leben auf individueller Ebene ausmachen könnte. Wir sollten uns nun vielleicht den Institutionen zuwenden, ohne die soziales Leben nicht denkbar wäre. Wie Du schon sagtest, sind wir Menschen soziale Wesen, und eine stabile Sozialisierung erfordert Institutionen. Institutionen wie Ehe (ob nun als religiöses oder ziviles Ritual bzw. Rechtsform), Sprache oder Schule, Religionen und das Rechtssystem machen es möglich, dass wir miteinander kommunizieren und einen

Ausgleich unterschiedlicher Interessen erzielen. Sie stiften innerhalb der Gesellschaft einen gewissen Zusammenhalt über Generationen hinweg.

Die Psychologie kann empirisch belegen, dass es für unser geistiges und emotionales Wachstum wichtig ist, dass wir in der frühen Kindheit verlässliche Bindungen erfahren, Wärme bzw. eine sehr persönliche, emotionale Wechselbeziehung. Und hier setzt nun meine erste Frage an, die wir schon kurz aufgeworfen hatten, nun aber im Rahmen von Institutionen neu bedenken müssen: In modernen Industriegesellschaften ist die Aufrechterhaltung stabiler Familienverhältnisse zum Problem geworden. Die Eltern arbeiten, sind viel unterwegs und den größten Teil des Tages nicht zu Hause. Außerdem häufen sich Scheidungen, sodass die Kinder oft isoliert und nur mit dem Internet oder Gleichaltrigen als Ansprechpartner aufwachsen. In sozialen Brennpunkten ist nicht sicher, dass junge Menschen die emotionale Wärme erfahren, die eine Mutter ihrem Kind gewöhnlich schenkt. Wie können wir da Kindern, Jugendlichen, auch den etwas Älteren, im institutionellen Rahmen der heutigen Gesellschaft die Erfahrung emotionaler Wärme vermitteln?

DL: Lass mich das Thema Beziehungen im institutionellen Rahmen und das frühkindliche Bedürfnis nach individueller Bindung vor dem Hintergrund meiner persönlichen Erfahrung erörtern. Wie ich bereits sagte, bin ich der Ansicht, dass meine Mutter für mich die Quelle der Liebe war. Später dann, als ich nach Lhasa kam, hat meine Mutter mich hin und wieder besucht. In Lhasa aber hatte ich keine Spielkameraden in meinem Alter, sie waren alle älter, und unter ihnen waren auch Leute, die als Reinigungskräfte arbeiteten, und einige Staatsbeamte. Sie alle waren sehr, sehr nett und freundlich zu mir. Einerseits respektierten sie mich wirklich, doch andererseits ließen sie mich auch nicht einfach gewinnen, wenn wir miteinander spielten. Mit ihnen erlebte ich also menschliche Gemeinschaft auf Augenhöhe. Ich denke, auf der Ebene des menschlichen Zusammenlebens ist es nicht wichtig, ob einer der Dalai Lama oder eine Reinigungskraft ist, sie sind beide gleich. Ich erinnere mich, dass ich bei allem Respekt, der der Institution des Dalai Lama in Tibet gezollt wird, in einer Atmosphäre von Offenheit und Freundlichkeit groß wurde. Die Tibeter sind außerdem im Normalfall recht humorvolle Leute. Diese Reinigungskräfte kamen aus den Dörfern und waren eher ungebildet. Sie waren auf Bauernhöfen aufgewachsen, traten später in die tibetische Armee ein und nach ihrem Ausscheiden arbeiteten sie im Potala, im Norbulinka (Winter- und Sommerresidenz der Dalai Lamas) oder an anderen Orten als Reinigungskräfte oder ähnliches. Ich habe sie als sehr gutherzige Menschen in Erinnerung behalten. Wenn ich ihnen Fragen über die tibetischen Regierungsbeamten, den Regenten eingeschlossen, stellte, erzählten sie mir alle möglichen Geschichten, auch Tratsch, aber sie taten das immer auf freundliche Art und Weise. Stellte ich ähnliche Fragen an die Regierungsbeamten, so waren deren Antworten meist sehr zurückhaltend formuliert, höchst durchdacht, und manchmal sogar ausweichend. Natürlich agierten sie vorsichtig, denn es standen immer politische Überlegungen im Hintergrund. Diese Reinigungskräfte dagegen waren sehr aufrichtig und geradeheraus. Das waren die Umstände, unter denen ich aufwuchs, und ich habe mir schöne Erinnerungen an diese Zeit bewahrt. Da gab es mit Sicherheit emotionale Wärme und Raum und Zeit für ein Kind, sich auf spielerische Weise entwickeln zu können. Auch viel Spaß und Lachen. Natürlich mussten auch Zeremonien abgehalten und gewisse Funktionen wahrgenommen werden, die an die Erwachsenen gerichtet waren. Das war schon anstrengender und ein bisschen steif, aber auch nicht im Übermaß.

Und dann gab es da auch noch meinen Lehrer. Anfangs hatte ich manchmal ein bisschen Angst vor ihm. Allmählich aber wurde mir mein Lehrer ein sehr enger Freund. Später, während meines Studiums, wurden alle diese Menschen, meine Lehrer eingeschlossen, zu guten Freunden. Die ganze Atmosphäre war geprägt von Respekt, Freundschaft und großer Sympathie, die auch eine emotionale Seite hatte. Das waren die Umstände, unter denen ich aufwuchs.

MvB: Das ist wirklich wunderbar. Aber kann man diese Erfahrung verallgemeinern? Bist Du nicht ein einzelner, und dazu ein ganz besonders herausgehobener Mensch? Was Du beschreibst, ist die individuelle Erfahrung des hoch respektierten Dalai Lama. Doch in unseren modernen großen Bildungseinrichtungen gibt es Hunderte, Tausende Schüler bzw. Studenten. Wie ist es möglich, dort menschliche Wärme zu erleben, wie Du sie beschreibst, oder die nötigen Bedingungen dafür zu schaffen?

DL: Auch in unseren großen Klöstern bzw. Klosteruniversitäten gibt es Tausende von Studenten. 1958 legte ich meine Abschlussprüfungen an den drei historisch wichtigsten Klosteruniversitäten der tibetisch-buddhistischen Geluk-Tradition ab. Eine davon war das Drepung-Kloster, wo etwa 8000 Mönche lebten. An einer anderen Klosteruniversität gab es 5000 Mönche, von denen sich ungefähr 2000 ernsthaft dem Studium der buddhistischen Philosophie mit seinem strengen Lehrplan verschrieben hatten. Trotzdem war die Atmosphäre, die dort herrschte, entspannt, sehr freundlich und offen. Und das ist auch heute noch so. Hast Du nicht selbst vor einigen Jahren die Klöster von Sera und Ganden besucht? Wenn ich mich recht erinnere, hast Du Dich dort einige Zeit aufgehalten und für die Dozenten und Studenten eine Reihe von Vorlesungen über Hinduismus, Christentum und Interreligiösen Dialog gehalten, nicht wahr? Da hast Du gewiss selbst die Atmosphäre erleben können, die dort herrscht, und die war ähnlich wie zu der Zeit, als ich meine Prüfungen ablegte. Ich glaube, dass da kein Klima von Angst oder übermäßigem Wettbewerb herrschte, eher ging es dort sehr freundschaftlich zu. Vielleicht ist einer der Gründe dafür der, dass die Tibeter sehr bodenständig sind, sich mit den kleinen Dingen des Alltags begnügen und gern Spaß haben. Unlängst war ein Gast aus China hier, um Indien einen kurzen Besuch abzustatten. Er erzählte mir, dass er, als er hier in Dharamsala eintraf, gewisse Bedenken hatte, wie die Tibeter wohl auf ihn als Chinesen, der direkt aus China kam, reagieren würden. Nach ein paar Tagen aber fühlte er sich unter den Tibetern pudelwohl. Er meinte mir gegenüber: »Oh, die Tibeter lachen immer und machen Witze! Das sind sehr freundliche Menschen!« Ich denke, dieses Verhalten ist bei den Tibetern wirklich Tradition, eine tibetische Gewohnheit.

MvB: Hast Du eine Erklärung, woran das liegen könnte?

DL: Nun, da habe ich eine gewisse Theorie. Tibet ist ein sehr großes, aber dünn besiedeltes Land, und die Menschen leben über das ganze Gebiet verstreut. Ich vermute, das schuf und schafft ein starkes Gefühl von Gemeinsamkeit und Zusammengehörigkeit, um die Gefahren zu meistern, die mit solcher Einsamkeit und Isolation verbunden sind. Dasselbe gilt auch für Indien. Ich habe gehört, dass hier die Selbstmordrate in den Städten höher liegt als auf dem Land. Ich denke, das hängt damit zusammen, dass auf dem Land die Bauern aufeinander angewiesen sind, um ihren Lebensunterhalt, und manchmal ihr Überleben überhaupt, zu sichern, und das stärkt das Gefühl von Nachbarschaft, Gemeinschaft und Freundschaft.

MvB: Ich habe ähnliche Erfahrungen gemacht. In Skandinavien und auch in Teilen der USA und Kanadas, wo es von einer Farm zur nächsten oft gut zehn Meilen oder mehr sind, brauchen die Menschen einander. Sie sind froh, dass sie einerseits Nachbarn haben, auf die sie sich verlassen können, die andererseits aber weit genug entfernt wohnen, dass sie nicht zur Last fallen. Diese Art von Nachbarschaft gibt den Leuten ein Gefühl der Sicherheit. In den Städten drängeln sich die Menschen an einem Ort, aber jeder leidet unter Einsamkeit. Wie kann man dieses Zusammengehörigkeitsgefühl in die Städte bringen angesichts der Tatsache, dass mittlerweile mehr als die Hälfte der Weltbevölkerung in Städten lebt?

DL: Das weiß ich nicht. An dieser Situation können nur die Betroffenen selbst etwas ändern.

MvB: Ja, in manchen Städten haben sich Nachbarschaftsinitiativen gebildet. Eine weitere sehr erfreuliche Entwicklung ist die Sharing Economy, bei der die Beteiligten bestimmte Dinge nicht mehr für sich selbst kaufen und besitzen, sondern sie leihen und mit anderen teilen. Das wird nicht nur mit Autos oder Fahrrädern so gemacht, sondern auch mit Gartengeräten, Haushaltsgegenständen usw. In vielen Städten wachsen solche Initiativen wie Pilze aus dem Boden, was sich nicht nur in puncto Ökologie und Ressourcenverbrauch positiv auswirkt, sondern auch zur Entstehung von Nachbarschaftsnetzwerken und sozialen Kontakten beiträgt. Natürlich hat das Ganze auch seine Schattenseiten, denn diese Kontakte können nicht nur zu mehr und besserem gegenseitigem Verständnis, zu einer positiven Form von Anteilnahme und Freundschaft führen, sondern auch zu Frustration und Feindseligkeiten, wenn die Dinge nicht so laufen wie erwartet. Doch zumindest machen die Leute auf diese

Weise direkte Erfahrungen mit wechselseitigen Abhängigkeiten. Das Ganze ist also wieder eine Frage der Erziehung und Bewusstseinsschulung, was einerseits die Notwendigkeit sozialer Kontakte und andererseits das Bedürfnis nach Privatsphäre anzeigt. Das sind Dinge, die von der Politik auf kommunaler Ebene mit viel psychologischem und sozialem Feingefühl organisiert werden müssen.

DL: Nun, die Verhältnisse sind überall auf der Welt anders. Das mag eine Frage der Mentalität und der Kultur sein, hängt aber auch mit der wirtschaftlichen Entwicklung und der Wohlstandsverteilung zusammen. Unter Wohlstand fallen für mich sowohl materielle Ressourcen und Geld als auch der Zugang zu Gesundheitsversorgung, Schulbildung und soziale Teilhabe. Ich habe eine Dokumentarsendung gesehen, in der gesagt wurde, dass 5 Prozent der Weltbevölkerung in den USA leben, gleichzeitig aber auch 20 Prozent aller weltweit Inhaftierten in US-amerikanischen Gefängnissen sitzen. Wie erklären sich solche Zahlen?

Die USA sind ein großartiges Land, in dem es erheblichen Wohlstand gibt. Gleichzeitig herrscht dort aber auch viel Armut, und man kümmert sich wenig um solche Dinge wie das Erlangen von geistigem Frieden. Natürlich gibt es dort eine gut ausgebildete Mittelschicht, all die renommierten Universitäten und Forschungseinrichtungen, an denen es auch Fakultäten für Psychologie gibt. Viele Menschen üben sich in den verschiedensten Meditationstechniken, deren geistiger und körperlicher Nutzen durch Studien belegt ist. Trotzdem sind Millionen Menschen davon ausgeschlossen, und man bekommt fast an jeder Ecke Waffen zu kaufen.

MvB: Allerdings gibt es überall in der Welt, gerade auch in den USA, sehr ermutigende Initiativen zu einer ganzheitlichen Bildung, und zwar nicht nur auf der Basis der Emotionsforschung und des Einübens von Mitgefühl, sondern auch in Bezug auf alle Lebensbereiche. Ich meine das, was der deutsch-amerikanische Bildungsreformer Otto Scharmer, der am Massachusetts Institute of Technology (MIT) tätig ist, »vertical literacy«, also vertikale Bildung, nennt und in die Praxis umsetzt: nicht nur die Anhäufung von Faktenwissen als horizontale Ausbreitung von Kenntnissen, sondern die Transformation von Selbstbezogenheit zu Gemeinschaftserfahrung; Entwicklung von Neugier, Mitgefühl und Mut in Balance; die Fähigkeit, nicht nur zu sprechen, sondern aktiv zuzuhören; von zentralisierten zu vernetzten oder reziproken Strukturen zu kommen; nicht nur linear, sondern holistisch zu denken und, vor allem, Wandlung und Veränderung in langen Zeitperspektiven multidimensional und pluralistisch zu erfahren. All dies sind nicht nur Forderungen, sondern sie werden durch eine Veränderung der Wahrnehmung an diesen MIT-Instituten und in zahlreichen anderen Schulen und Universitäten eingeübt. Schulung der Wahrnehmung ist das Feld der Ästhetik, der bei der Integration von Intellekt und Emotion größte Bedeutung zukommt. All das ist keine Last für die Menschen, sondern ein Freisetzen von Kreativität, das mit Entdeckergeist und Freude verbunden ist. Transformation in der Praxis der Bildung ist also keine unerträgliche Last, sondern Quelle erfüllten Lebendigseins!

DL: Ja, das sind ausgezeichnete Ansätze. Bildung in diesem Sinne ist der alles entscheidende Faktor für die Zukunft. Doch es ist Aufgabe der Politik, dafür zu sorgen, dass jeder, der eine Schule oder Universität besuchen möchte, auch Zugang dazu erhält. Das Ziel von Erziehung und Bildung sollte sein, eine warmherzigere

Gesellschaft zu schaffen. Das Potenzial dazu ist da, aber es muss entwickelt werden. Damit eine solche Entwicklung stattfinden kann, braucht es die Institutionen, die wiederum von politischen und ökonomischen Faktoren abhängig sind. Die Erziehung, die ein Mensch in früher Kindheit und später in der Schule erhält, hängt wesentlich vom institutionellen System der Gesellschaft ab. Heute reden die Menschen ständig über Geld, Geld, Geld … Ich denke, das löst bei allen sehr viel Stress aus. Und es zeigt, dass Gier der Motor dieses Systems ist. Gier auf der einen Seite und die Angst, gegen die Konkurrenz zu verlieren, auf der anderen Seite – da ist es unmöglich, zu geistigem Frieden zu finden. Materieller Wohlstand ist nicht alles im Leben, trotzdem sollten wir alles tun, um hier für mehr Gerechtigkeit und die Beseitigung von extremer Armut zu sorgen. Es geht darum, die Welt in Balance zu bringen. Wenn die Menschen nicht unter extremer Armut leiden, sondern materiell ein vielleicht einfaches, aber menschenwürdiges Dasein führen können, wenn dazu noch ein starkes Gemeinschaftsgefühl besteht, aus dem sich Freundschaft zu entwickeln vermag, dann kann der Geist tiefen Frieden erfahren.

Politische Beziehungen und Medien

MvB: Unsere letzten Überlegungen zur individuellen Entwicklung und der Rolle der Institutionen haben uns über die Ebene des individuellen Verhaltens und seine Verbesserung durch Erziehung hinausgeführt. Dabei erwies sich der Problemkreis von Armut, Bildungsgerechtigkeit und Möglichkeit zur Teilhabe in der Gesellschaft als bedeutender Faktor für die Zufriedenheit der Menschen. Dies ist ein politisches Problem, das einer politischen Lösung bedarf. Erziehung ist selbstverständlich auch eine

Frage langfristig angelegter Politik. Lass uns daher die Ebene der Politik noch etwas ausführlicher beleuchten.

Konkurrenz innerhalb einer Spezies, aber auch zwischen den Arten, ist die Triebfeder der Evolution. Die Geschichte zeigt, dass jede menschliche Gemeinschaft mit einer anderen um Ressourcen wie Territorium und Nahrung, aber auch um Frauen oder Arbeitskräfte und was auch immer konkurriert hat bzw. konkurriert. Unsere modernen Industriegesellschaften funktionieren auf der Basis von technischem Fortschritt, der durch Konkurrenz in den Wissenschaften ermöglicht wird. Auch bei der Anwendung und Vermarktung der Ergebnisse zählt, wer der Schnellste ist und am effizientesten die Arbeitsproduktivität zu steigern vermag. Sogar an den Schulen herrscht bereits ein massiver Wettbewerbsdruck, wie wir schon erörtert haben. In der Politik tobt der Konkurrenzdruck als Machtkampf noch heftiger. Leider kümmern sich Politiker oft weniger um die Lösung von Problemen als um den Erhalt ihrer Macht. Und spielen sie dieses Spiel nicht mit, sind sie schnell von der Bildfläche verschwunden. Dieses Problem ist nicht von der Hand zu weisen und eine ständige Bedrohung für den gesellschaftlichen Konsens. Eines der gefährlichsten Felder ist die Gier nach Aufmerksamkeit – Terroristen begehen ihre Taten nicht nur mit dem Ziel, Unsicherheit zu schaffen und die Gesellschaft zu destabilisieren, sondern sie sind geradezu süchtig nach Aufmerksamkeit. Die Medien bilden das Monströse ab und vervielfachen es, sodass gerade solche Menschen, die sich als bedeutungslos und marginalisiert empfinden (oder es auch sind), wenigstens einmal ein Millionenpublikum haben wollen, und dadurch glauben, ihre Gier nach Bedeutung zu erfüllen. Was können wir gegen all diese starken Fehlentwicklungen tun?

DL: Wie ich schon so oft gesagt habe, halte ich unser Erziehungssystem für einseitig materialistisch ausgerichtet. Innerer Friede und geistige Entwicklung werden unterbewertet und spielen keine nennenswerte Rolle. Unsere Gesellschaft ist in Gänze durch eine materialistische Kultur bestimmt. Menschen in so geprägten Gesellschaften kennen kaum einen anderen Weg, ihr Selbstwertgefühl zu steigern, als z.B. ihren Nachbarn materiell zu übertrumpfen oder medial besonders präsent zu sein. Das macht diese Menschen automatisch selbstbezogen, sodass sie nur noch an Macht, Geld und Ruhm interessiert sind. Einige Menschen begehen sogar Verbrechen und riskieren, ins Gefängnis zu kommen, nur um für einen Tag berühmt und in den Nachrichten zu sein – manche begehen dafür sogar Selbstmordattentate. Die Gier nach Aufmerksamkeit ist auch einem überzogenen Individualismus geschuldet, und sie ist die Ursache, dass Gewalttaten von den Tätern öffentlich gemacht werden, und selbst negativer »Ruhm« gilt dann mehr als die gesellschaftliche Unsichtbarkeit. Diese seelische Deformation hat ihre Ursachen im Werteverfall im öffentlichen Leben und in der Gesellschaft, dieser Lebensstil treibt Menschen automatisch dazu, grundlegende menschliche Werte zu missachten.

Nur eine andere Erziehung kann diese Situation schrittweise verbessern, und das ist unsere einzige Hoffnung. Behält unser Erziehungssystem die Ausrichtung, die es im Augenblick hat, dann wird diese Weltsicht mit all ihren zerstörerischen Konsequenzen weiter um sich greifen. Unsere Hoffnung liegt darin, unser Erziehungssystem vom Kindergarten bis zur Universität und der weiteren Erwachsenenbildung ernsthaft zu überdenken und zu verändern.

Ich habe ja bereits erwähnt, dass die Tibeter schlichter und friedvoller sind, was aber weniger Folge ihrer schulischen Erziehung als ihres kulturellen Erbes ist. Im Falle der Tibeter ist dieses

Erbe die Frucht einer bestimmten buddhistischen Praxis, die uns anhält, alle fühlenden Wesen als unsere Mütter zu betrachten. Aber warum? Aufgrund karmischer Verbindungen. Alle Tibeter lernen von klein auf, dass im Kreislauf unserer unzähligen Wiedergeburten alle fühlenden Wesen irgendwann einmal unsere Mutter waren. Das ist ein starkes Bild, und für Tibeter ist diese Art zu denken eine kulturelle Gewohnheit geworden, die unsere geistige Grundstruktur prägt. Dieser Gedanke beeinflusst natürlich auch die Art und Weise, wie die Tibeter sich verhalten. Gewiss hat es in Tibet auch Morde gegeben, und Menschen haben einander in Konkurrenzkämpfen getötet, doch im Großen und Ganzen richtet sich der erste Gedanke, wenn ein Tibeter auf Probleme stößt, auf sein Karma bzw. das Leid der fühlenden Wesen. Er gibt nicht jemand anderem die Schuld, sondern denkt, dass die Probleme und Schwierigkeiten, die er erlebt, durch sein Karma verursacht sind. Ich glaube, diese Sicht hilft auch, Zorn und Frustration zu verringern. Ansonsten ist es ja eher so, dass der Mensch, wenn er sich mit unerfreulichen Ereignissen konfrontiert sieht, nur allzu gern anderen die Schuld dafür gibt. Das führt zu negativen Emotionen, Missverständnissen, Entfremdung bis hin zu Gewalt in der Sprache und im Handeln. In der tibetischen Gesellschaft haben wir diese Kultur des Mitfühlens gepflegt und entwickelt, die auf der wirkmächtigen Vorstellung von der Mutter und ihrer Fürsorge für uns beruht. Diese Haltung wird auf alle Wesen ausgedehnt, was sich nachhaltig auf den Einzelnen, die Gesellschaft und sogar auf politische Überlegungen und Einschätzungen auswirkt. In einer rein materialistisch ausgerichteten Kultur fehlen solche Wertmaßstäbe.

MvB: Da sehe ich allerdings einen gewissen Widerspruch zu dem, was wir gestern diskutiert haben. Du sagtest, die politische und historische Lage Tibets sei karmisch bedingt, das heißt, die politische Tragödie, die Tibet jetzt erlebt, habe es durch seine Handlungen in der Vergangenheit mitverursacht. Wenn aber die Tibeter so empathisch sind, zumindest auf der breiteren Basis kulturell gemeinsamer Werte, wie konnten sie dann so viel schlechtes Karma ansammeln, das vielen Tibetern jetzt so viel Leid bringt?

DL: Nun, wer hat denn dieses Karma geschaffen? Die Menschen dort! Karma heißt nichts anderes als »Handlung«. Wir sollten uns der Tatsache bewusst sein, dass unsere Handlungen immer durchmischt waren und sind – manche sind nützlich, andere schädlich. Wir müssen an dieser Stelle klar unterscheiden: Manches von dem, was uns jetzt widerfährt, ist durch Karma aus früheren Leben verursacht, und in diesem Fall können wir an den Dingen nichts ändern. Doch Karma bezieht sich auch auf Handlungen, die wir jetzt in der Gegenwart ausführen. Durch unser Handeln beeinflussen wir die Zukunft, und zwar nicht nur in Form äußerer Resultate, die als Wirkung von gegenwärtigem Handeln entstehen und also durch gegenwärtige karmische Muster konditioniert sind. Auch unser Geist, unser Wahrnehmen, Denken, Fühlen und Leben werden beeinflusst durch das, was wir gegenwärtig denken, sagen und tun, weil das unseren Geist prägt. Was immer in der Vergangenheit geschehen ist und Ursache dafür ist, was wir im Moment erleben, Karma bzw. unser jetziges Handeln wird dazu führen, dass sich die Dinge in Zukunft ändern. Es geht hier um reine Kausalketten. Manche stellen sich unter Karma irgendeine mysteriöse oder verborgene Kraft vor, aber dem ist nicht so. Karma bedeutet einfach Handlung und die Resultate dieser Handlung auf allen Ebenen – was unser Verhalten angeht, unser Karma von Körper, Rede und Geist. All das hängt zusammen. Und Karma heißt auch, dass wir selbst verantwortlich sind. Was uns widerfährt, ist die Folge unseres eigenen Verhaltens. Wir ernten, was wir gesät haben, wie es in anderen Traditionen heißt. Dies zu erkennen, ist die Voraussetzung für intelligente Erziehung. Auf die Politik bezogen heißt Erziehung, ein Bewusstsein für eine intelligente Form von Verantwortungsgefühl zu schaffen.

MvB: Ich möchte Dir gern von einer Erfahrung berichten, die ich gemacht habe, und fragen, was Du darüber denkst. Mit meinen Studenten in Deutschland arbeite ich nicht nur an Texten und der Geschichte von Kulturen und Religionen, wir konzentrieren uns in manchen Kursen auch aufs Meditieren, auf den Atem, darauf, innerlich ruhig zu werden, kurz auf all die Dinge, die in der indischen Tradition unter dem Begriff *shamatha* zusammengefasst werden. Bei diesen Sitzungen kultivieren wir aber auch das Bewusstsein, dass die Luft, die wir einatmen, die Luft ist, die ein anderer kurz zuvor ausgeatmet hat, und dass die Luft, die wir gerade ausatmen, die Luft ist, die ein anderer gleich einatmen wird. Sitzt man auf diese Weise mit jemandem zusammen, den man nicht mag oder mit dem man Streit hat, so teilt man mit ihm doch dieselbe Luft, teilt auf recht intime Weise eigenes Leben, die Grundlage des eigenen Lebens mit ihm. Viele meiner Studenten finden diese Vorstellung sehr hilfreich, andere finden sie unangenehm oder beängstigend.

DL: Was Du da schilderst, Michael, erinnert mich an die tibetische *Tong-len*-Meditation, die viele Buddhisten täglich praktizieren. Tong-len heißt so viel wie »Geben und Nehmen«. Wenn man diese Meditation in Verbindung mit der Atmung praktiziert, so wie Du es beschreibst, dann hilft sie uns, dass wir uns unserer Verbundenheit mit anderen Lebewesen bewusst werden. Diese Praxis ist übrigens nicht auf die Atmung beschränkt. 2008 fanden überall in Tibet politische Demonstrationen statt, wie

Du weißt. Am 10. März, nach unserer jährlichen Gedenkfeier an den Aufstand gegen die chinesische Armee im Jahr 1959, erhielt ich die Nachricht, dass eine Gruppe Tibeter in Lhasa eine Demonstration begonnen hatte, und sofort wurden meine Erinnerungen an die Ereignisse vom 10. März 1959 lebendig. Und wie damals, so war auch 2008/2009 damit zu rechnen, dass die chinesische Seite mit massiven Repressionen reagieren würde, daran gab es keinen Zweifel. Ich hatte daher große Sorge um die Menschen in Lhasa. Deswegen stellte ich mir in meiner täglichen Praxis vor, wie ich die Wut und die Verdächtigungen einiger chinesischer Beamter auf mich zog und ihnen im Gegenzug Mitgefühl, Vergebung und Liebe schickte. Natürlich hat das an der konkreten Situation in Lhasa nichts geändert, aber auf der geistigen Ebene war es sehr hilfreich. Das ist es, was wir unter *tong-len*, unter Geben und Nehmen, verstehen. Diese Praxis mit dem Atem zu verbinden kann sehr nützlich sein. Und wenn Du das Gefühl hast, dass Deine Methode positiv wirksam ist, dann übe sie mit Deinen Studenten. Doch Du solltest aufpassen, dass Deine Schüler die Praxis nicht unangenehm finden, weil sie schlechte Erinnerungen an unangenehme Sinnesempfindungen wachrufen könnte, etwa an bestimmte Gerüche. (Nun, das war ein kleiner Scherz!) Eine Praxis wie diese ist wichtig, weil sie uns erstens zu echten Erfahrungen verhilft und zweitens Feindseligkeiten, vielleicht sogar auch auf politischem Gebiet, abbauen kann. Man muss allerdings darauf achten, dass die Betreffenden für diese Praxis innerlich auch bereit sind.

MvB: Ich möchte noch ein weiteres brisantes politisches Thema ansprechen. Über die Demokratie wurden seit jeher sarkastische Bemerkungen gemacht – nach dem Motto: Abgesehen von allen anderen politischen Systemen gibt es kein schlechteres als die Demokratie. Denn Demokratie ist mühsam, und Entscheidungsprozesse verlaufen langsam, Demokratie beruht auf der Anerkennung von Differenz und der Bereitschaft zum Kompromiss. Dennoch wurde die Demokratie bisher doch immer als große menschheitsgeschichtliche Errungenschaft für jene Länder gefeiert, in denen es gelungen ist, ein demokratisches System zu errichten, wie zum Beispiel in England, Frankreich und Nordamerika, aber auch in Indien und vielen anderen Ländern. Für die Unterdrückten in Diktaturen ist die Demokratie die Zukunftshoffnung. Der Westen Deutschlands verdankt den Alliierten die Einführung der Demokratie nach dem 2. Weltkrieg. 1989 gingen die Menschen in der DDR auf die Straße und forderten unter großen Gefahren für ihr Leben die Demokratie. In jedem Fall wurde die Demokratie mit all ihren Mängeln, mit ihren langsamen Entscheidungsprozessen und der teilweisen Preisgabe ihrer Ideale, als die beste Regierungsform empfunden, welche die Menschheit bisher hervorgebracht hat. Nichtsdestotrotz müssen wir heute feststellen, dass die Demokratie in vielen demokratisch organisierten Ländern bedroht ist. Die Menschen wissen den Wert der Demokratie nicht mehr zu schätzen und geben ihre Stimme irgendeinem »starken Mann« oder Diktator, der ihnen ein Gefühl von Stärke, Bedeutung und nationaler Größe vermittelt, selbst wenn sie damit wirtschaftlich gesehen gegen ihre ureigensten Interessen wählen. Ungarn ist nur ein Beispiel für eine derartige Entwicklung, als ein anderes Beispiel aus Osteuropa könnte sich Polen erweisen. Auch Italien oder Brasilien tendieren in diese Richtung. In Frankreich ist mehr oder weniger dieselbe Gefahr akut, und die USA sind vielleicht das erstaunlichste Beispiel für eine solche Entwicklung, die nicht nur für die USA selbst, sondern für die Welt insgesamt überaus gefährlich ist. Auch in Deutschland gibt es eine antidemokratische Bewegung bzw. Partei, und die rasanten Zuwächse, die sie erzielt, sind beängstigend. Zu viele Menschen sind frustriert, fühlen sich abgehängt aufgrund der nicht zu übersehenden Probleme, die die globalisierte Wirtschaft mit sich bringt. Selbst seitens der Intellektuellen werden Stimmen laut, dass die demokratischen Entscheidungsprozesse zu langwierig seien, um die drängenden ökologischen und demografischen Probleme zu lösen, mit denen die Menschheit sich konfrontiert sieht. Schnelles Handeln sei erforderlich, um die Wirtschaft zu stabilisieren, für soziale Gerechtigkeit und vor allem für ökologische Nachhaltigkeit zu sorgen, sodass eine effiziente »Ökodiktatur« als ein unvermeidliches Übel diskutiert wird. Immer mehr Wähler in demokratisch organisierten Ländern orientieren sich an Führern, die ihnen unrealistische Versprechen machen, wie sie die genannten Probleme lösen wollen (was dann gewöhnlich nicht geschieht), und stimmen gegen die Demokratie. Wie siehst Du diese Entwicklung?

DL: Ich glaube nicht, dass die Probleme, die Du hier ansprichst, in der Demokratie selbst ihre Wurzeln haben. Für mich ist der Schlüssel auch hier wieder die Erziehung. Meiner Meinung nach mangelt es den Leuten an einer ganzheitlichen Sicht. Sie sind ungeduldig und wollen sofort Resultate sehen. Deswegen üben Politiker vom eher diktatorischen Typ eine gewisse Faszination auf sie aus. Solche Politiker versprechen den Leuten alles Mögliche, vor allem schnelles Handeln und schnelle Ergebnisse. Was man diesen Leuten entgegnen muss, ist, dass sie sich auf solche Weise allmählich von der Demokratie entfernen. Sicher kann diese Art von Unwissenheit, die Argumente gegen Emotionen eintauscht, und auch Ungeduld dazu führen, dass sie am Ende tatsächlich einen Diktator wählen, dennoch glaube ich, dass die Menschen im Allgemeinen Meinungs- und Redefreiheit bzw. Demokratie sehr wohl zu schätzen wissen. Aber es stimmt schon, es gibt sehr viel Unmut, und die demokratischen politischen Systeme reagieren auf die Anliegen der Menschen nicht angemessen.

Ich glaube, und das sage ich auch immer wieder, dass die Welt den sieben Milliarden Menschen gehört, die sie bevölkern, und dass jedes Land auf dieser Erde den Menschen gehört, die es bewohnen, und nicht irgendwelchen Königen oder religiösen Oberhäuptern. Jedes Volk hat das Recht, seine politischen Vertreter zu wählen, und während der Zeit zwischen zwei Wahlen muss es seiner Regierung auf die Finger schauen. Das ist aus meiner Sicht das beste politische System. Durch historische Entwicklungen bedingte Umstände sowie Aspekte des kulturellen Erbes und technologische bzw. wirtschaftliche Umwälzungen haben dazu geführt, dass die heutige Gesellschaft materialistisch ausgerichtet ist. Deswegen gibt es einfach viel Ungeduld. Jeder will sofort Resultate sehen, und das ist ebenfalls ein Aspekt eines Phänomens, das ich als »materialistische Realitätsverzerrung« bezeichne. Ich denke, dass die Schuld daran nicht in der Demokratie und ihren Verfahrensweisen zu suchen ist, sondern bei unserem kulturellen Erbe und häufiger noch in unserer Trägheit.

MvB: Der Faktor Zeit spielt eine erhebliche Rolle. Du hast soeben die Bedeutung der Geduld hervorgehoben. Unser gesamtes Leben vollzieht sich zeitlich und unterliegt den Gesetzmäßigkeiten der Zeit, das ist eine Binsenweisheit. Dennoch ist uns oft nicht bewusst, dass die verschiedenen Bereiche der Gesellschaft und die organisierten Tätigkeiten der Menschen unterschiedlichen zeitlichen Rhythmen unterliegen. In manchen Bereichen wie dem Wirtschaftssektor ist aufgrund des Konkurrenzdrucks schnelles Handeln gefordert, beispielsweise bei der Vermarktung neuer Produkte, die durch einen Vorsprung bei der Einführung neuer Technologien hergestellt wurden. In anderen

Bereichen wie der Erziehung müssen wir uns mehr Zeit lassen, sonst erzeugen wir bei den Kindern und Jugendlichen Stress oder sie vergessen gleich wieder, was sie gelernt haben und können keinen Gebrauch davon machen. In Europa hatten und haben wir diese Diskussionen im Zusammenhang mit dem sogenannten Bologna-Prozess, der zum Ziel hat, die Studienzeiten an den Universitäten zu verkürzen, doch die Ergebnisse sind fragwürdig. Vergleichbare Probleme gab es in Bayern und anderen deutschen Bundesländern mit dem Beschluss, die Gymnasialzeit von neun auf acht Jahre zu verkürzen. Doch weder Lehrer noch Schüler kamen mit dem neuen System zurecht, und nach ein paar Jahren Versuch und Irrtum kehrt man nun zum alten System zurück. Die Zeitgeschwindigkeiten in einzelnen Systemen der Gesellschaft sind verschieden und asynchron. Die politischen Entscheidungsprozesse in den Demokratien laufen sehr langsam ab, was zum einen an den notwendigen Kontrollen und Korrekturen liegt, zum anderen an einer gewissen Trägheit des Systems sowie an den Lobbyisten, die versuchen, auf die politischen Entscheidungsträger Einfluss auszuüben. Das hat zur Folge, dass die unterschiedlichen Sektoren innerhalb der Gesellschaft mit unterschiedlichem Tempo funktionieren, dafür aber dennoch meistens erstaunlich gut zusammenspielen. Wirtschaft, Politik, Recht, Verwaltung und Bildung laufen nicht synchron. Aber dennoch ist ja erstaunlich, dass diese verschiedenen Systeme besser zusammenarbeiten, als man es erwarten würde. Andererseits blockieren sie einander auch gegenseitig, und das ist besorgniserregend angesichts so drängender Probleme wie dem Schutz der Erde, speziell, was Treibhausgase und Klimawandel angeht, die Bevölkerungsexplosion, die Millionen von Flüchtlingen usw. Hier scheint sofortiges Handeln geboten. Auf der einen Seite haben wir also Zeitdruck, auf der anderen Seite brauchen wir Zeit, Geduld und ein überlegtes Vorgehen. Doch was wir in der Wirtschaft und speziell im Finanzsektor beobachten, sind blinde Hast und das Verfolgen kurzfristiger Gewinnziele. Viele Manager interessieren sich nur für die nächsten Quartalsergebnisse, um sich durch kurzfristige Gewinne und die Mitnahme von Kurssteigerungen auf dem Aktienmarkt ihre Boni zu sichern. In der Politik sieht es nicht viel anders aus. Die regierenden Politiker denken nicht im Zeitrahmen von fünf oder zehn Jahren, ihr Zeithorizont ist einfach nur die nächste Wahl. Was können wir überhaupt noch tun gegen diese Art von Kurzsichtigkeit, die zusätzlich verschlimmert wird durch den vermehrten Einsatz von Algorithmen, die immer schneller werden und zusehends anstelle von Menschen Entscheidungen treffen?

DL: Ich denke, Regierungen sollten in längeren Zeiträumen von fünf oder zehn Jahren planen und nicht nur Perspektiven für die nächsten Wahlen entwickeln. Der Mensch will natürlich alles immer sofort haben. Doch als menschliche Gemeinschaft haben wir Institutionen aufgebaut, und diese Institutionen müssen ein Gleichgewicht zwischen den Einzel- und Gruppeninteressen herstellen. Institutionen brauchen eine übergeordnete Perspektive, die den Faktor Zeit einschließt. Sie müssen sicherstellen, dass langfristige Interessen berücksichtigt werden. Die Politik ist in der Lage, solche Institutionen zu schaffen, wenn die Wähler entsprechend Druck ausüben. Die Wähler wiederum müssen lernen, dass eine solche Langzeitperspektive in ihrem eigenen Interesse liegt. Auch hier läuft alles letztlich wieder auf eine solidere und umfassendere Erziehung und Bildung hinaus.

MvB: Kann man andere Menschen Geduld lehren?

DL: Ja. Meiner Meinung nach sollten die Menschen lernen, die Dinge etwas realistischer zu betrachten, denn dann stellt sich ganz von selbst Geduld ein. Spontane Handlungen basieren meist nicht auf Vernunft und Nachdenken, sondern auf Emotionen, so sind wir Menschen nun mal beschaffen. Dennoch müssen wir lernen, uns ein wenig zu zügeln. Geduld kann man auch durch die Meditation erlernen – man beobachte seine Atmung, die wandernden Gedanken, halte einen Moment inne, ehe man zu sprechen beginnt usw. Geduld zu lernen beginnt damit, dass wir unseren Körper und unsere körperlichen Reaktionen beobachten. Man sollte diese Praxis nicht auf den nächsten Monat oder das nächste Jahr verschieben. Geduld heißt auch, dass wir unser Bestes geben und angemessen handeln. Wenn die Umstände uns unmissverständlich zeigen, dass das, was wir vorhaben, nicht leicht zu verwirklichen ist, dann müssen wir Geduld haben. Geduld verbunden mit Vernunft ist realistische Geduld. Geduld ist nicht das Gegenteil von Engagement, sondern eine weise Form von Engagement. Man muss die Menschen lehren: Seid nicht nachlässig und nehmt Unrecht und Missstände nicht einfach hin, aber seid geduldig, was die Ergebnisse eures Engagements angeht!

Das gilt für den persönlichen Bereich, ist aber auch in der Politik eine unverzichtbare Haltung. Wer krank ist, muss sich um seinen Körper kümmern, und das erfordert Geduld. Wenn man sich mit Medikamenten vollpumpt, dann mag das die Heilung beschleunigen, kann aber gleichzeitig Nebenwirkungen haben, die sehr schnell wieder krank machen. Echte, dauerhafte Heilung erfordert Zeit und Geduld. Siehst Du, wir Tibeter kämpfen jetzt schon fast sechzig Jahre für unsere Rechte, und es gibt diesbezüglich keinen anderen Weg als den der Geduld. Um seinen Weg weiterzugehen, ohne Mut und Hoffnung zu verlieren, muss man ein großes Maß an geistiger Stärke entwickeln. Wagnis,

Verzicht, Geduld, Hoffnung und spirituelle Praxis hängen also miteinander zusammen.

In diesem Zusammenhang spielt auch ein beruhigtes Bewusstsein eine gewichtige Rolle. Nur wenn unser Bewusstsein friedvoll ist, sind wir in der Lage, eine Situation aus unterschiedlichen Blickwinkeln, also multidimensional, zu betrachten. Sind zu viele Emotionen im Spiel, legen sie sich über die Wirklichkeit und wir sehen alles im Licht dieser Emotionen. Was wir dann erblicken, ist nicht die Wirklichkeit, sondern unsere eigenen Emotionen, die sich in einem Zerrbild der Wirklichkeit spiegeln. Um die Dinge so zu sehen, wie sie wirklich sind, sollten wir sie aus drei, vier, ja sechs Dimensionen betrachten können. Das ist die Vorbedingung, um Vielschichtigkeit wahrzunehmen, und die Wirklichkeit ist vielschichtig. Das wiederum ermöglicht uns, unsere Bemühungen auf ein realistisches Fundament zu stellen. Betrachtet man die Dinge nur aus einem einzigen Blickwinkel, wird man automatisch ungeduldig. Ungeduld aber lässt uns Dinge tun, die nicht realistisch sind, und solche unrealistischen Bemühungen verursachen unvermeidlich Leid. Der Intelligenz, über die wir Menschen verfügen, kommt eine alles überragende Rolle zu, und sie kann sehr nützlich sein. Machen wir aber falschen Gebrauch von ihr, kann das katastrophale Folgen haben. Von unserer Intelligenz falschen Gebrauch zu machen heißt, dass wir die komplexe Natur der Wirklichkeit außer Acht lassen. Jedes Streben, dass sich auf echtes Verständnis gründet, braucht zu seiner Verwirklichung gewöhnlich Zeit und Geduld.

MvB: Die westliche Psychologie unterscheidet zwischen dem Verlangen nach sofortiger Bedürfnisbefriedigung (sei es die Erfüllung von Wünschen, das Verlangen nach Essen, Trinken oder Sexualität) und der Fähigkeit, die Bedürfnisbefriedigung aufzuschieben und sich an der Vorstellung, der Erwartung des

Gewünschten zu erfreuen. Diese Vorfreude kann mitunter sogar befriedigender sein als die eigentliche Erfüllung des Wunsches, was uns ja auch die eigene Erfahrung lehrt. Als ich klein war, wurden wir Kinder so erzogen, dass wir lernen mussten, uns zu gedulden. Weihnachten zum Beispiel ist ein großes Fest, und wir Kinder erwarteten Geschenke, die wir auch bekamen. Überall brannten Kerzen, der Duft von Gebäck und Schokolade zog durchs Haus, Weihnachtslieder wurden gesungen. All das fachte unsere Fantasie an. Diese besondere Zeit vor Weihnachten wird »Advent« genannt, was »Ankunft« bedeutet. Was in der Adventszeit eigentlich auf rituelle Weise erwartet wird, ist die Ankunft oder Geburt Jesu Christi. Für uns Kinder hieß Advent aber in erster Linie, dass Weihnachten kommen würde, und Weihnachten war ein großes, fröhliches Fest, bei dem es Geschenke gab. Doch die Adventszeit ist zeitlich begrenzt, sie dauert vier Wochen. Sie beginnt damit, dass die erste Kerze auf dem Adventskranz angezündet wird und das Licht allmählich zunimmt. Davor herrschte diese düstere, graue und neblige Novemberstimmung – ohne Kerzen und ohne Musik. Die Adventszeit war eine wunderbare Zeit, getragen von freudiger Erwartung, Neugier und der Einübung in die Fähigkeit zu warten – eben Einübung in Geduld.

Seit ein paar Jahrzehnten ist es nun aber so, dass die Leute die Weihnachtsbeleuchtung schon im Spätherbst anbringen, weil sie nicht warten wollen. Weihnachten wird kommerzialisiert, und diese kostbare Zeit des Jahres dient nur noch dem Geschäftemachen. Man will uns so viel wie möglich so früh als möglich verkaufen. Die Zeit des Wartens und der Vorfreude fällt weg, und wenn dann Weihnachten endlich da ist, ist jeder nur noch genervt, weil er gestresst und überlastet ist. Weihnachten ist zum Tag mit einer hohen Rate von Herzinfarkten und Suiziden geworden, wie Statistiken glaubhaft belegen. Man hat für nichts mehr Zeit, es gibt keine Langzeitperspektive. Das ist ein Teil des Problems und vielleicht eine reale Deformation unseres Daseins, die uns und anderen Wesen schadet. Meine Frage diesbezüglich lautet: Gibt es in der tibetischen Tradition der Geistesschulung eine Praxis, wie man die Bereitschaft, den Willen, auf Dinge zu verzichten und zunächst einmal zu warten, stärken kann?

DL: Wie ich bereits sagte, ist ein Aspekt der Geduld, dass man eine realistische Haltung einnimmt. Kann man Aufgaben unmittelbar verwirklichen und lässt diese Gelegenheit ungenutzt verstreichen, so wäre das nicht richtig. Ist es dagegen schwierig, bestimmte Dinge unmittelbar umzusetzen, dann muss man eben warten. Das versteht man unter Geduld, unter einer realistischen Haltung. Die Frage, ob der Wunsch, bestimmte Dinge sofort haben oder tun zu wollen, sich psychisch schädlich auswirkt, kann ebenfalls aus verschiedenen Blickwinkeln betrachtet werden. Die Antwort hängt von den jeweiligen Umständen ab. Natürlich machen es die moderne Technik und der Wohlstand, der heute in vielen Ländern herrscht, möglich, dass immer neue Wünsche geweckt werden, welche die Menschen nach sofortiger Befriedigung verlangen lassen. Das hat Auswirkungen auf den Bewusstseinszustand und ist vermutlich ein ernstes Problem, was die Erziehung der Kinder angeht. Die Werbung erzeugt suggestive Bilder, Hoffnungen und Ängste, Begierden und Abneigungen. Insbesondere die elektronischen Medien beeinflussen die Menschen immer stärker, und zwar nicht nur, was ihr Verhalten als Konsumenten angeht, sondern auch ihre emotionale Stimmung, die Art, wie sie die Dinge wahrnehmen und was sie für real bzw. für fingiert halten. Dieser Thematik müssen wir uns annehmen. Dennoch denke ich, dass Pauschalaussagen, die oft auf unüberprüften Vorurteilen beruhen, nicht weiterhelfen. Sicher ist aber, dass wir diesen Problemen und Zusammenhängen nachgehen müssen.

MvB: Das bringt uns zu einer heute so wichtigen und vieldiskutierten Frage: zur Rolle der Medien. Nicht nur, dass wir durch die enorme Macht der Medien manipuliert werden und online eine virtuelle Realität geschaffen wird, die sich von der Realität der Offline-Welt kaum noch erkennbar unterscheiden lässt. Die Sozialpsychologin Shoshana Zuboff von der Harvard Business School und andere sind der Ansicht, dass wir mittlerweile den Übergang vom Industriekapitalismus zum Überwachungskapitalismus vollzogen haben. Das heißt, wir befinden uns Konzernen wie Google oder Facebook gegenüber nicht mehr in der Rolle des Konsumenten oder Angestellten, sondern sind für diese Industrien zur kostenlosen Ressource geworden, weil sie unsere Daten sammeln, zusammenführen und daraus von jedem Einzelnen virtuelle Profile erstellen, die über alle möglichen Kanäle vermarktet werden. In Verbindung mit den Möglichkeiten, welche die Künstliche Intelligenz bietet, wird das Individuum zum Gegenstand totaler Manipulation. Darüber hinaus werden über das Internet Hassbotschaften und Gewalt weitgehend unkontrolliert verbreitet, was auf die geistige Verfassung der Menschen, vor allem auch bei Jugendlichen, verheerende Auswirkungen hat.

Aber ich sehe beim Thema »Medien« auch allgemeinere Aspekte, speziell zwei problematische Dinge, über die ich gerne gesondert sprechen würde.

Erstens, wenn wir wichtige Tageszeitungen wie die *New York Times* oder andere gute, seriöse Medien nehmen und einen Artikel z.B. über Indien lesen, so wird dort fast immer nur von Katastrophen, Verbrechen und Unglücksfällen berichtet. Irgendwann hat man dann ein recht negatives Bild von Indien. Reist man aber nach Indien und steigt aus dem Flugzeug, dann geht es dort mehr oder weniger normal zu, nicht viel anders als einige Jahre zuvor. Einerseits haben Medien die Aufgabe, Korruption und

Fehlentwicklungen in der Gesellschaft aufzudecken. Andererseits aber zeichnen sie ein so düsteres und verzerrtes, zumindest einseitiges Bild der Welt, dass es die Menschen deprimiert.

DL: Offensichtlich geht es bei den Medien nicht nur um Berichterstattung, darum, die Dinge zu beschreiben, die wichtig sind, sondern auch um Sensationslust, was die Auflage nach oben treibt. Das Mediengeschäft hat auch eine kommerzielle Seite. Die daher rührenden Interessen dürfen wir nicht unterschätzen. Deshalb brauchen wir eine sensible und kritische Medienethik. Vor allem aber brauchen wir eine konkrete Medienerziehung. Die Menschen müssen lernen, wie man mit Medien umgeht.

Abgesehen davon haben wir es hier auch mit einer grundsätzlichen anthropologischen Frage zu tun. Seit vielen Jahren werde ich immer wieder gefragt, ob die menschliche Natur prinzipiell gut oder schlecht sei, da es doch überall Mord, Vergewaltigung und andere schreckliche Dinge gibt. Meine Antwort war und ist: Nein, die menschliche Natur ist nicht prinzipiell schlecht. Diese Verbrechen, all diese Formen von negativem Verhalten, machen nur einen kleinen Teil dessen aus, was die Menschen tun, denn auf der anderen Seite erfahren Millionen Menschen täglich die Segnungen von liebender Güte und Mitgefühl, Tausende und Abertausende von Kindern, Alten und Kranken, eigentlich alle Menschen. Im Alltagsleben vertrauen wir einander in den einfachsten Dingen. Wir vertrauen darauf, dass der Fahrer unseres Busses kein Verrückter ist und uns sicher an unser Ziel bringt. Andernfalls würde das gesamte Transportsystem zusammenbrechen. Dasselbe gilt für Essen und Trinken – wir vertrauen darauf, dass es nicht vergiftet ist. Wenn ein schrecklicher Überfall oder dergleichen passiert, sind wir zutiefst entsetzt, weil dies eine Ausnahmesituation darstellt, wie im Fall des deutschen Piloten, der in den französischen Alpen sein Flugzeug gegen ein Bergmassiv steuerte, sodass alle Passagiere starben. Dieses Ereignis löste eine Welle des Entsetzens aus, welches psychische Problem dieser junge Mann auch immer gehabt haben mochte. So schrecklich eine solche Erfahrung ist, sie ist die Ausnahme. Auf die gesamte Gesellschaft bezogen spielen Mitgefühl und Güte eine weit größere Rolle als Zorn, Hass und Misstrauen. Doch wir und auch die Medien betrachten solche positiven Qualitäten und die damit verbundenen Handlungen als selbstverständlich. Geschieht dann ein Mord, löst das Entsetzen aus und das Ereignis bringt es in die Schlagzeilen. Über Akte von Liebe und Mitgefühl dagegen wird nicht berichtet. So sehe ich das. Daher sage ich jedes Mal, wenn ich Journalisten oder Medienvertreter treffe: Es liegt in Ihrer Verantwortung, auch die menschliche Güte wahrzunehmen und über das altruistische Engagement der vielen Menschen zu berichten, die sich für eine gesündere Umwelt und eine menschlichere Gesellschaft einsetzen. Es gibt überall auf der Welt sehr viel Freundlichkeit und Güte, im Kleinen wie im Großen. Wir sollten uns von dieser im höchsten Maße einseitigen Wahrnehmung der Gesellschaft und der menschlichen Verhältnisse also nicht täuschen lassen.

MvB: Warum aber übt alles Negative eine derartige Faszination aus? Warum schenken wir diesen Dingen so viel Aufmerksamkeit? Liegt es daran, dass, so wie es die Evolutionstheorie nahelegt, die Menschen in der Ur- und Frühzeit stärker auf Gefahren und mögliche Angreifer achten mussten, um in der Wildnis zu überleben? Die Menschheit scheint geradezu begierig auf brutale Kriminalfälle, auf Killerfilme und -spiele zu sein. Woran liegt das? An der Faszination des Skandalösen?

DL: Nein. Der Grund ist, dass diese Dinge uns in Erstaunen versetzen. Es ist ihr Ausnahmecharakter, der unsere Aufmerksamkeit erregt. Gerade weil Gewalt und all diese schlimmen Dinge so außergewöhnlich sind, außerhalb der Norm liegen, ziehen sie unsere Aufmerksamkeit auf sich. Wir Menschen betrachten Geduld, Mitgefühl und ähnliche Qualitäten als selbstverständlich. Darum lesen wir darüber nichts in der Zeitung. Mord, Vergewaltigung und dergleichen dagegen empfinden wir als unbegreiflich. Darum kommen sie in die Schlagzeilen.

MvB: Nun haben wir heute ja nicht nur die Printmedien, Radio und Fernsehen. Der Großteil der Kommunikation läuft gerade bei jungen Leuten über Instagram, Twitter, Facebook und mehr. Dort kann jeder Hassparolen absetzen, negative Gefühle äußern und dabei anonym bleiben. Liest man die Posts, die Millionen von Leuten veröffentlichen, finden sich dort Rassismus, abartige Gewaltfantasien und dergleichen mehr. Jeder kann solche Dinge schreiben, und jeder kann sie lesen. Insgesamt entsteht auf diese Weise ein sehr negatives Klima, sodass einige Menschen jetzt fordern, es müsse eine Kontrolle der so genannten sozialen Medien stattfinden. Andererseits widerspricht jede Art der Zensur den demokratischen Grundprinzipien wie z. B. der Redefreiheit. Und es gibt genügend Beispiele für staatliche Kontrolle, die nicht gerade Begeisterung auslösen. Wie können wir aus Deiner Sicht auf dieses Problem angemessen reagieren?

DL: Das hängt ganz von unserer Wahrnehmung und Einschätzung ab. Meine Beobachtung diesbezüglich ist folgende: Obwohl das Internet auch in Indien weit verbreitet und die Zahl der Nutzer gestiegen ist, scheinen die Inder weniger aufgeregt zu reagieren als die Amerikaner, wenn es um Wahlen oder landesweite politische Ereignisse geht. Das hat möglicherweise kulturelle Gründe, vielleicht ist da psychisch doch mehr Ruhe unter der Oberfläche, obgleich auch Inder recht aufgeregt werden können, wenn sie sich in der politischen Arena äußern. Wir müssen die Art, wie wir uns öffentlich äußern, kultivieren, auch dies ist ein wichtiger Aspekt bei der Erziehung unserer Kinder.

MvB: Wie steht es diesbezüglich mit den Tibetern? Gibt es Daten und Informationen zur Internetnutzung der Tibeter?

DL: Auch da spielen unsere kulturellen Traditionen und Werte hinein, die auch bei Jugendlichen noch stark verankert sind. Die Menschen im Westen reagieren mitunter sehr emotional. Passiert etwas Gutes, sind sie ganz aus dem Häuschen, passiert etwas Schlimmes, sind sie niedergeschlagen. Dieses Hin und Her zwischen den Extremen kann aber vermieden werden, um individuell wie gesellschaftlich zu innerer Stabilität zu finden. Das ist auch eine Frage, wie der Einzelne Zeit wahrnimmt. Die Menschen müssen lernen, in langfristigen Perspektiven zu denken. Gleichzeitig müssen sie aber auch erkennen, dass der gegenwärtige Augenblick sehr kostbar ist. Tatsächlich leben wir ja eigentlich nur in diesem Moment, in der Gegenwart also. Hier besteht eine Wechselbeziehung: Ein stabiler Geist ermöglicht einen räumlich wie zeitlich weiten Blickwinkel, und ein weiter Blickwinkel liefert das Fundament für geistige Stabilität. Das gibt uns die Kraft, jede Situation durchzustehen und im gegenwärtigen Augenblick weise zu handeln. Man muss sich erst selbst unter Kontrolle haben, danach kann es vielleicht notwendig sein, Maßnahmen zu ergreifen, um das Internet in einigen Aspekten zu kontrollieren. Wir haben ja bereits darüber gesprochen, dass die geistige und besonders die emotionale Stabilität der Menschen auch von deren Lebensumständen geprägt wird. So macht es z.B. einen großen Unterschied, ob jemand in der Großstadt oder auf dem Land lebt, weil die gesamte Atmosphäre eine andere ist.

Religionen

MvB: Lass uns nun zu einer Institution kommen, die extrem beständig ist und jede Gesellschaft zutiefst prägt, heute jedoch auch zunehmend kritisch wahrgenommen wird. Diese Institution ist die Religion, und ich spreche das Thema nicht zuletzt deshalb an, weil man von uns beiden natürlich erwartet, dass wir Fragen der Religion diskutieren. Vor allem zwei Dinge sind es, die mir in Sachen Religion Sorge bereiten.

Der erste Punkt, den ich bedenklich finde, ist, dass es in den Religionen so viel Gewalt gibt. Warum? Vor einigen Jahren haben wir, Du, ein Benediktinermönch und ich dieses Problem im deutschen Fernsehen diskutiert. Du vertratest die Ansicht, dass Religion im Grunde gewaltfrei sei und erst durch politische und wirtschaftliche Interessen, durch Machtspiele der Amtsträger und ihre jeweiligen Interessen innerhalb der religiösen Hierarchien korrumpiert werde. Ich war da skeptisch, da ich zu der Ansicht neige, dass in der Religion als solcher bereits eine Tendenz zu Intoleranz und Fanatismus angelegt ist: Wenn jemand überzeugt ist, dass wahr ist, was er in seiner Religion, die ihm lieb und teuer ist, erlebt und fühlt, so wird er sie um jeden Preisverteidigen. Er wird angeblich »absolute Wahrheiten« ins Feld führen, die mit ähnlichen Wahrheiten, die andere behaupten, im Widerspruch stehen. Und schon gibt es Konflikte. In der Geschichte wurden solche Konflikte mit brutaler Gewalt ausgetragen. So war die Religion häufig Teil des Problems und nicht der Lösung.

In der Religionsgeschichte finden wir unsägliche Gewalt. Glaubst Du, dass Religionen überhaupt in der Lage sind, besser zu werden, als sie es während der letzten drei- oder viertausend Jahre waren? Dass die Entwicklung der Religionen mehr in Richtung Kultivierung eines friedvollen Geistes und innerer Werte gehen kann und weniger in Richtung Machtkämpfe und Glaubenskriege, die um die »wahre Lehre« ausgefochten werden?

DL: Früher wie heute wurde und wird im Namen der Religion viel Blut vergossen und Gewalt verübt. Daher denke ich manchmal, dass wir ohne Religionen besser dran wären. Andererseits: Würden die Menschen wirklich befolgen und praktizieren, was die Religionen lehren, nämlich Mitgefühl, Vergebung und Toleranz, dann wäre das ein großartiger Entwicklungsschritt für die Menschheit. Zwischen den einzelnen Religionen gibt es zwar beträchtliche Unterschiede und unvereinbare philosophische Ansichten. So behaupten manche, es gäbe einen Schöpfergott, andere verneinen das. Doch keine einzige Religion geht davon aus, dass der Schöpfer ein Wesen voller Zorn und Hass ist. Der Schöpfer ist vielmehr ganz und gar Liebe.

MvB: Wobei, religionsgeschichtlich gesehen, der Zorn oder das Unfassliche durchaus ein Aspekt dieser Liebe sein kann.

DL: In den nicht-theistischen Religionen, also den Religionen, die an keinen Schöpfergott glauben, ist die Rede von gutem bzw. schlechtem Karma. Jede Handlung, die aus Zorn, Hass oder Gier geschieht, erzeugt schlechtes Karma. Handlungen, die durch positive Emotionen motiviert sind und auch andere glücklich machen, schaffen gutes Karma. Glaubt jemand an einen Schöpfergott, so möchte er die Weisheit, das Gute in Gottes Schöpfung erkennen und seine Gebote befolgen, die ihm sagen, er solle nicht töten, nicht stehlen, andere Wesen achten und so weiter. Das sind letztlich sehr gute Lehren. Das ganze Problem besteht darin, dass wir die Gebote der verschiedenen Religionen nicht wirklich befolgen. Wir verinnerlichen diese Lehren nicht, setzen sie nicht um, sondern nennen uns nur »Buddhist«, »Christ«, »Muslim«, »Jude« etc. Deswegen bleiben die negativen Emotionen in unseren Herzen bestehen. Und das ist der Grund, warum Religion missbraucht wird und noch mehr negative Emotionen erzeugen kann, die dann zu Gewalt, zu Mord und Totschlag führen. Diese Gewalttaten werden dann wiederum religiös gerechtfertigt. Aber die eigentlichen Ursachen, die tieferen Wurzeln solcher Gräuel liegen nicht in der Religion, sondern in Unwissenheit, Gier und Hass, die dem menschlichen Egoismus entspringen. Das Negative an den Religionen ist aber nur die eine Seite. Denn die Lehren der verschiedenen Religionen bewirken auch sehr viel Gutes, was den Menschen hilft. Wenn Du jetzt die beiden Seiten sorgfältig gegeneinander abwägst, zu welchem Ergebnis kommst Du dann?

MvB: Wir brauchen eine aufgeklärte Religiosität und nicht blinden Glauben. Manche religiösen Traditionen vertreten die Ansicht, der menschliche Geist sei zu beschränkt, um die Wirklichkeit in ihrer Ganzheit zu erfassen. Vielleicht wird die Wirklichkeit letztlich tatsächlich ein Geheimnis für uns bleiben, wie große Wissenschaftler und Philosophen immer wieder behauptet haben. Doch daraus folgt nicht, dass wir uns nicht nach Kräften um Verständnis bemühen und der gewonnenen Weisheit entsprechend handeln sollten, sondern nur, dass wir uns möglichst in Bescheidenheit üben. Unser Wissen ist nie so umfassend, dass wir imstande wären, absolute Positionen zu behaupten, wenn man von der Mathematik einmal absieht, wobei auch hier Grundannahmen vorausgesetzt werden müssen.

In der Wissenschaft geht es nicht darum, bestimmte Theorien durchzusetzen, sondern darum, falsche Annahmen zu widerlegen. Jeder Standpunkt muss überprüft werden, und wenn der wissenschaftliche Fortschritt zu neuen Erkenntnissen führt, müssen wir unsere Ansichten und Theorien dementsprechend ändern. Eine ähnliche Haltung sollten wir in religiösen Dingen pflegen, auch wenn wir es da mit anderen Formen und Ebenen der Wahrheit zu tun haben. Eine solche Haltung der Bescheidenheit, der Einsicht, dass unser ganzes Verständnis konventionell bleibt und noch nicht voll entwickelt ist, dass wir die Dinge immer nur aus einem bestimmten Blickwinkel, aber nie in ihrer ganzen Fülle wahrnehmen – all das könnte uns vielleicht in die Lage versetzen, mit Mehrdeutigkeiten zu leben und andere Standpunkte zuzulassen, sofern sie nicht destruktiv und lebensverneinend sind. Wir sollten anerkennen, dass andere vielleicht ihre eigenen Einsichten und Wahrheiten haben, auch wenn sie sich nicht mit den meinen decken. In der christlichen Tradition gibt es dafür den lateinischen Satz *Deus semper maior*, Gott ist immer größer als jedes uns mögliche Verständnis, also mühe dich und bleibe tolerant. Ich formuliere es gewöhnlich so: Keiner *hat* die Wahrheit, kann sich aber aufrichtig auf den Weg der *Suche nach Wahrheit* begeben. Und das gemeinsam mit allen anderen Menschen, die auf der Suche sind. Dabei kann es zu Übereinstimmung der Meinungen oder auch Differenzen kommen. Das kann man ertragen, wenn klar ist: *Nicht ich habe* die Wahrheit, sondern bestenfalls *hat die Wahrheit mich* – meist in guten seltenen Augenblicken.

Besteht da nicht eine gewisse Ähnlichkeit zur buddhistischen Ausdrucksweise, die zwischen zwei Wahrheiten unterscheidet, was nicht nur für die buddhistische Theorie, sondern auch für die buddhistische Praxis von wesentlicher Bedeutung ist?

DL: Ja, gewiss. Wir sprechen im Buddhismus von der »höchsten Wahrheit« im Unterschied zur sogenannten »konventionellen Wahrheit«. »Höchste Wahrheit« meint die Leerheit der Dinge, die wechselseitigen Beziehungen von allem, was ist und sein kann. Die »konventionelle Wahrheit« ist relativ, hier befinden wir uns auf der Ebene sämtlicher möglicher Perspektiven, die wir einnehmen können. Unsere Betrachtungen zu Religion, zu ihren Lehren, zur Frage, ob Meinungen bzw. dieser oder jener Anspruch auf Wahrheit berechtigt ist, all das gehört zur Ebene der konventionellen Wahrheit.

Hierher gehören auch die beiden unterschiedlichen Konzepte von »eine Religion – eine Wahrheit« bzw. »viele Religionen – viele Wahrheiten«. Zunächst einmal sollten wir dies historisch betrachten. Früher, besonders in voneinander isolierten Gegenden, lebte eine einzelne Gemeinschaft für sich, und unter solchen Bedingungen war das Konzept »eine Religion – eine Wahrheit« wichtig und vertretbar. Als sich im Verlauf der Geschichte die Kulturen entwickelten und miteinander in Berührung kamen, veränderte sich die Situation. Gerade heute, in diesen modernen Zeiten, wo wir sehr viel mehr Kontakt mit anderen Menschen haben als früher, wissen wir auch sehr viel mehr voneinander. Aber wir wissen nicht nur viel übereinander, sondern die verschiedenen Kulturen beeinflussen einander wechselseitig mehr denn je zuvor. Wir mischen Verschiedenes und haben spannende Diskussionen, manchmal aber machen wir uns nicht die Mühe oder wollen das Risiko vermeiden, das zu verstehen, was uns zunächst fremd erscheint. Denn auch Verstehen ist ein Wagnis! Fest steht, dass vor dreitausend Jahren bereits einige sehr verschiedene religiöse Traditionen existierten. Wenn man die Idee eines Schöpfergottes akzeptiert und durchdenkt, dann heißt das, dass auch diese »fremden« Religionen von Gott in ihrer Unterschiedlichkeit geschaffen wurden. Verschiedenheit ist demnach

Teil von Gottes guter Schöpfung, nicht wahr? Ob einem das nun gefällt oder nicht, es ist eine Tatsache. Die Antwort kann also nur sein: In unterschiedlichen Regionen haben sich unterschiedliche Kulturen, unterschiedliche Lebensweisen entwickelt. Diese wiederum haben sich in unterschiedlichen geistigen Haltungen niedergeschlagen, die wir heute im globalen Maßstab beobachten und untersuchen können. Unterschiede im philosophischen Denken sowie die Existenz unterschiedlicher religiöser Traditionen sind daher ganz natürlich und notwendig gegeben.

Das geistige Erbe Indiens, das Kulturen umfasst, die drei oder vier Jahrtausende zurückreichen, ist, wie ich das sehe, unter anderem auch dadurch charakterisiert, dass die verschiedenen religiösen Traditionen einander respektieren, diejenigen eingeschlossen, die keinem religiösen Glauben anhängen. Mir ist bewusst, dass es in Indien auch andere Zeiten gegeben hat. Wir haben Berichte von gewalttätigen Auseinandersetzungen zwischen einzelnen religiösen Gruppierungen, namentlich unter dem Einfluss von Herrschern und Königen, die die Religion dazu benutzt haben, ihre Macht zu festigen. Dennoch ist in Indien interreligiöse Toleranz die verbreitetere Haltung. Im Rahmen der indischen Kultur zeigen sich auch Muslime offener und toleranter, was übrigens auch auf Malaysia zutrifft. Der Grund? Es gibt dort eine große buddhistische Gemeinde, da die meisten Chinesen im Land Buddhisten sind, die dort lebenden Inder hingegen sind Hindus. Die meisten Muslime dort sind zweifellos gläubige Anhänger ihrer Religion, doch sie wachsen mit dem Wissen auf, dass es neben der eigenen auch noch andere religiöse Traditionen gibt. Diese Situation ist sehr verschieden von der in der arabischen Welt, weil das Gros der arabischen Muslime fast vollständig isoliert gelebt hat und keine Möglichkeit besaß, sich an religiöse Pluralität zu gewöhnen. Die ersten

Muslime in Medina versuchten zwar, Kontakt zur jüdischen, vielleicht auch zur christlichen Bevölkerung herzustellen, um sie eventuell zu einem Übertritt zu bewegen, doch ohne Erfolg. Diese paradigmatische historische Erfahrung in den Ländern des arabischen Halbmonds blieb bis heute prägend. Die alles beherrschende Mentalität dort ist »eine Wahrheit – eine Religion«, und die einzige Wahrheit ist ihre eigene Religion. Daher wollen einige Fanatiker alle anderen Religionen bekämpfen, und manche wollen das jeweils andere Glaubenssystem sogar auslöschen.

MvB: Das ist höchst interessant. Es gibt übrigens eine bemerkenswerte Ausnahme, die unterstützt, was Du eben sagtest. In Oman nämlich wird eine besondere Form des Islam gepflegt, die Ibadhiyah, welche als die liberalste Form des Islam gilt. Mit »liberal« meine ich, dass sie von ihrer Grundausrichtung her tolerant und pluralistisch ist, indem sie unterschiedliche Auslegungen der Regeln und Gesetze zulässt. Diese Form des Islam geht zurück auf einen gewissen Abdallah ibn Ibadh aus Basra (?–708 n.Chr.), der zur Zeit des ersten Umayyaden-Herrschers lebte. Sie entwickelte sich ab Ende des 7. Jahrhunderts und konnte sich in Oman etablieren. Der Grund dafür war, dass die Omaner als Volk von Händlern und Seefahrern mit den unterschiedlichsten Kulturen in Berührung kamen. Sie trieben Handel mit Europa, Afrika und China und waren so schon im 8. Jahrhundert an interkulturelle Kontakte gewöhnt. Dies ist einer der Gründe, dass sie eine andere Form des Islam entwickeln konnten. Es herrscht da größere Toleranz. Man bekämpft einander nicht so, wie Sunniten und Schiiten dies tun, und die politisch Verantwortlichen können frei gewählt oder abgewählt werden. Selbst heute ist Oman das einzige Land der arabischen Welt, Kuweit vielleicht ausgenommen, wo so etwas wie Toleranz herrscht und ein Lebensstil, der kulturelle Vielfalt zulässt. Das finde ich aufschlussreich. Der historische Grund dafür ist wohl, wie gesagt, dass die Omaner vorwiegend Händler waren und als solche intensive Kontakte mit anderen, fremden Kulturen pflegten. Was Du vorhin sagtest, deckt sich also mit einigen außergewöhnlichen historischen Entwicklungen im Islam, die auch in der arabischen Welt stattgefunden haben.

Der zweite Punkt, bei dem ich eher skeptisch bin, betrifft die »säkulare« Ethik, deren Bedeutung Du so sehr betonst. Der Grund, warum ich daran zweifle, ist der, dass es bereits von der Antike, angefangen mit Sokrates, Platon und Aristoteles, bis in die Neuzeit, vor allem im 18. Jahrhundert mit Immanuel Kant, Philosophen gegeben hat, die eine säkulare Ethik gelehrt haben. Diese Philosophen vertraten im Wesentlichen Ansichten, die den Deinen ähnlich sind, und entwickelten eine Art weltlicher Ethik, die nicht auf religiösen Überzeugungen, sondern auf der menschlichen Vernunft gründet, weil die Vernunft das sei, was allen Menschen gemeinsam ist. Das ist eine vernünftige Position, die alternativlos zu sein scheint, weil ja in der Geschichte der Religionen so viel bittere Ausgrenzung, Feindschaft und Gewalt zu beklagen sind. Das Problem dabei ist doch aber, dass die Menschen nicht umsetzen, was sie mit Gründen der Vernunft erkannt haben. Sie haben vielleicht die Sinnhaftigkeit dieser ethischen Grundsätze erkannt, leben aber nicht danach. Und warum? Weil es nur etwas Verstandesmäßiges ist, ein guter, edler Gedanke vielleicht, dem aber die emotionale Kraft fehlt. Die Menschen haben es auf dieser Basis bisher meistens nicht vermocht, ihre Emotionen zu kultivieren, weder individuell noch politisch. Darum glaube ich trotz allem noch, dass die Religion ein kraftvolles Instrument ist, um unsere Emotionen zu zügeln bzw. zu veredeln. Wir brauchen daher vielleicht auch die Religion und nicht nur die Vernunft. Allerdings brauchen wir eine andere

Religion, eine transformierte Religion, die uns hilft, uns selbst zu transformieren. Wie siehst Du das? Brauchen wir heute eine andere Form von Religion?

DL: Indische Muslime akzeptieren, dass es unterschiedliche religiöse Traditionen gibt, ihre Einstellung ist somit realistisch. In Tibet gab es, abgesehen von einigen wenigen Muslimen und noch weniger Christen, nur Buddhisten, und offen gestanden haben wir als buddhistische Mehrheit immer auf sie herabgeblickt. Das zeigt sich sogar in der Sprache, denn die tibetischen Bezeichnungen für »Buddhist« bzw. »Nicht-Buddhist« lauten übersetzt »Innenseiter« bzw. »Außenseiter«. Der »religiös Andere« ist also nicht wirklich in die Gesellschaft integriert gewesen, und das ist definitiv nicht in Ordnung.

Als wir Tibeter aber nach Indien und dort mit Gläubigen in Berührung kamen, die in anderen religiösen Traditionen verwurzelt sind, wie Hindus, Muslime, Christen oder Sikhs, erkannten wir, dass diese Menschen, ob sie nun religiöse Führer sind oder einfache Leute in den Städten und Dörfern, ebenfalls ihrem Wertekanon gemäß zu leben versuchten, dass sie nicht nur gute Ideen zu bieten hatten, sondern sich auch aktiv für andere Menschen einsetzten. Daher glaube ich, dass jeder, der in Abschottung und Isolation verharrt, auch in Unwissenheit verharrt und keine Ahnung hat von der Wirklichkeit. Darum ist es wichtig, dass die Menschen etwas über verschiedene religiöse Einstellungen und philosophische Ansichten lernen. Wie ich immer wieder betone, kann man nicht behaupten, eine Religion sei besser als die anderen. Das ist wie mit Arzneimitteln. Man kann nicht sagen, dieses eine Medikament sei das beste, denn jede Krankheit erfordert eine spezifische Behandlung. Und selbst wenn mehrere Menschen an derselben Krankheit leiden, so braucht vielleicht doch jeder eine andere Arznei, weil jeder von ihnen eine andere

Konstitution hat. Religion und Philosophie sind ebenfalls Arzneimittel, um Emotionen auszugleichen und zu kontrollieren. Je nach Veranlagung und Neigung braucht jeder eine andere Philosophie, und bestimmte Philosophien sind in bestimmten Situationen hilfreicher und nützlicher als andere. Pluralismus ist letztlich der einzig gangbare Weg.

Gerade in der heutigen Welt kann sich kein Land und keine Religion mehr von anderen abschotten. Wir müssen mit anderen Menschen zusammenleben und zusammenarbeiten, an dieser Tatsache ist nicht zu rütteln. Die Welt wird immer kleiner und kleiner, und dementsprechend kommen auch die verschiedenen Religionen immer intensiver miteinander in Berührung. Das erzeugt Spannungen. Die einzig realistische Reaktion darauf ist, die Pluralität der Weltanschauungen zu akzeptieren.

MvB: Wenn wir noch einmal auf die institutionelle Seite und den Wandel der Religionen zurückkommen, dann stellt sich natürlich die Frage: Wie kann man religiöse Institutionen verändern?

DL: Trotz Deiner Bedenken, was die Gefahren eines religiösen Absolutismus angeht, denke ich, dass wir zwischen den religiösen Institutionen und der Religion als solcher unterscheiden müssen. Meine Ansicht ist, dass die Religion viele positive Aspekte besitzt, welche die religiösen Institutionen aus mancherlei Gründen bisweilen verdunkeln. Ein gravierendes Problem ist, dass institutionalisierte Religion und Politik häufig verquickt sind und erstere zudem auch ökonomische Eigeninteressen verfolgt. Religiöse Einrichtungen wie Tempel, Klöster und Kirchen sind teilweise extrem reich, betätigen sich auf dem Immobilienmarkt und verfügen über beträchtliche finanzielle Mittel aus Spenden von Leuten, die ihren religiösen »Status«

aufbessern wollen. Spenden sind einerseits natürlich gut und werden auch gebraucht, um diese Institutionen am Laufen zu halten. Und viel mehr noch, um humanitäre Hilfsprojekte zu finanzieren in Regionen, wo diese Gelder dringend gebraucht werden, um die Lebensbedingungen der Menschen zu verbessern. Andererseits besteht aber auch die Gefahr des Spendenmissbrauchs, weswegen höchste Sorgfalt und unbestechliche Kontrollsysteme vonnöten sind. Riesige Spenden an religiöse Einrichtungen sind nicht nur in Amerika oder Europa ein Problem, sondern auch in China, Indien und anderen Ländern. Doch so sind alle Institutionen, die irgendwann einmal im Laufe der Geschichte entstanden sind: sie können im Laufe der Geschichte auch wieder verschwinden. Denn alles, was entsteht, vergeht auch wieder. Dieser Prozess kann sich über einen langen Zeitraum erstrecken, dennoch gilt, dass alles sich ändert, auch solche Institutionen.

MvB: Lass uns von dem eben Gesagten her auf Tibet kommen und speziell zur Institution des Dalai Lama bzw. zum Christentum und der Institution des Papstes. Denkst Du, dass diese Institutionen sich noch einmal verändern könnten oder irgendwann in der Zukunft vielleicht sogar verschwinden?

DL: Die Institution des Dalai Lama besteht nun ungefähr seit sechs Jahrhunderten, seit etwa 400 Jahren übernimmt der Dalai Lama auch politische Verantwortung. Hier gibt es also in Geschichte und Gegenwart schon Veränderungen, und das politische Gewicht dieser Institution ist bereits im Schwinden begriffen: 2011 habe ich mich gänzlich aus meiner politischen Führungsrolle zurückgezogen, und das nicht nur für mich als Person. Ich habe damit der Institution des Dalai Lama als politischem Amt offiziell und aus freiem Entschluss ein Ende gesetzt. Sollte die Institution des Dalai Lama in Zukunft weiterbestehen, so wird sie keine politische Macht mehr ausüben. Ich denke, wenn religiöse und politische Institutionen miteinander vermischt werden, kann das einigen Schaden anrichten. Was die Institution des Dalai Lama angeht, habe ich ganz klar gesagt: Sie ist im Laufe der Geschichte entstanden, hat sich im Laufe der Geschichte verändert, und der Lauf der Geschichte wird zeigen, ob sie weiterbesteht oder verschwindet. Die Frage hier ist, ob diese Institution etwas Nützliches beitragen kann, um die Lebensbedingungen der Menschen zu verbessern. Wenn ja, dann wird sie bestehen bleiben. Wenn nicht, dann wird sie durch etwas anderes ersetzt werden und eine neue Form und Gestalt annehmen. Wichtig ist allein, dass die Kraft von Mitgefühl und Einsicht ein Sprachrohr findet in einer Institution, die wirksam dazu beiträgt, diese Werte auch in der Gesellschaft zu verankern.

Für diese meine Entscheidung gab es auch einen ganz pragmatischen Grund. Konzentriert sich der Kampf der Tibeter für ihre Rechte auf eine einzige Person wie zum Beispiel den Dalai Lama, so ist das gefährlich. Mit einer Führung, die alle fünf Jahre gewählt wird, ist Kontinuität gesichert, weil nicht alles an einem einzigen Menschen hängt. In dieser Hinsicht ist das demokratische System viel stabiler. Ob nun der Dalai Lama als Individuum da ist oder nicht, die Organisationsstruktur wie auch die gewählte Regierungsmannschaft bleiben. Ich denke, dass es auch innerhalb religiöser Institutionen Gepflogenheiten gab, bei denen man von einem »Führer-Prinzip« sprechen könnte. Möglicherweise mag das aus historischen Gründen hie und da sogar nützlich gewesen sein, doch jetzt ist der Zeitpunkt gekommen, dass sich bei diesen Einstellungen, Abhängigkeiten und Rufen nach einem »starken Mann« etwas ändert. Was wir jetzt brauchen, sind demokratische Institutionen, die stabil und zugleich wandlungsfähig sind und nicht so sehr von einer Einzelperson oder einer kleinen Elite abhängen, sondern getragen werden von Kompetenz, Wissen und der Kraft des Aushandelns von Kompromissen. Auf diese Weise fühlen die Menschen sich von ihrer Regierung und deren Entscheidungen repräsentiert, und wenn die Menschen sich repräsentiert fühlen, dann fühlen sie sich einbezogen. Haben sie das Gefühl, einbezogen zu sein, dann wächst die Erfahrung, in ihrer Gemeinschaft etwas zu zählen. Wenn die Menschen die Entdeckung machen, dass sie für die Gesellschaft wichtig sind, dann fühlen sie sich nicht abgehängt oder nutzlos, sondern sie bleiben ein wesentlicher Bestandteil der Gemeinschaft. Es ist sehr wichtig, dass Gesellschaften bei allen inneren Differenzen und aller komplexen Schichtenbildung nicht auseinanderdriften. Allen momentanen Schwierigkeiten zum Trotz ist Europa in dieser Hinsicht schon recht weit gekommen, und das ist sehr gut.

MvB: Was die religiöse Identität der Menschen angeht, so hat es infolge der Globalisierung auch einige neue Entwicklungen gegeben. Es ist nämlich etwas eingetreten, was vor hundert Jahren – außer vielleicht in Indien – noch völlig undenkbar gewesen wäre und was einige religiöse Autoritäten möglicherweise entschieden ablehnen, woran aber nichts zu rütteln ist. Es ist eine Tatsache, dass es zum Beispiel im Westen jetzt immer mehr Menschen mit doppelter Religionszugehörigkeit gibt, also Buddhisten-Christen und auch Juden-Buddhisten. Unter ihnen sind viele, die aus den Religions- oder den Naturwissenschaften kommen, auch viele Künstler, und die meisten sind ernsthaft Praktizierende. Sicher gibt es auch ein paar weniger entschiedene Mitläufer, weil es schick geworden ist, sich als Buddhist zu bezeichnen, Buddha-Bilder ins Wohnzimmer zu hängen oder sich buddhistische Symbole auf die Haut tätowieren zu lassen.

Nichtsdestotrotz bedeutet das, dass die religiösen Identitäten sich ändern, wie wir bereits erörtert haben. Sicher ist es vielerorts auf dieser Welt noch so, dass in einem bestimmten Gebiet eine Religion vorherrscht, doch in den Megastädten von Nord- und Südamerika, Asien, Australien, Europa und selbst Afrika existiert eine Vielfalt der Religionen, die nicht einfach nur nebeneinander bestehen, sondern interagieren und einander überlappen. Dieser Austausch hat gerade erst begonnen, und wir können nicht sagen, wie die Religionen in 100 oder 200 Jahren aussehen werden, wenn dieser Austausch sich fortsetzt.

DL: Das klingt ganz so, als würdest Du von Deiner persönlichen Erfahrung sprechen, Michael. Du sagtest ja, dass Du Dich zu 100 Prozent als Christ und zugleich zu 100 Prozent als Buddhist betrachtest. Sehr gut, das ist wirklich interessant. Berichte doch ausführlicher von Deinen diesbezüglichen Erfahrungen.

MvB: In meinem Fall ist es so, dass ich als protestantischer Christ aus einer Familie mit starkem reformatorischem Hintergrund komme. Wie Du weißt, wurde ich in der kommunistischen DDR groß, und Christ zu sein war eine bewusste Entscheidung gegen das diktatorische System, welches die sogenannte Sozialistische Einheitspartei errichtet hatte. Wie auch immer, von meinem zehnten bis zu meinem achtzehnten Lebensjahr gehörte ich dem Dresdner Kreuzchor an, einem weltberühmten Knabenchor, und das war eine wunderbare Zeit. Die Mitgliedschaft in diesem Chor bedeutete darüber hinaus aber auch einen gewissen Schutz, denn wir waren weniger Repressionen ausgesetzt, weil die Regierung erpicht darauf war, diese berühmte und traditionsreiche kulturelle Institution international für Propagandazwecke zu nutzen. Deswegen durften wir Mitglieder des Chores eine höhere Schule besuchen, obwohl wir aus einer religiösen Familie stammten. Andere Kinder dagegen, wie zum Beispiel meine Schwester, durften nicht aufs Gymnasium und später nicht studieren. Ich war also im Chor und sang all diese biblischen Texte, wunderbar vertont von Komponisten wie Heinrich Schütz, Johann Sebastian Bach oder Wolfgang Amadeus Mozart. Was ich damit andeuten will, ist, dass ich vom Christentum auf eine sehr emotionale, höchst eindringliche und ästhetische Weise geprägt wurde. Aus meiner heutigen Sicht könnte ich sagen, dass es mein Karma war, als Christ geboren zu werden, der christlichen Musik und Bilderwelt ausgesetzt zu sein, den christlichen Legenden, der Ethik von »Liebe deinen Nächsten« und »Fürchtet euch nicht«, egal, was geschieht. Jesus zu lieben und ihm vor dem Schlafengehen mein letztes Gebet zu widmen, war eine Selbstverständlichkeit. Doch später, als ich anfing, kritisch zu denken und mich mit Geschichte zu befassen, erkannte ich allmählich, dass die christlichen religiösen Institutionen sich allzu sehr auf Macht fixiert hatten, auf oberflächliche, äußerliche Rituale und Dogmen, auf althergebrachte Regeln von »du sollst« und »du darfst nicht«. Und so fing ich an, selbstständig zu praktizieren. Ich wollte meinen Geist entwickeln. Ich lernte wunderbare Menschen kennen wie Peter Heidrich, meinen Lehrer an der Rostocker Universität. Er machte mich mit verschiedenen Meditationsformen und Visualisierungspraktiken und vor allem mit dem Jesuitenpater Hugo M. Enomiya-Lassalle bekannt. Pater Lassalle war als Missionar von Deutschland nach Japan geschickt worden und kehrte von dort als Missionar des buddhistischen Zen nach Europa und Amerika zurück, blieb aber zeitlebens Jesuit. Er hatte erkannt, dass es für eine wirkliche Kommunikation mit den Japanern nicht genügte, bloß die japanische Sprache zu erlernen und später auch die Staatsbürgerschaft anzunehmen, sondern dass er sich um ein Verständnis von innen her bemühen musste. Und dafür, so sagte man ihm, müsse er sich mit dem

Zen-Buddhismus befassen, da das Zen die gesamte japanische Kultur nachhaltig geprägt habe. Doch für ein Studium des Zen genügt es nicht, einige Bücher zu lesen, sondern es kommt hier ganz auf das reale praktische Erleben an. Also unterzog er sich der Zen-Schulung und wurde als katholischer Priester zu einem Pionier, der einen buddhistischen Weg praktizierte. Er war dabei oft einsam und Missverständnissen ausgesetzt und hatte viel mit Zweifeln zu kämpfen. Innerkirchlich schlug ihm massiver Widerstand entgegen, er war aber fest entschlossen, den begonnenen Weg fortzusetzen, da er dank dieser Praxis so tiefe geistige Erfahrungen gemacht hatte. Enomiya-Lassalle hat auf mich einen sehr tiefen Eindruck gemacht, und ich war eine Zeit lang sein Schüler. Dann schickte er mich nach Kyoto zu Hirata Seiko, einem japanischen buddhistischen Zen-Meister, und ich setzte meine Studien dort fort. Das ist das Wie und Warum meines Weges zur buddhistischen Praxis. Ich gab und gebe mir viel Mühe, obwohl ich auch das Scheitern kenne, und manchmal bin ich durchaus noch nicht geduldig genug, wie mir meine Kinder sagen. Ich sehe mich in gewisser Weise selbst immer am Anfang, aber es ist ein faszinierender Anfang, und das seit fast fünfzig Jahren! Daneben bin ich noch anderen Buddhisten begegnet, die mein Herz und meinen Geist zutiefst berührt haben. An allererster Stelle natürlich Dir, das war bereits 1977 hier in Dharamsala, dann auch Thich Nhat Hanh aus Vietnam, Hsin Tao aus Taiwan und einigen anderen. Inspiriert durch diese Begegnungen und getragen von meiner eigenen buddhistischen Meditationspraxis habe ich den Buddhismus dann auch systematisch studiert. Dabei geht es auch, aber nicht nur um Philosophie und Ethik, vor allem aber um die Praxis der Geistesschulung, die Praxis der Herzensschulung. Ich empfinde große Dankbarkeit, dass ich so großartigen inspirierenden Lehrern begegnen durfte. Sie haben alle dazu beigetragen, meinen

Geist zu formen, und jetzt darf ich all das mit meinen Schülern und Freunden teilen, denn ich spüre eine Verpflichtung, diese Schätze der Praxis und Einsicht aus beiden Religionen weiterzugeben, weil sie für mich selbst so hilfreich und nützlich waren und ich ihnen so viel Freude und schöpferische Eingebungen verdanke.

Der christliche und der buddhistische Praxisweg sind also ineinandergeflossen, und das hat zu einer veränderten religiösen Identität geführt. Wie beurteilst Du das aus Deiner Erfahrung heraus, da Du ja des Öfteren gesagt hast, dass man die Religionen nicht vermischen sollte?

DL: Aus meiner Sicht besteht hier kein Problem. Alle religiösen Traditionen beinhalten die Botschaft der Liebe. Die Betonung der Nächstenliebe und die Art und Weise, wie sie praktiziert wird, ist das, was ich am Christentum wirklich sehr bewundere. Gerade heute ist das so wichtig. So wie ich es sehe, beruht der christliche Weg hauptsächlich auf Glauben, richtig? In den buddhistischen Traditionen wird sehr viel Geistesschulung betrieben mit dem Ziel, Einsicht zu erlangen. Natürlich brauchen wir auch hier zuerst Glauben und Vertrauen. Man muss dem Buddha und den Lehrern, die uns die Lehre des Buddha vermitteln, vertrauen. Aber dann macht man seine eigenen Versuche, um herauszufinden, was einem hilft und was nicht. Das Gewicht verschiebt sich also vom Glauben zu Einsicht und Erkenntnis und zu den Grundlagen geistiger und emotionaler Klarheit. Das ist kein Widerspruch zum christlichen Weg, sondern einfach ein anderer Schwerpunkt. Du bist und bleibst Christ, verwendest aber gleichzeitig bestimmte Methoden, die Dir helfen, Deine Einsicht zu vertiefen, und diese Methoden können auch aus der buddhistischen Tradition kommen. Es gibt also keinerlei Problem. Und in der Zwischenzeit ist es aus meiner Sicht auch hilfreich, sich mit den philosophischen Aspekten dieser Methoden zu beschäftigen, denn das bringt Klarheit in die Praxis und festigt die Erkenntnis. Der Buddha-Dharma, die Lehre des Buddha, ist mehr als nur eine Methode, wie wir unseren Geist beruhigen können. Geistige Ruhe oder *shamatha* ist der eine Aspekt. Der andere Aspekt ist Einsicht oder *vipashyana* und bezieht sich darauf, dass es nützlich ist zu verstehen, was im Geist vorgeht, wie er funktioniert, wie er kultiviert werden kann und warum das so ist. Hier sind wir im Bereich der buddhistischen Psychologie, die offensichtlich nicht nur Buddhisten anzieht, sondern auch westliche Wissenschaftler und hier besonders Psychologen und Neurowissenschaftler, unter denen auch viele Christen sind. So liegen die Dinge, und wir müssen uns fragen, warum das so ist.

Ein möglicher Grund für diese Attraktivität könnte sein, dass die Bibel in einer sehr einfachen Sprache geschrieben ist, die sich an gewöhnliche Menschen und nicht an Wissenschaftler richtet. Deshalb lesen wir dort Geschichten, Gleichnisse, Gebote und so weiter. Doch finden wir in der Bibel nichts über die Analyse des Geistes, alles basiert auf Glauben und Vertrauen in die charismatische Gestalt Jesu. Ein Buddhist hat einen anderen Ansatzpunkt. Er erforscht, wie der menschliche Geist strukturiert ist und wie er ihn mit den Methoden der buddhistischen Psychologie so beeinflussen kann, dass er gütig und mitfühlend wird. Für einen Buddhisten ist ein rein auf Glauben und Vertrauen basierendes Leben als Ansatz nicht umfassend genug.

Doch selbstverständlich sind nicht alle Buddhisten Philosophen oder Psychologen. In Tibet, Ladakh und auch anderswo gibt es einfache Landarbeiter und Bäuerinnen, die tiefes Vertrauen und eine echte Weisheit des Herzens besitzen, ohne dass sie ein systematisches psychologisches Training durchlaufen hätten. Sie folgen einer traditionellen Lebensweise, die über Jahrhunderte so praktiziert wurde und ihnen – in den meisten

Fällen – ermöglicht, ein glückliches, einfaches und aufrichtiges Leben zu führen, das Wagnis und Verzicht, Mut und Selbstbescheidung in sich vereint. Diese Lebensweise basiert ebenfalls stark auf Glauben und Vertrauen. Man hat diesen Menschen von klein auf gesagt: »Vertraue auf die Drei Juwelen« (Buddha, seine Lehre und die Gemeinschaft der Praktizierenden), und das fällt ihnen nicht schwer. Erklärt man ihnen aber die Leerheit, die Vier Edlen Wahrheiten, die Sechzehn Aspekte der Vier Edlen Wahrheiten usw., dann haben sie vermutlich Verständnisschwierigkeiten. Sieht man sich darüber hinaus die einzelnen religiösen Traditionen in Vergangenheit und Gegenwart ein wenig näher an, dann zeigt sich, dass es nicht *den* Buddhismus oder *das* Christentum gibt. Wir finden nicht nur unterschiedliche philosophische Schulen oder rituelle Praktiken, sondern auch große soziologische Unterschiede. Wir haben eine andere Religion in der Mittel- bzw. Oberschicht, wieder eine andere in bäuerlichen Gemeinden oder unter Arbeitern bzw. bei Menschen, die keine religiöse Erziehung erhalten haben. Und es gibt Unterschiede zwischen Wissenschaftlern, Künstlern und Menschen im medizinischen Bereich. Du hast mir ja einmal erzählt, dass es sorgfältig durchgeführte Studien von Doktoranden in Europa gibt, wonach Wissenschaftler aus Physik, Chemie, Biologie und Psychologie dazu neigen, ihre je eigene Form der Religiosität zu entwickeln, und zwar nicht nur aufgrund ihrer individuellen Veranlagung, sondern aufgrund ihrer beruflichen Prägung. Das ist wirklich sehr interessant.

MvB: Religiöse Interkulturalität ist ja kein neues Phänomen. Als der Buddhismus von Indien nach China und später dann nach Tibet kam, hat er sich vielfach verändert und angepasst. Auch das Christentum hat sich vielfach verändert und angepasst, als es sich erst im Römischen Reich und später in ganz Europa und schließlich auf den übrigen Kontinenten verbreitete. Diese Veränderungen betrafen nicht nur einige Rituale, die Art und Weise, wie kirchliche Festtage begangen wurden, oder die religiöse Kunst, sondern die philosophischen Grundgedanken selbst. Dies trifft auch auf den Islam zu, wo wir im 12. Jahrhundert auf eine sehr interessante Entwicklung treffen, die von dem Philosophen Ibn al-Arabi (1165–1240) begründet wurde. Sein Denken, das auch Impulse von seiner Lektüre des Aristoteles erhalten hat, weist in vielerlei Hinsicht Ähnlichkeit mit einigen zentralen Lehrsätzen des hinduistischen Philosophen Shankara (um 800) auf. Shankara war ein Vertreter des *advaita vedanta* (Nicht-Dualität) und seinerseits stark vom indischen Buddhismus beeinflusst. Das ist umso verblüffender, weil die beiden einander natürlich nie begegnet sind und es zudem unwahrscheinlich ist, dass Ibn al-Arabi sich je direkt mit den geistigen Traditionen des Hinduismus befasst hat. Rein durch Denken und seine spirituelle Erfahrung als Sufi hat er innerhalb des Islam ein philosophisches System entwickelt, das in manchen Aspekten mit dem Denken des hinduistischen Indien in Einklang steht. Gelehrte sprechen hier von universeller Mystik oder Philosophie. Solche Wandlungs- und Anpassungsprozesse finden wir also nicht nur heute, sondern in der gesamten Religionsgeschichte.

DL: Die Bibel berichtet ja von den Drei Weisen aus dem Morgenland. Es wäre also möglich, dass man damals in Palästina schon einen gewissen Eindruck von indischen Weisheitslehren hatte. Offensichtlich müssen Gelehrte aus dem Osten dort gewesen sein, sonst wäre uns ja diese Geschichte nicht überliefert worden. Wir wissen, dass Handelsbeziehungen mit Indien bestanden, die Menschen im Mittelmeerraum könnten also bereits von verschiedenen indischen Philosophen oder religiösen Führungsgestalten gehört haben.

MvB: Ja. Wir wissen, dass sich in Alexandria, einer der größten Städte der antiken Welt, die bedeutendste Bibliothek jener Zeit befand. Diese Bibliothek, die griechische, ägyptische und mesopotamische Weisheitsschätze aus mehreren Jahrhunderten verwahrte, wurde auch von Indern besucht. Während des 1. und 2. Jahrhunderts lebten in Alexandria Menschen aus aller Welt, darunter auch buddhistische Mönche. Einer der wichtigsten christlichen Autoren, Clemens von Alexandria, der um 200 n. Chr. lebte und als einer der »Väter« der christlichen Theologie gilt, schreibt in seinem berühmten Buch *Stromateis* (Teppiche) über die Buddhisten in Alexandria. Er äußert sich höchst anerkennend über ihr tadelloses moralisches Verhalten, geht aber nicht näher auf die buddhistische Philosophie ein. Es herrschte also eine lebendige interkulturelle Vielfalt in dieser Stadt der Gelehrsamkeit. Später jedoch, als das Christentum Staatsreligion geworden war und der Klerus sich zusehends in Machtkämpfe verwickelte, wich diese Offenheit allenthalben der Intoleranz und Engstirnigkeit, was aber nicht nur die Nicht-Christen in der Stadt traf, sondern auch andere Christen, die Ansichten und Lebensformen vertraten, die von dem, was die Mehrheit und/oder der Kaiser guthießen, abwichen. Das Ergebnis war, dass die gesamte Bibliothek zerstört und zu Asche verbrannt wurde. Es sind also nicht bloß die muslimischen Taliban in Afghanistan, die die großartigen Buddha-Statuen von Bamiyan zerstört haben, sondern auch einige Christen der Frühzeit und überhaupt Fanatiker aller Couleur, die Bibliotheken, heilige Symbole und Kulturschätze zerstört haben und immer noch zerstören, weil sie alles, was sie als anders und bedrohlich empfinden, auslöschen wollen …

DL: Augenblick! Das ist meiner Meinung nach ein weiteres Beispiel für feudale Denkmuster. Ein Einzelner hält alle Macht in Händen, und das Einzige, was diesen Menschen interessiert, ist seine Macht. Der Klerus unterstützt einen bestimmten Kaiser, und der Kaiser unterstützt bestimmte Teile des Klerus, und da er sein Reich einen und seine Herrschaft festigen will, will er keine abweichenden Ansichten zulassen, wenn seine Herrschaft allein auf Gewalt und Unterdrückung beruht. Der indische Kaiser Ashoka (Regentschaft 272–236 v. Chr.) ist ein Beispiel für eine Politik, die dem genau entgegengesetzt ist. Er ließ nicht nur zu, dass unterschiedliche religiöse Traditionen gedeihen konnten, sondern förderte in gewissem Umfang sogar den Multikulturalismus. Er versprach ferner, durch Bildung und Erziehung statt durch Gewalt und Unterdrückung zu herrschen, nachdem er sah, welche Verwüstungen die Kriege angerichtet hatten, die er zuvor selbst geführt hatte, um den indischen Subkontinent zu einen.

Dennoch erleben wir immer wieder feudalistische Herrschaft, Machtkämpfe und religiöse Intoleranz, und all das dient nur diesem unersättlichen Machthunger.

MvB: Und all das geschieht im Namen des einen Gottes der Liebe oder des einen Dharma-Prinzips von Liebe und Mitgefühl! Sogar zwischen einigen buddhistischen Ländern wie Thailand und Burma gab es Krieg. Die Armeen zweier buddhistischer Länder töteten nicht nur Menschen, die sie als ihre Feinde betrachteten, sie zerstörten auch buddhistische Tempel und schlugen Buddha-Statuen die Köpfe ab, wie man heute noch in Ayutthaya in Thailand sehen kann.

DL: Auch in Tibet gab es zeitweise Kämpfe zwischen den vier großen Schulen von Sakya, Kagyü, Nyingma und Geluk. Bei diesen gewalttätigen Auseinandersetzungen ging es weniger um philosophische Differenzen, sondern vielmehr darum, Macht und Einfluss zu gewinnen. Es gab also auch in Tibet religiöses

Sektierertum, und irgendwann wurde sogar das Mönlam-Gebetsfest der Geluk von anderen Schulen verboten. Die Geluk-Mönche, bekannt als Gelbmützen, mussten damals die Farbe ihrer Kopfbedeckung ändern. Trug jemand einen gelben Hut, wurde er unerbittlich gezwungen, denselben in Farbe zu tauchen und rot zu färben. Umgekehrt kam es dann später zu ähnlichen Akten von Gewalt und Intoleranz, als die Geluk an der Macht waren und nun ihrerseits auf die anderen, die sie als Gegner wahrnahmen, Druck ausübten. Trotzdem glaube ich nicht, dass es in Tibet aufgrund religiöser Streitigkeiten zu größerem Blutvergießen oder Kriegen kam. Gab es offene militärische Konflikte, so wurde die Religion dazu benutzt, die Leute auf die Seite dieses oder jenes Herrschers und seiner machtpolitischen Bestrebungen zu ziehen. Das war in der Geschichte immer wieder der Fall und ist in den unterschiedlichsten Ländern der Welt auch heute noch ein ernstes Problem. Es ist an der Zeit, dass wir endlich aus der Geschichte lernen und solche Fehler jetzt und in Zukunft vermeiden.

MvB: Wenn Du jetzt einen Blick in die Zukunft wagen und eine Prognose abgeben solltest, wie die Religionen in – sagen wir – tausend Jahren aussehen werden, was würdest Du dann sagen? Werden sie sich verändert haben oder völlig verschwunden sein? Ein Blick zurück in die Geschichte zeigt uns, wie vor 2500 Jahren der Buddhismus erschien und davor nicht existierte. Ähnlich das Christentum: Es entstand vor 2000 Jahren, und zuvor gab es nichts davon. Wir haben es hier also mit geschichtlichen Entwicklungen zu tun. Was geschichtlich entstanden ist, kann auch wieder geschichtlich verschwinden. Wie siehst Du das?

DL: Soweit es den Buddhismus und speziell die Nalanda-Tradition[7] betrifft, so ist es hier lebendige Praxis, sämtliche Problemstellungen, gleich welcher Art, mit logischen bzw. philosophischen Methoden zu analysieren und zu prüfen. Die Fähigkeit, genau das zu tun, ist ein universelles menschliches Grundvermögen, das keiner Einschränkung durch kulturelle Traditionen oder die Religion unterliegt. Das ist etwas, das bleiben wird, und heute interessieren sich weltweit Wissenschaftler für die logischen Traditionen, die der Buddhismus entwickelt hat und die einen Teil seines Erbes ausmachen. Dann gibt es einen anderen Teil, nämlich die religiöse Seite dieses Erbes, und die ist allein eine Sache des Glaubens. Ich weiß nicht, wie die Dinge sich diesbezüglich entwickeln werden. Verfügen die Menschen über eine bessere und umfassendere Erziehung und Bildung, so werden sie auch alles auf den Prüfstand stellen und kritischer analysieren. Das hätte sicherlich einen Einfluss auf die Religion, der zu Veränderungen führen würde.

Sieh einmal, bereits die frühbuddhistische Pali-Tradition legt großen Wert auf die Methode logischer Schlussfolgerungen, wenn auch nicht in dieser Intensität und nicht in der präzisen Ausformung, die sich später entwickelt hat. Es scheint, dass man sich in der Pali-Tradition immer noch viel auf Zitate aus bestimmten Texten stützt, weil ihre Urheber traditionell als Autoritäten gelten. Vor vielleicht zwei oder drei Jahren kam eine Delegation von Gelehrten der Buddhistischen Universität Bangkok nach Delhi, um an einer Diskussion über die Vier Edlen Wahrheiten und ihre Sechzehn Aspekte sowie über die 37 Erleuchtungsfaktoren teilzunehmen. Dies sind gängige Themen bei jeder Diskussion unter Buddhisten. Irgendwann fragte ich einen von ihnen: »Wenn Sie diese Dinge erklären, stützen Sie sich dabei in erster Linie auf Zitate der allgemein akzeptierten Tradition?« Seine Antwort war: »Ja.« Ich fragte weiter: »Und wenn Sie diese Theorien erklären, stützen Sie sich dabei auch auf die eigenen Schlussfolgerungen und Überlegungen?« Die Antwort war: »Nein.« Dies kann man zwar nicht verallgemeinern, denn es gibt auch im Theravada eine hohe Wertschätzung selbstverantworteter Vernunftargumente, aber es gibt auch die Tendenz, Autoritäten als Autoritäten zu zitieren.

Betrachten wir aber die Sanskrit-Tradition, dann fällt mir sofort das zweite Kapitel aus Dharmakirtis *Pramanavarttika-karika* über die Vier Edlen Wahrheiten und ihre Sechzehn Aspekte ein, wo eigenes Schlussfolgern und Nachdenken als unerlässlich betrachtet wird, um zu einem richtigen Verständnis dieser Kernpunkte zu kommen. Meine Meinung ist, dass die Teile der Pali-Tradition, die sich unter Verzicht auf eigenes Nachdenken rein auf Autoritäten stützen, nicht mehr lange existieren werden. Wir müssen unseren Verstand gebrauchen und die Dinge unvoreingenommen analysieren, um zu überzeugenden und praktikablen Lösungen zu kommen.

Nimm zum Beispiel das Konzept der Leerheit (*shunyata*) oder des Entstehens in wechselseitiger Abhängigkeit (*pratityasamutpada*). Hierbei handelt es sich um grundlegende Einsichten in die Natur der Wirklichkeit, die sich nicht auf die Autorität eines berühmten spirituellen Lehrers der Vergangenheit berufen, sondern durch Beobachtung und Analyse gewonnen wurden: Alles steht zueinander in einem Verhältnis wechselseitiger Abhängigkeit, und die Dinge sind, was sie sind, durch dieses System vielfältiger wechselseitiger Bezüge. Diese Sicht ist mit der Vernunft und sämtlichen Interpretationen der modernen Quantenphysik kompatibel. Oder nimm die buddhistische Psychologie, die sich auf Beobachtung, praktische Erprobung und Analyse stützt. Ihre Aussagen über den menschlichen Geist, die menschlichen Emotionen und Denkprozesse stützen sich nicht auf Autoritäten oder religiösen Glauben, sondern auf die universelle menschliche Fähigkeit der Selbstreflexion und des Denkens und Schlussfolgerns. Ich meine, dass diese Aspekte der Überlieferung Bestand haben werden. Dabei geht es nicht notwendig um das nächste Leben oder *nirvana* bzw. *moksha* (Befreiung). Was die buddhistische Psychologie uns lehrt, sind vornehmlich Mittel und Wege, unsere kognitiven Fähigkeiten zu steigern. Sie vermehren unser Wissen über den Geist, hier und jetzt. So können wir Alternativen erwägen, wenn wir eine Entscheidung treffen müssen, und das stärkt unser Urteilsvermögen, wenn es darum geht, auf sozialem Gebiet zu handeln. Wovon jeder Mensch zu jeder Zeit Gebrauch macht, wovon jeder Mensch abhängt und was jeder Mensch sicherlich sehr schätzt, das ist der eigene Geist. Davon bin ich überzeugt. Methoden, die geeignet sind, Selbsterkenntnis zu ermöglichen – welche die von einer geeigneten, vom Geist selbst entwickelten Methodik gelenkte geistige Aktivität schlechthin ist –, werden daher jenseits aller kulturellen Veränderungen Bestand haben.

MvB: Dennoch spielen ja im Buddhismus, im Christentum, im Islam oder in welcher religiösen Tradition auch immer Ideen wie *nirvana, moksha,* Befreiung, Himmel, das Reich Gottes usw. eine wichtige Rolle. Diese Vorstellungen sind in die Erzählungen und Rituale der jeweiligen Religion eingebettet, und die Gläubigen ziehen daraus sehr viel Motivation und Mut. Meinst Du nicht, dass auch solche Vorstellungen wichtig sind, zumindest als Stimuli für Motivation und Bilder der Hoffnung?

DL: Sobald man eine gewisse Erfahrung mit *shunyata* hat, wenn man über die Leerheit nachdenkt und darüber meditiert, dann hilft das, extreme Sichtweisen abzubauen. Das ist in der Tat sehr wichtig. Warum? Weil eine extreme Sicht der Dinge abzubauen bedeutet, dass auch negative Emotionen wie Anhaftung, Zorn usw. abgebaut werden. Aber was heißt extreme Sichtweise? Damit ist jeder einseitige Blick auf die Dinge gemeint, jede einseitige Perspektive bzw. der Versuch, alles auf eine einzige Ursache zurückzuführen. Absolute Aussagen sind immer einseitig. Im weitesten Sinne ist eine einseitige oder extreme Sichtweise gleichzusetzen mit dem Leugnen von Komplexität oder der Vernachlässigung der wechselseitigen Abhängigkeit aller Phänomene.

Welche Beziehung besteht nun zwischen der konkreten Erfahrung und dem Nachdenken über diese Erfahrung? Manche sehen hier einen Gegensatz, ja sogar einen Widerspruch, und geben der »Erfahrung« den Vorrang vor dem Denken. Aber das ist falsch. Denkt man nämlich über bestimmte Erfahrungen gründlich nach, dann wird die Erfahrung allmählich größer und tiefer. Der Grund dafür ist, dass man so direkte Einsicht erlangt in die »Gebäude«, die der Geist sowohl auf der kognitiven wie auf der emotionalen Ebene konzipiert und hervorbringt. Dann geht man tiefer an die Ursprünge oder Wurzeln dieser geistigen Konstrukte heran und erlangt ein gewisses Gefühl dafür, eine gewisse Erfahrung, dass die wahre Natur des subtilen Geistes rein ist. Mit anderen Worten, alle negativen Emotionen beruhen auf Unwissenheit, und Unwissenheit kann man beseitigen. Durch dieses Verständnis wird *nirodha* möglich, das, was im Buddhismus als die dritte der Vier Edlen Wahrheiten bezeichnet wird, die Wahrheit des Aufhörens aller negativen Emotionen wie Unwissenheit, Gier und Hass. Jeder Mensch kann ein gewisses Gefühl für dieses Aufhören entwickeln, wobei es sich allerdings um mehr handelt als nur ein Gefühl. Es ist eine Erfahrung mit kognitiven und emotionalen Aspekten. So verstanden kann die Wahrheit des Aufhörens eine realistische Sicht der Dinge ermöglichen.

MvB: Und dann ist es nicht mehr nötig, über das Nirvana zu spekulieren?

DL: Richtig. Wenn die Vier Edlen Wahrheiten mit ihren Sechzehn Aspekten nicht bloß Worte und Konzepte bleiben, sondern wenn man sich bemüht, diese Lehren wirklich in das eigene Leben und vor allem in die eigenen Prozesse des Denkens und Fühlens zu integrieren, was speziell für die Vier Aspekte der Wahrheit des Aufhörens gilt, dann bekommt man einen echten Geschmack von der Lehre. Erfahrung und Erkenntnis, verbunden mit Emotion, können hier nicht getrennt werden, denn sie sind verschiedene Aspekte ein und desselben Prozesses.

Wettbewerb und wechselseitige Abhängigkeit

MvB: Wir haben über Wagnis und Verzicht im geistigen, psychischen, sozialen und religiösen Bereich gesprochen. Dabei hast Du darauf hingewiesen, dass auf jedem dieser Gebiete die Erziehung oder Bildung entscheidend ist. Es gibt einleuchtende Beispiele dafür, wie Erziehung negative Emotionen überwinden und durch Mitgefühl ersetzen kann. Und Mitgefühl kann man lehren und lernen, wie wissenschaftliche Untersuchungen zeigen. Wir hatten vor etwa zwei Jahren eine Konferenz in Frankfurt, die Du veranlasst hattest und bei der Du anwesend warst. Damals haben Professoren der Emory University im amerikanischen Atlanta sich mit Lehrern der Universität Oxford und verschiedener deutscher Institutionen getroffen, um aus erster Hand zu berichten, wie solche Programme an der Emory University laufen. Natürlich braucht es dazu Geduld. Nichts ändert sich über Nacht, aber der Erfolg ist deutlich erkennbar.

Die große Frage ist natürlich, ob sich solche Werte und Programme auch in der Wirtschaft verankern ließen? Denn es ist die Wirtschaft, genauer gesagt der Finanzsektor, der entscheidenden Einfluss auf alles hat, was im öffentlichen Leben der Gesellschaft geschieht, der wohl teils direkt, teils indirekt alles beherrscht. »Geld regiert die Welt«, heißt es ja. Da müssen wir uns doch die Frage stellen: »Wer regiert das Geld?« Gibt es Möglichkeiten, den gnadenlos ausbeuterischen Charakter des aktuellen Wirtschaftssystems zu verändern, das, so wie es aussieht, nicht nur Menschen tötet, wie Papst Franziskus sagte, sondern das Leben auf der Erde insgesamt gefährdet. In der Argumentation auf politischer Ebene wird ständig wiederholt, dass der ökologische Umbau der Wirtschaft die Arbeitsplätze nicht gefährden dürfe, dass also die Gewinne der Unternehmen bzw. der Kapitalgeber nicht geschmälert werden sollten, sprich, dass Ökologie und Ökonomie gegensätzlich zueinander stünden. Derartige Behauptungen können widerlegt werden. Wir sagten bereits, dass dies eine Frage der Zeitperspektive ist: Langfristig sind beide, Ökonomie wie Ökologie, aufeinander angewiesen. Freilich braucht die Natur zu ihrer Weiterentwicklung nicht den Menschen, wohl aber ist menschliche Kultur, einschließlich der Wirtschaft, auf ein Ökosystem angewiesen, das Leben ermöglicht. Eine ökologisch ausgerichtete Ökonomie bedarf radikaler Veränderungen im menschlichen Verhalten. Ist es realistisch, eine solche Transformation für möglich zu halten?

Wie können wir Wagnis und Verzicht in diesem Bereich entwickeln? Darüber sollten wir nun miteinander sprechen.

Das grundlegende Problem ist doch: Wie können wir unsere Gier individuell wie auch kollektiv kontrollieren, wenn doch das ganze moderne Wirtschaftssystem auf dem Prinzip der Gier beruht, denn nichts anderes ist ja das scheinbar unvermeidliche

Streben nach quantitativem Wachstum der Wirtschaft. Es ist dieser quantitativ verstandene Wachstumsfetischismus, der die Wirtschaft, die Finanzmärkte und den Aktienmarkt antreibt, denn das Geld sucht nach Anlagemöglichkeiten, und Investitionen wiederum heizen das quantitative Wachstum an. Grenzenloses Wachstum in einem begrenzten System namens Erde führt notgedrungen irgendwann zum Kollaps. Adam Smith (1723–1790), auf den sich die moderne Marktwirtschaft bezieht, hat analysiert, dass Märkte von Akteuren angetrieben werden, die ihr Eigeninteresse verfolgen, also nicht ein abstraktes Gemeinwohl im Auge haben, und dass genau deshalb das Optimale geschehe. Aber was ist das Eigeninteresse? Wir wissen, dass alles in wechselseitiger Abhängigkeit existiert, auch Interessen. Unterschiedliche Akteure können kurzfristig und in begrenzter Perspektive einander gegensätzliche Eigeninteressen verfolgen, aber in einem weiteren Rahmen funktioniert das nur, wenn der Ausgleich in einem größeren System gegeben ist, wenn also die Interessenlage auf Gegenseitigkeit beruht. Die Logik einzelner konkurrierender politischer oder ökonomischer oder wissenschaftlicher Gruppen kann zwar gegensätzlich erscheinen, aber das System funktioniert nur, wenn eigene Interessen aufeinander bezogen und nach klaren Regeln, die jeder einhält, verfolgt werden, sodass sie nicht das System selbst zerstören. Zu große Ungleichgewichte sind also für alle Marktteilnehmer kontraproduktiv, jedenfalls in längerfristiger Perspektive. Nur durch einen immer neu zu erzielenden Ausgleich wird gestalterisches Handeln aller möglich sein, und das ist das gemeinsame Interesse. Brauchen wir also nicht eine starke politische Kraft, die kooperative Rahmenbedingungen für fairen Wettbewerb setzt, damit Wettbewerb überhaupt möglich bleibt? Das heißt zum Beispiel: Einerseits haben wir die Dynamik von Geldanlagen, die Rendite verlangen, um Investitionen zu ermöglichen. Letztere sind nötig für Innovationen, ohne die es keine Zukunft für die Menschheit geben kann. Andererseits brauchen wir ein nachhaltiges Wirtschaften, um das endliche System Erde nicht mit unendlichen Ansprüchen zu zerstören. Müssen aber Rendite bzw. Investition und Nachhaltigkeit ein Widerspruch sein? Kann es nicht eine klug gesteuerte Investition geben, die nachhaltige Prozesse unterstützt oder gar auslöst und dadurch zumindest langfristig Rendite erwirtschaftet? Wie dürfen wir uns eine Wirtschaft vorstellen, die nicht auf grenzenloser Gier beruht, sondern Mechanismen kennt, um zumindest deren Auswüchse einzudämmen und zu reduzieren?

DL: Auch hier gilt, dass die Wirtschaft von Menschen gelenkt wird, die die Anlage zur Vernunft besitzen. Menschen haben Absichten, Vorlieben, Neigungen und Abneigungen. Und sie haben moralische Grundprinzipien, die sie durch Erziehung und Erfahrung erworben haben. Mittels dieser beiden Faktoren können solche moralischen Prinzipien auch verändert werden. Allerdings gilt es, unterschiedliche Perspektiven zu berücksichtigen, und ganz entscheidend ist die Klarstellung, ob nur kurzfristig gedacht wird oder ein langfristiger Nutzen im Blick ist.

Bei allem, was sie tun, haben die Menschen eine bestimmte Motivation. Das gilt selbstverständlich auch für die Wirtschaft. Ein Motiv – aber keineswegs das einzige – ist es, Geld zu verdienen. Menschen wollen Geld verdienen, um sich ihre Wünsche zu erfüllen, um es schön zu haben. Doch der Betrag, den sie für sich selbst brauchen und ausgeben können, ist gar nicht so hoch. Menschen, die zu viel essen und konsumieren, werden am Ende krank bzw. unglücklich und sterben früher. Sie sollten wirklich aufpassen! Die Frage ist also, was man mit dem Geld anfängt, das übrigbleibt. Man kann es in das Wohl der Menschheit investieren. Die Welt braucht wirtschaftliche Entwicklung, und dazu ist Geld nötig. Die Menschen wünschen sich Gerechtigkeit, und um gerechte Verhältnisse herzustellen, braucht man ebenfalls Geld. Richtig investiertes Geld wird die Gesellschaft stabilisieren und bessere Bedingungen für eine weitere wirtschaftliche und soziale Entwicklung schaffen. Geld für das Wohl der Menschheit auszugeben liegt also im eigenen Interesse derer, von denen dieses Geld kommt. Das ist alles vollständig in Ordnung.

Doch egoistische Menschen wollen ihr Geld nur für sich allein behalten. Warum? Weil ihre Unwissenheit sie gierig werden lässt. Gier kompensiert die Unwissenheit über unsere wahre Natur. Sie führt nicht zu Glück, nicht einmal zu Erfolg, denn Gier isoliert die Menschen voneinander. Und ich bin zutiefst davon überzeugt, dass in unserer heutigen Welt alles miteinander verwoben ist. Das ist unsere Situation, das ist unsere Wirklichkeit. Wenn Investoren also etwas für die einfachen Leute tun, mehr Geld in Gerechtigkeit investieren und in die Verbesserung der Lebensumstände von möglichst vielen Menschen, dann profitieren sie selbst und auf lange Sicht auch ihre Kinder davon. Wenn Menschen, die viel Geld haben, dieses spenden, investieren sie in soziale Stabilität, die ihnen selbst und ihrem Unternehmen wieder zugutekommt. Eine Wirtschaft, die von Menschen mit dieser Absicht und diesem Hintergrund geführt wird, ist vermutlich erfolgreicher als eine, deren einziger Gedanke ist: »Zuerst komme ich, kommt meine Firma, mein Unternehmen, mein Aktienanteil, mein Land.« Egoismus ist selbstschädigend. Diese Einsicht gründet auf einer klaren, vernunftgemäßen Analyse, und wir tun gut daran, entsprechend zu handeln.

MvB: Ich habe Dich einmal sagen hören, dass ein weiser Altruismus in unserem ureigensten Interesse liegt.

DL: Ja.

MvB: Man sollte sich tatsächlich klarmachen, dass unsere wirtschaftlichen Eigeninteressen stabile soziale Strukturen erfordern. Wo Unruhen herrschen oder Bürgerkriege, wo die Infrastruktur nicht funktioniert, kann weder Wissenschaft noch technologische Innovation gedeihen, und diese treiben schließlich die Wirtschaft an. Volkswirtschaften sind heute eng miteinander vernetzt, so wie unser aller Leben miteinander verwoben sind. Wer also Raubbau an der Erde betreibt und den sozialen Frieden stört, vernichtet damit auch die Grundlage für das eigene wirtschaftliche Handeln, d.h. er handelt gegen die eigenen Interessen. Das gilt heute noch mehr als je zuvor. Warum? Weil frustrierte Menschen heute ganz leicht Zugang zu Möglichkeiten bekommen, den Frieden in unseren verwundbaren Gesellschaften zu gefährden oder zu zerstören – sie können das Internet nutzen, Kommunikationssysteme lahmlegen und auf vielerlei Art und Weise Terror ausüben und Angst verbreiten. Es ist heute so einfach, an Waffen zu kommen und damit Chaos und Schrecken zu verbreiten. Ausgehend von der rationalen Analyse, die wir soeben vorgestellt haben, kann man sagen: Jene, die viel zu verlieren haben, haben das höchste Interesse an Stabilität und Harmonie. Eine Investition in die Gesellschaft ist also gleichzeitig eine gute Investition in die jeweiligen Eigeninteressen.

Andererseits ist der Wettbewerb eine der stärksten Triebkräfte auf der Erde, nicht nur beim Menschen, sondern bei allen Arten von Pflanzen und Tieren. Ohne Wettbewerb gäbe es keine Evolution. In der menschlichen Gesellschaft wird ja nicht nur die Wirtschaft vom Wettbewerb angetrieben, sondern auch Kunst und Wissenschaft. Menschen wollen erfolgreicher sein als der andere, der dann nicht mehr nur als Nachbar und Helfer wahrgenommen wird, sondern als Konkurrent.

DL: Es gibt zwei Arten von Wettbewerb. Die erste ist sozusagen Selbstermutigung, wenn wir uns klarmachen, dass jedes Wesen, auch ich, so stark als möglich sein sollte. Das Streben nach physischer, geistiger, sozialer und wirtschaftlicher Stärke ist wichtig und richtig. Es wird gebraucht, denn es ist die wesentliche Triebkraft, die uns aktiv und kreativ werden lässt. Doch anderen Menschen Steine in den Weg zu legen und ihre Entwicklung zu behindern, um selbst etwas zu erreichen – diese Art von Wettbewerb ist falsch. Sie ist unfair und ungerecht. Außerdem schwächt solch ein Handeln nicht nur den anderen, sondern auch mich selbst. Denn dann erscheint meine Stärke ja nur vor dem Hintergrund der Schwäche des anderen groß, die ich selbst verursacht habe. Das wäre keine Win-win-Situation, sondern ein Arrangement, bei dem beide verlieren. So etwas ist nicht hilfreich, weder für die persönliche Entwicklung noch für die Gemeinschaft. Unter den Bedingungen dieser unerwünschten Art von Wettbewerb verliert jeder.

Im Buddhismus geht es viel um *Bodhichitta*. Dabei wünschen wir dem anderen alles Gute, während wir selbst unser Potenzial entwickeln und selbst alles Gute für uns tun. Dazu ist Mut erforderlich. Es ist ein Wagnis, meinem Wettbewerber tatsächlich alles Gute zu wünschen, damit er oder sie sich vorteilhaft entwickeln kann. Auf lange Sicht aber ist dies ein Beitrag für meine eigene Entwicklung, weil wir ja beide miteinander verbunden sind. Eigeninteresse und Interesse am Wohlergehen des anderen stehen also nicht im Widerspruch: Ich möchte Erleuchtung oder Buddhaschaft erlangen, um anderen zu helfen. Eben diese Motivation hilft mir, mich auf dem Pfad weiterzuentwickeln und zu erreichen, was ich möchte. Das ist ein Zirkel. Eben diese Wechselwirkung, die alle fühlenden Wesen miteinander verbindet, müssen wir erkennen. Das ist Weisheit. Man könnte es auch Einsicht in die tiefere Natur der Evolution nennen.

Wettbewerb als Aspekt der eigentlichen Natur des Lebens, gesehen vor dem Hintergrund der Kooperation und der gegenseitigen Unterstützung, ist also kein Problem. In diesem Sinne widersprechen Kooperation und Konkurrenz einander nicht.

MvB: Auf individueller Ebene mag das zutreffen. Doch die Wirtschaft als System basiert auf dem Prinzip: »Wenn ich mich nicht an die Spitze setze, fegt der andere mich vom Markt.« Das ist ja das eigentliche Problem zwischen den Vereinigten Staaten und China bzw. Europa: Sie sind im Austausch von Produktion und Konsum alle voneinander abhängig und vernetzt. Amerikanische Produkte werden in China hergestellt, chinesisches Geld fließt in amerikanische Unternehmen und Immobilien. Gleichzeitig aber sind sie erbitterte Rivalen. Und auch die Zeit spielt dabei eine große Rolle: Man muss schnell auf dem Markt sein, am besten als Erster, sonst streicht der Konkurrent den ganzen Gewinn ein und meine Anstrengungen waren vergeblich. Vielleicht werde ich zum Opfer einer »unfreundlichen Übernahme«. Unternehmen müssen besser sein, schneller oder billiger produzieren, um zu überleben. Und sie fahren dazu Marketingstrategien mit einem Vokabular, das dem Militär entliehen scheint. Angesichts dieses gnadenlosen Wettbewerbs geht es häufig tatsächlich ums Überleben.

DL: Nun, zum wechselseitigen Nutzen zu handeln ist vermutlich die weisere Strategie. Natürlich gibt es Wirtschaftssysteme und viele Unternehmen, die diesen gnadenlosen Wettbewerb betreiben, den Du ganz richtig als zerstörerisch bezeichnest, es sind mächtige Akteure. Aber sie wirken destruktiv, sowohl ökologisch als auch sozial. Ich denke, in der freien Welt im westlichen und nördlichen Europa liegen die Dinge ein wenig anders. Schweden und andere skandinavische Länder, auch Österreich, sind dafür ein gutes Beispiel. Sie haben eine freie Marktwirtschaft, gleichzeitig aber denken sie bis zu einem gewissen Grad sozialistisch. Die wirtschaftlichen Bedingungen sind dort gut, aber die Schere zwischen Arm und Reich klafft nicht zu weit auseinander. Es gibt dort Wettbewerb, auch reiche Menschen, doch der Staat hat ein Steuersystem eingerichtet, das vielleicht nicht vollkommen gerecht ist, aber zumindest für ein Gleichgewicht sorgt, das soziale Stabilität garantiert, weil die meisten Menschen damit ganz zufrieden sind. Man verliert die Unter- und Mittelschichten nicht aus dem Blick, und das ist auch im Interesse der Oberschichten, wie wir ja bereits besprochen haben. Dort wird eine praktikable Balance zwischen Konkurrenz und Kooperation hergestellt, die der Staat durch seine Gesetze institutionalisiert, um Extreme zu vermeiden, die die Gesellschaft spalten. Das Gegenstück dazu wäre China, das angeblich ein sozialistisches Land ist, in dem jedoch der Gegensatz zwischen Reich und Arm enorm ist. Das ist falsch und auf Dauer nicht erfolgversprechend.

MvB: Die Kluft zwischen Reich und Arm ist skandalös gewachsen. Sie hat sich in den letzten zwanzig bis dreißig Jahren enorm vertieft, seit der sogenannten »Liberalisierung der Wirtschaft«, die Margaret Thatcher und Ronald Reagan angestoßen haben. Zumindest wird mit diesen Namen die Zeit der Deregulierung und Privatisierung verbunden, wo sich der Staat und die Regierung immer mehr aus Marktkontrolle und sozialem Engagement zurückgezogen haben. Man hat stattdessen alles dem sogenannten »freien Markt« überlassen. Doch diese Märkte sind alles andere als frei. Die Finanzmärkte haben die Regie übernommen, und die Interessen der Groß-Aktionäre sind die Richtschnur, an der alles gemessen wird. Ein echter Wettbewerb wurde immer schwächer, weil die großen Unternehmen dominieren und die kleineren Wettbewerber vom Markt verdrängen. Hier entscheidet nun nicht mehr die Realwirtschaft mit der Produktion von Gütern und der Bereitstellung von Dienstleistungen über das Wohl und Wehe von Millionen Menschen, sondern der spekulative Finanzmarkt. Kapital, nicht Arbeit wirft den höchsten Gewinn ab. Und die Finanzmärkte werden nicht einmal mehr von Menschen gelenkt, die ein Wagnis oder Risiko eingehen, sondern von Computern, die nach kurzfristig errechneten Trends investieren, die sie mit ihren eigenen Algorithmen überhaupt erst geschaffen haben. Wir haben es also mit fiktionalem, nicht mit realem Wachstum bzw. Reichtum zu tun. Sulak Sivaraksa, der für den »Engagierten Buddhismus« in Thailand steht, hat das »Kasino-Kapitalismus« genannt. Die Regierungen und die gewählten Vertreter des Volkes stehen dem scheinbar machtlos gegenüber. Sie können das Ganze nicht aufgrund rationaler Entscheidungen regulieren und scheinen mehr oder weniger hilflos zu sein. Glaubst Du, dass sich das ändern ließe? Und wenn ja, wie?

DL: Ich weiß nicht. Diese Dinge sind kompliziert. Ich glaube, Sachverständige kennen sich hier besser aus. Ich habe davon nur eine ungefähre Vorstellung. Ich bin überzeugt, dass in jedem Beruf, in jedem Tätigkeitsbereich ein moralisches Prinzip nötig ist. Wenn ein solches fehlt, zerstören die Menschen ihre eigene Lebensgrundlage. Solche Gesellschaften sind dem Untergang geweiht. Andererseits braucht die Welt die Wirtschaft. Jeder Mensch profitiert von einer florierenden Wirtschaft, und das objektive Mittel zu Tausch und Kommunikation im System ist das Geld. Wir brauchen das Geld also. Wir brauchen sogar mehr Geld, um Gutes tun zu können. Für effektive altruistische Hilfe braucht man Geld, sobald es über das persönliche Niveau hinausgeht. Wenn man etwas gegen Armut tun will, braucht man ganz sicher Geld. Und das muss durch wirtschaftliches Handeln erwirtschaftet werden. Wenn wir also unserer Verantwortung gerecht werden und dem Land bzw. der Menschheit dienen wollen, brauchen wir Geld. Wenn wir Geld zu diesem Zweck verdienen, dann ist das richtig.

MvB: Der Philosoph und Physiker Carl Friedrich von Weizsäcker, über den wir schon sprachen, schrieb auch über Politik. Er prägte einen Begriff, der die Debatte in Deutschland mitbestimmte. Er meinte, wir bräuchten eine »Weltinnenpolitik«.

DL: Was ist damit gemeint?

MvB: Eine Innenpolitik, die sich auf die gesamte Welt erstreckt. Gewöhnlich hat jedes Land einen Außenminister für die Kontakte mit anderen Staaten und einen Innenminister für die internen Angelegenheiten. Wenn wir also die Welt – in diesem Fall die Erde – als ein einziges System betrachten, als *ein* Land, dann würde alles, was auf dieser Welt geschieht, zu einer »inneren« Angelegenheit. Dann gäbe es kein »Ausland« mehr, weil uns aufgrund unserer wechselseitigen Verbundenheit auch die Angelegenheiten der anderen unmittelbar angehen.

DL: Ja, das hört sich gut an.

MvB: Die fundamentale Verbundenheit, die wir zuvor als Resultat sowohl wissenschaftlicher Untersuchungen als auch spiritueller Erfahrung festgestellt haben, wird also zur politischen Notwendigkeit. Viele Menschen sind sich dessen schon bewusst. Wir hören dies immer wieder von älteren Staatsmännern, die sich aus ihrem Amt zurückgezogen haben. Offensichtlich ist es ihnen nicht gelungen, diese Erkenntnis umzusetzen, solange sie noch im Amt waren. Und heute scheinen wir ja definitiv Rückschritte zu machen: »America first!«, »China first!«, »Russia first!«, »England first!« – das ist das neue Mantra des überall wieder aufflammenden Nationalismus. Es ist völlig irrational und widerspricht allen Erfahrungen, die wir in den letzten Jahrzehnten gemacht haben. Wirtschaftlich betrachtet ist die Welt eins, und den meisten Menschen ist das klar: Wenn Amerika wirtschaftliche Sanktionen gegen China verhängt, schadet es sich selbst, seiner Industrie, seinen Menschen. In der Wirtschaft funktioniert dieses Prinzip bereits, in der Wissenschaft ohnehin, in der Politik aber noch nicht. Hast Du eine Vorstellung, wie man nicht nur Einsicht in die wechselseitige Verbundenheit erlangt, sondern auch zu den politischen Instrumenten kommt, mit denen sich diese Einsicht umsetzen ließe?

DL: Vielleicht brauchen Menschen wie von Weizsäcker, Du und ich kein Außenministerium, weil uns jedes fremde Land als Teil unseres eigenen Landes gilt, unseres Zuhauses, ja unser selbst. Die Aufteilung in »außen« und »innen« beruht auf einer oberflächlichen Sicht der Dinge, denn im Grunde sind alle Phänomene miteinander verbunden. Das gilt natürlich auch für wirtschaftliche und politische Phänomene. Die »äußere Wirklichkeit«, wie sie auch immer aussehen mag, ist in Wahrheit nur eine Seite eines umfassenden Netzes, das uns alle umfasst und von dem wir ein Teil sind. Das ist klar. Jeder Mensch, der darüber logisch nachdenkt, könnte die entsprechenden Schlussfolgerungen ziehen. Doch die Vorstellung von »Ausländern« und »Inländern« ist verbunden mit dem starken Gefühl eines »wir«, das den »anderen« gegenübersteht. Das ist eine psychische Grundeinstellung, mit der viele Menschen leben. Sie gründen ihren Selbstwert darauf. Für sie ist diese Unterscheidung real und psychologisch wichtig, weil sie Identität zu stiften scheint. Es ist ein Wagnis, darüber hinauszugehen und das Einssein der Menschheit zu begreifen. Und es erfordert eine Form des Verzichts, was das eigene Ego angeht. Auch hier ist der Schlüssel zur Lösung des Problems in der Erziehung zu suchen.

MvB: Erziehung auf allen Ebenen: geistige Klarheit, emotionale Reife, spirituelle Einsicht. Aus diesem Dreigestirn folgt soziale Verantwortlichkeit.

DL: So ist es.

Ökologie und Technologie

MvB: Das wichtigste wirtschaftliche und politische Thema unserer Zeit ist die Ökologie. Wenn wir so weitermachen wie bisher, werden wir die Grundvoraussetzungen für das Leben, unser Ökosystem, zerstören. Und wir haben nicht mehr viel Zeit, denn die globale Erwärmung und das Aussterben vieler Arten sind jetzt schon Wirklichkeit. Möglicherweise erleben wir eine Naturkatastrophe, die alle Zivilisation auf der Erde auslöscht, und das schon in den nächsten Generationen, wenn wir nicht den richtigen Weg einschlagen.

DL: Richtig.

MvB: Was aber können wir unternehmen? Was kann jeder Einzelne tun, um hier ein besseres Verständnis zu erwerben und das Wagnis einer anderen Lebensführung einzugehen? Weißt Du hier Rat? Was schlägst Du vor? Ich empfinde diese Frage als dringend, denn uns bleibt nicht mehr viel Zeit. Gewöhnlich ist Geduld ja eine Tugend, in diesem Fall aber stehen wir ganz real unter Zeitdruck.

DL: Ich werde Dir meine Geschichte erzählen. Als ich zum ersten Mal nach Indien kam, war ich dort mit völlig anderen Umweltbedingungen konfrontiert als in Tibet, was auf meine Art und Weise, das Leben zu organisieren, unmittelbare Auswirkungen hatte. In Tibet können wir jedes Wasser trinken. Als wir Tibeter nach Indien kamen und später nach Europa, lernten wir, dass es Wasser gibt, das man nicht trinken darf, weil es so stark verschmutzt ist. Das erregte mein Interesse. Ich versuchte, die Ursachen für dieses Phänomen zu erkunden, und traf mich mit Experten, die mir erklärten, woran es lag. Erst da merkte ich, dass die Erde unsere einzige Heimat ist. Um hier als Menschen leben zu können, müssen wir an die Kinder und ans nächste Jahrhundert denken. Wenn das Ökosystem einmal Schaden genommen hat, wird es sich nicht so leicht wieder regenerieren. Daher sollten wir den Begriff »Ökologie« wirklich sehr ernst nehmen.

MvB: Es ist ein griechisches Wort, das aus dem Wort für »Haus«, *oikos*, besteht und der Logik.

DL: Genau das ist es. Wir sollten unsere Vernunft darauf lenken, ein solides Haus zu bauen, das gut eingerichtet ist und den Bedürfnissen all seiner Bewohner dient. Die Sorge um das ökologische Gleichgewicht ist zugleich Fürsorge für unser eigenes Leben. Ist das selbstsüchtig? Nein, nicht im moralischen Sinne. Es geht dabei um die Erkenntnis, dass wir alle miteinander verwoben sind. Die Vorstellungen von einem »Selbst« und »den Anderen« sind einfach nur mentale Konstrukte. Für uns Menschen ist jeder Mensch Teil des Ökosystems. Niemand kann sich hier als Außenseiter betrachten, der ein System manipulieren könnte, das auf die eine oder andere Weise nichts mit ihm selbst, mit uns allen also, zu tun hätte. Solch eine Weltsicht wäre eine

Illusion. Wir werden die Folgen in jedem Fall zu spüren bekommen, ob wir jetzt das Wasser verschmutzen und den Regenwald zerstören oder sorgsam mit den Ressourcen umgehen, die Luft reinhalten und Bäume pflanzen. Jeder ist verantwortlich. Das kann und sollte schon bei ganz kleinen Dingen beginnen. Ich zum Beispiel versuche das so: Wenn ich in einem Hotel bin, nehme ich nie ein Vollbad und lasse das Licht weitgehend ausgeschaltet. Eine kurze Dusche, ja, auch zweimal täglich, wenn es heiß ist, eine am Morgen und eine am Abend. Aber nie ein Vollbad, denn dabei wird unangemessen viel Wasser verbraucht.

Solche kleinen Momente des Verzichts kann jeder in seinen Alltag einbauen. Es ist einfach nur eine Sache der Gewohnheit. Und Gewohnheiten lassen sich mit Willenskraft ändern. Dazu braucht es nur die richtigen Informationen und eine gewisse geistige Stabilität, die auf Achtsamkeit beruht. Auch das ist eine Sache des Lernens. Es gibt viele Gelegenheiten, bei denen wir so den Wandel einläuten können. Außerdem ist es zutiefst befriedigend, wenn man sich darauf eingestellt hat, denn man merkt, dass man etwas Nützliches getan hat. Ein anderes einfaches Beispiel: Manchmal wird in großen Hotels unglaublich viel Essen verschwendet. Meiner Ansicht nach sollte das nicht so sein. Wäre es nicht wunderbar, wenn all diese Nahrungsmittel an Menschen gingen, die hungern? Wir müssen uns das nur bewusst machen und den Mut haben, diese kleinen Schritte zu gehen und unser Handeln umzustellen. Aber ich denke, dass auf der ganzen Welt viele solcher kleinen Schritte unternommen werden. Das ist es, was die Zivilgesellschaft uns bringt. Und es ist sehr wichtig, denn es ist sozusagen »Learning by doing«, wir lernen durch aktives Tun. Auf diese Weise können wir unsere achtlosen und zerstörerischen Gewohnheiten in nachhaltige verwandeln. Das ist Ökologie im Alltag.

Wenn es aber um die globale Erwärmung geht, liegen die Dinge nicht ganz so einfach, denn hier geht es um das System des urbanen Lebens, der Energiegewinnung und des Verkehrs. Diese Problematik stellt sich also in einem viel größeren Maßstab. Hier in Dharamsala bekommen wir das schon zu spüren, und das gilt auch für andere Regionen, zum Beispiel im fernen Himalaya, sogar in Lhasa. Ich habe schon öfter ältere Leute sagen hören, dass die hohen Gipfel unseres Landes früher viel mehr Schnee getragen hätten. Innerhalb weniger Jahrzehnte ist der Schnee verschwunden und die Gletscher sind abgeschmolzen. Als ich 1960 nach Dharamsala kam, lag hier im Winter viel Schnee. Dann konnte ich beobachten, wie er Jahr für Jahr weniger wurde. Das sind klare Anzeichen für die globale Erwärmung. Und das ist ein Thema, das die gesamte Menschheit angeht. Um dieses Problem zu lösen, müssen die reichen Länder ihren Lebensstil ändern. Statt mehr und mehr zu konsumieren und dabei die kostbaren Ressourcen aufzubrauchen, müssen sie lernen, sich selbst zu beschränken und Verzicht zu üben. Dazu ist Mut erforderlich, denn es ist ein Wagnis, gegen den Strom zu schwimmen. Auch hier geht es um Erziehung, und auch um Selbsterziehung. Der Wandel, der hier vonnöten ist, ist eine Investition in unser eigenes Leben. Das müssen die Menschen begreifen.

Natürlich müssen wir dabei Rücksicht auf lokale Gepflogenheiten nehmen. Die Probleme mit dem Trinkwasser beispielsweise stellen sich in den verschiedenen Ländern jeweils anders dar. Indien hat es dabei noch besser, glaube ich, weil es von vielen Flüssen durchzogen ist, die im Himalaya entspringen. Einige afrikanische Staaten dagegen haben hier schon mit extremen Schwierigkeiten zu kämpfen. Und das Gleiche gilt auch für einige arabische Staaten. Aber mit viel Energie, Intelligenz und Investitionen kann das Elend beseitigt werden. Und vor allem braucht es internationale Zusammenarbeit, auch weil es im Interesse aller liegt.

Die Ökologie muss noch viel stärker in das öffentliche Interesse rücken und von Wissenschaftlern und Ökologen rational und geduldig erklärt werden, und auch in den Massenmedien sollte viel vehementer diskutiert werden, welche negativen Folgen es haben kann, wenn wir unseren heutigen Lebensstil nicht ändern. Ich denke, diese Art der Bewusstmachung ist sehr wichtig. Ich weiß das aus eigener Erfahrung.

MvB: Glaubst Du wirklich, dass die menschliche Vernunft stark genug ist, um unseren Lebensstil dauerhaft zu verändern? Ich hege da so meine Zweifel. Die Situation heute ist sehr schwierig, denn es war ja die Vernunft, die die Wissenschaft möglich gemacht hat. Die Wissenschaft schuf die Technologien, mit denen wir das Ökosystem zerstören. Technologien haben uns zweifellos auch viele Vorteile gebracht – wie Gesundheitsversorgung, ein längeres Leben, bessere Ernährung in vielen Teilen der Welt, eine bessere Kommunikation usw. Das Problem ist ja, dass wir zwar wissen, was zu tun ist, doch wir tun es nicht. Die Kluft zwischen dem, was ist, und dem, was sein sollte, ist extrem breit. Und die Vernunft scheint sie nicht überbrücken zu können. Wir wissen, aber wir tun nichts ... Fehlt es uns an Wagnis zum Verzicht? An Kreativität, um unseren Lebensstil zu ändern? Was ist nötig, um den notwendigen Wandel herbeizuführen?

Natürlich könnte man sagen, dass Einsicht nötig wäre. Denn auf der Grundlage der Einsicht erkennt man seinen schädlichen Lebensstil und kann ihn ändern. Nehmen wir zum Beispiel die buddhistische Tradition. Da gibt es das wunderschöne Metta-Sutta, einen Pali-Text über die Liebe. Dort heißt es, man wolle an das Wohlergehen (*sukha)* aller fühlenden Wesen denken, auch jener, die in Zukunft leben werden. Aber selbst in Ländern, in denen dieser Text täglich rezitiert wird, ist die ökologische Lage nicht besser als hier. Warum ist es so schwierig für die Menschen, den Wunsch nach Wohlergehen für alle umzusetzen? Es scheint, dass wir nicht in der Lage sind, nach unserer Einsicht zu handeln, selbst wenn wir sie erlangt haben.

DL: Ich denke, es geht hier um eine umfassendere Form der Bildung. Religiöse Texte setzen eine Norm, haben aber keine Auswirkung, wenn jemand kein ernsthaft Praktizierender ist. Denke doch nur an Burma/Myanmar, ein buddhistisches Land, das von Gewalt an der Westküste und ökologischen Problemen in den Städten erschüttert wird. Oder Sri Lanka, wo es ebenfalls zu Gewalt zwischen den verschiedenen ethnischen Gruppierungen kommt, die nicht nur unterschiedliche Sprachen sprechen, sondern auch unterschiedliche Religionen haben. Menschen, die sich mit Hassbotschaften und Gewalt identifizieren, setzen nicht um, was der Buddha lehrte. Das liegt doch auf der Hand, und so ist es in vielen Religionen. Ich glaube, dass hier Erziehung letztlich effektiver ist als bloße religiöse Lehren. Andererseits sollten wir zwei Dinge nicht aus den Augen verlieren:

Erstens: Sich um ökologische Fragen zu kümmern heißt, sich um sein eigenes Heim zu kümmern, seine eigene Familie. Dieses rationale Argument sollte auch emotionales Interesse hervorrufen. Jeder Mensch muss eines begreifen: Geht die aktuelle globale Erwärmung aufgrund unseres Lebensstils so weiter, werden wir und die Generation nach uns massive Probleme haben. Und das kann schon in zwanzig bis dreißig Jahren der Fall sein. Zweitens: Es gibt keinen Zweifel daran, dass die ersten Leidtragenden Arme bzw. arme Länder sein werden, aber auch die Reichen werden genauso betroffen sein. Geld, Reichtum, Vermögen und Landbesitz nützen hier gar nichts. Dies muss den Menschen deutlich gemacht werden, die die Ressourcen besitzen, um den Wandel substanziell voranzutreiben.

MvB: Wie bereits besprochen, setzt die Wirtschaft im Moment auf Wachstum als Motor. Damit ist ein quantitatives Wachstum gemeint, das immer mehr Güter und Dienstleistungen hervorbringt, um immer mehr Geld zu generieren, das dann wieder investiert wird. Länder und Regierungen messen ihren Erfolg am Wachstum des Bruttoinlandsproduktes. Ganz ähnlich läuft es bei den Unternehmen, deren Aktienkurs steigt, wenn sie quantitatives Wachstum vorweisen können. Die Manager erhalten ihre Bonuszahlungen nur, wenn sie kurzfristige quantitative Erfolge nachzuweisen haben, manchmal nur für wenige Monate. Wenn sie genauso viel produzieren oder verkaufen wie im Jahr zuvor, gilt dies schon als Versagen. In der Wirtschaft von heute geht es nur um Wachstum. Und wenn sie kein Wachstum vorweisen können, gibt es keine Arbeitsplätze. Wenn sie keine Arbeitsplätze schaffen, kommt es zur Arbeitslosigkeit usw.

DL: Wachstum wird gebraucht, weil ja auch die Bevölkerung wächst.

MvB: Wenn das so ist, wie lassen sich dann ökologische Katastrophen vermeiden, die Resultat eben dieses Wachstums sind, denn Wachstum heißt auch, dass man immer mehr Ressourcen verbraucht?

DL: Wir brauchen dazu fortschrittlichere Technologien. In vielen Fällen besitzen wir diese ja bereits – Windenergie, Sonnenenergie usw. Wir haben die Technologie, um Kohle, Erdöl oder andere fossile Energieträger zu ersetzen. Es ist nur Trägheit und kurzfristiges Denken, was uns daran hindert, solche nachhaltigen Technologien in großem Maßstab einzusetzen. In dieser Hinsicht sollten wir einfach abenteuerlustiger werden bzw.

Wagnisse eingehen. Und dann hätte ich da noch einen Traum: Die Sahara und die Wüsten im zentralen Australien sollen bewässert und grün werden! Wir haben die Technologie, um Meerwasser in Süßwasser umzuwandeln. Das sollte getan werden. Lass uns Meerwasser in Süßwasser verwandeln und damit die Wüste bewässern. Das könnte einen echten Wandel bringen – genug Nahrung für Millionen, frische Luft, Arbeit für unzählige Menschen. Und das ließe sich tatsächlich in den nächsten zehn bis zwanzig Jahren realisieren. Australien ist ja von Meerwasser umgeben. Auch die Araber könnten weite Gebiete der Sahara in grüne Plantagen umwandeln. Davon würden Millionen Menschen profitieren. Statt dieses Wasser nur in den beengten Megacitys zu verbrauchen, sollten wir damit die Wüste grün machen. Auch dies wäre ein eindrucksvoller Beitrag zur sozialen Stabilisierung dieser Regionen. Wir sollten versuchen, mehr grüne Regionen zu schaffen. So viele Länder verschleudern ihr Geld für Waffenkäufe. Wenn sie nur einen Bruchteil dieser Mittel für die Umwandlung von Meerwasser in Trinkwasser und die entsprechenden Bewässerungsprojekte bereitstellen würden, hätten wir sogleich eine ganz andere Situation auf der Welt. Das ist einer meiner Träume.

MvB: Ja, das wäre wirklich ein Wagnis. Ich denke, der ökologische Wandel sollte ein echtes Menschheitsprojekt werden, so wie es in den späten 1960er Jahren die Mondlandung war. Er erfordert Fantasie, Kreativität, positive Emotionen, viel Kampagnenarbeit und vielleicht auch Wettbewerb. Damals war es ein Prestigeprojekt, den Menschen die Landung auf dem Mond zu ermöglichen. Die USA trieben es voran, um die Russen zu schlagen. Das war ein Nebeneffekt des Kalten Krieges. Aber wer könnte sich dafür einsetzen, dass die Träume einiger weniger ein Projekt der vielen werden?

Du lernst viele Menschen kennen, die wichtige Entscheidungen treffen, Führungspersönlichkeiten aus Wirtschaft, Politik und Wissenschaft. Hast Du das Gefühl, dass es für diese Problematik ein Bewusstsein gibt, auch unter den Führungskräften?

DL: Ja, das ist tatsächlich der Fall. Aber das Bewusstsein zu schaffen ist die eine Sache, die Pläne umzusetzen eine andere, da viele praktische Schwierigkeiten damit verbunden sind. Wie Du schon sagtest, liegen Welten zwischen dem Wissen und dem effektiven Handeln. Das Wissen bzw. Wünschen ist das eine, das Tun etwas völlig anderes.

MvB: Aber in einigen Ländern, gerade auch hier in Indien, gibt es sogenannte »grassroot movements«, also Basisbewegungen, die versuchen, solche Ideen auf lokaler Ebene zu realisieren. In Deutschland und anderen Ländern gibt es Bemühungen, eine lokale Ökonomie zu schaffen, in der Produktion, Tausch und Konsum Kreisläufe innerhalb eines überschaubaren Gebietes erzeugen. Die Menschen sind stolz darauf, wenn sie da mitmachen. Es ist eine Art Gegenbewegung zu den großen Kreisläufen, die zu viel Energie verbrauchen und meist auch ihre Arbeiter ausbeuten, zum Beispiel, wenn man Blumen aus Afrika importiert und Obst aus China und so weiter. Diese lokalen Bewegungen geben eine lokale Währung aus. In Bayern gibt es mehrere solcher Gruppen. In gewisser Weise leben darin Gandhis Ideen über lokale und ländliche Entwicklung wieder auf. Das reduziert die Verschwendung von Ressourcen ganz erheblich. Solche Projekte funktionieren oft erstaunlich gut und motivieren die Menschen. Hast Du in anderen Ländern schon von solchen Bemühungen gehört?

DL: Nein.

MvB: Ich finde das sehr ermutigend.

DL: Sehr gut.

MvB: Die Leute bauen ihre eigenen Kartoffeln an, ziehen ihre eigenen Apfelbäume. Und wenn etwas kaputtgeht, wird es repariert, nicht weggeworfen. Das ist eine Recyclingwirtschaft im kleinen und lokal überschaubaren Stil. Manchmal verkaufen sie ihre Produkte oder Dienstleistungen nicht für Geld, sondern für Punkte. Die kann man dann zum Beispiel beim Friseur einlösen. Dann bekommt man einen Haarschnitt für einen Korb Äpfel. Auf diese Weise wird kein exzessiver Reichtum angesammelt, was aus den oben genannten Gründen schädlich sein kann. Auch Gandhi setzte auf dieses Prinzip. Glaubst Du, dass so etwas auch in größerem Maßstab möglich wäre, oder ist das nur ein romantischer Traum?

DL: Ich vermute, für kleine Länder ist das einfacher. Große Länder haben viel komplexere wirtschaftliche und politische Strukturen, die ohne Finanzmärkte kaum zu organisieren sind. Europa hat hier nicht nur eine Chance, sondern eine ganz besondere Verantwortung, denn in Europa gibt es zahlreiche kleine Länder. Und das Subsidiaritätsprinzip der Europäischen Union macht es möglich, dass Experimente im kleineren Maßstab innerhalb eines gut geschützten Rahmens stattfinden können. Die Europäische Union ist wirklich ein gutes Beispiel. Ich wünschte, es gäbe eine Afrikanische und Lateinamerikanische Union nach dem Vorbild der EU. Vielleicht auch eine Arabische Union, die sich allmählich entwickeln könnte. Und dann auch eine solche Union in Asien, die Indien, China, Japan, Korea und die Mongolei zusammenfasst.

Ich bewundere Europa wirklich, vor allem Deutschland und Frankreich. Sieh Dir nur deren lange Geschichte an, in der es immer Spannungen und Kriege gab. Doch nach dem 2. Weltkrieg kamen auf beiden Seiten kluge Menschen zur Einsicht, und beide Länder änderten daraufhin ihre Art des Umgangs miteinander. Wie ich schon sagte, das erfordert weitsichtige Akteure im Laufe der Geschichte. Adenauer und de Gaulle waren im Krieg Erzfeinde, dann aber änderten sie ihr Verhalten, weil sie eingesehen hatten, dass die Wirklichkeit sich geändert hatte. Das gemeinsame Interesse ist wichtiger als das nationale Interesse, das auf Vorstellungen von nationaler Eigenart und den Erfahrungen der Vergangenheit beruht. Auf lange Sicht nämlich hängen auch die nationalen Interessen stark vom übergeordneten gemeinsamen Interesse ab.

MvB: Ja, aber leider steckt Europa im Moment in der Krise. Die Briten treten aus der Union aus, was die meisten Europäer zutiefst bedauern. Und der neue Nationalismus hebt nicht nur in den osteuropäischen Ländern sein hässliches Haupt. Was kann man da tun? Wie sollen wir damit umgehen?

DL: Ich weiß nicht. Es ist ja nicht so, dass ganz Großbritannien gegen die EU wäre, aber die meisten Brexiteers sind Engländer. Es gibt auch deutliche Anzeichen dafür, dass es enorme Schwierigkeiten geben wird, wenn Großbritannien die EU verlässt. Einige der älteren britischen Politiker träumen vielleicht noch vom British Empire. Reminiszenzen an die »glorreiche Vergangenheit« machen sie möglicherweise blind für einen unvoreingenommenen Blick auf Gegenwart und Zukunft. Deshalb wollen sie nicht auf die deutsche Kanzlerin und den französischen Präsidenten hören. Das ist einfach töricht.

MvB: Andererseits scheint auch im Menschen dieser Trieb zum Kampf angelegt, also nicht nur zum Wettbewerb. Wir haben darüber schon gesprochen. In der Entwicklungsgeschichte sehen wir, dass Tiere einander bekämpfen, ja sogar auffressen. Darwin spricht in diesem Zusammenhang ja vom Überleben des Stärkeren, und das ist eine Frage der Anpassung. Durch diesen Selektionsprozess überlebt am Ende wirklich der, der am besten an die jeweiligen Umweltbedingungen angepasst ist. Und wenn wir uns die Menschheitsgeschichte ansehen, ist sie in vielerlei Hinsicht eine Geschichte der Kriege. Es gab immer nur kurze Zeiten des Friedens. Und selbst heute herrscht überall so viel Gewalt. Denkst Du, der Mensch könnte sich im nächsten entwicklungsgeschichtlichen Schritt vielleicht ändern, dazulernen und einen anderen Teil seines Potenzials entwickeln, die Anlage zum Mitgefühl, von der Du so häufig sprichst? Das dauert möglicherweise ein paar Jahrtausende, aber es scheint so, als hielte die Evolution – jetzt, wo wir Techniken entwickelt haben, mit denen wir uns selbst zerstören können – uns an, unser Potenzial zum Frieden zu fördern, um den Krieg als Institution überflüssig zu machen. Glaubst Du, dass eine solche Erwartung realistisch ist?

DL: Ja. Die Wirklichkeit selbst drängt uns zur Veränderung. Es gibt Anzeichen dafür, dass genau das passiert. In den europäischen Ländern zum Beispiel scheinen die jungen Menschen anders zu denken als die älteren. Was denkst Du denn?

MvB: Ich sehe das auch so. Zumindest in Westeuropa. Da gibt es eine neue Identität, massiven Austausch, fast jeder spricht die eine oder andere Fremdsprache. Das formt einen gemeinsamen kulturellen Raum. Dazu gehört auch die Zusammenarbeit in Wissenschaft und Kunst. All das gilt uns heute schon als selbstverständlich. Freilich muss dieses Zusammenwachsen weiter gefördert werden, aber die ersten Ansätze sind schon da.

DL: Als ich ein paar Europäer fragte, was sie vom Land jenseits ihrer Staatsgrenze halten würden, meinten sie: »Das sind unsere Nachbarn.« Das ist gut.

MvB: Ja.

DL: Meiner Ansicht nach ist dies eine Haltung, die sich durch Erziehung herausgebildet hat und weiter kultivieren lässt. Die Europäische Union ist dafür ein wirklich gutes Beispiel. In den europäischen Ländern vermittelt man den Bürgern, dass sie zusammengehören, dass sie eins sind. Aber auch Indien ist diesbezüglich interessant, denn die Bevölkerungsgruppen dort sind sehr verschieden, trotzdem haben sie eine indische Identität. Da gibt es Ostindien, Südindien, Nordindien – all diese Regionen haben unterschiedliche Sprachen, Schriften, Lebenswelten und Künste, aber sie gehören trotzdem zur Republik Indien, zur Indischen Union. Wenn wir zulassen, dass wir in kleine Einheiten zerfallen, kleine Länder, kleine Identitäten, wird alles sehr schwierig. Vor allem weil ja die ökologischen und sozialen Probleme, die wir lösen müssen, nicht an den Landesgrenzen haltmachen.

MvB: Meinst Du also, dass das alles auch mit der physischen Größe zu tun hat?

DL: Ja.

MvB: Die ökologischen Probleme hängen natürlich direkt von der Anzahl der Menschen ab, wenn auch nicht ausschließlich.

Wie Du bereits sagtest: In Tibet hatten sie sauberes Wasser, und dort lebten sehr wenige Menschen. In Indien ist das Wasser verschmutzt, weil es dort von Millionen Menschen verunreinigt wird.

DL: Ja, aber die Situation dort ist auch durch die natürlichen geografischen Bedingungen anders. In Tibet gibt es viel Schnee, zumindest war das früher so. Ich weiß nicht, wie das in Zukunft aussehen wird. Schnee war und ist eine Wasserquelle. Es gab also viel Wasser, ganz unabhängig von der Anzahl der Bewohner. In Indien ist das nicht der Fall. Ich glaube nicht, dass dies also ein rein demografisches Problem ist.

Wenn man all die Aspekte, über die wir jetzt gesprochen haben, zusammen ansieht, dann ist klar, dass die Ökologie einer der wichtigsten Punkte in der Erziehung sein sollte. Wie bei der Frage der Atomwaffen, die in den letzten Jahrzehnten bestimmend war, geht es auch hier darum, dass man den Menschen das Problem in seiner ganzen Komplexität erklärt. Und wir sollten uns Ziele setzen, die wir innerhalb einer bestimmten Zeit erreichen wollen. Vor einigen Jahren gab es ein Treffen von Nobelpreisträgern in Rom, das ursprünglich in Südafrika stattfinden sollte, dann aber verlegt wurde, weil die südafrikanische Regierung zögerlich war. Dort wurde deutlich gemacht, dass ein Atomkrieg nicht nur auf der Stelle Millionen von Menschen töten, sondern auch einen nuklearen Winter auslösen würde, der dem ganzen Erdball schadet. Das hat allen Angst eingejagt, denn davon bliebe keine einzige Region weltweit verschont. Bei diesem Treffen mahnte ich, dass es nicht ausreichen würde, einfach nur eine gemeinsame Erklärung abzugeben, dass wir die Atomwaffen abschaffen sollten, sondern ich trat vielmehr dafür ein, dass wir geeignete Maßnahmen vorschlagen und auf ihre Umsetzung drängen sollten. Ich schlug einen Zeitplan vor, der genau beschreiben sollte, was sich in zwei, drei oder vier Jahren konkret erreichen ließe. So könnte man eine weltweite Bewegung in Gang setzen. In ähnlicher Weise sollten wir in ökologischer Hinsicht vorgehen: Ich habe viel gelernt von den Erklärungen der Fachwissenschaftler, vom Fernsehen und aus Diskussionen über die schrecklichen Katastrophen, die uns möglicherweise bevorstehen. Die Fachleute müssten häufiger öffentlich Stellung nehmen und den Leuten unmissverständlich erklären, was auf sie zukommen könnte. Das ist sehr wichtig. Sonst könnten diese furchtbaren Entwicklungen letztlich aus Unwissenheit und nicht aus einer schlechten Motivation heraus eintreten. Dabei sollten wir aber nicht nur auf Katastrophenszenarien setzen, sondern den Menschen auch Wege zeigen, wie sich dagegen etwas unternehmen lässt. Dass es an jedem Einzelnen liegt, die Dinge zu verändern. Es ist wirklich sehr wichtig, dass wir den Menschen das nötige Wissen vermitteln.

MvB: Auch hier kommt den Medien eine entscheidende Rolle zu, wie wir bereits besprochen haben.

DL: Ja, genau.

MvB: Hast Du eine Idee, wie man die Qualität der Medien sicherstellen könnte? Medien, die über die Gefahren berichten, aber auch positive Signale senden, um die Motivation und den Mut für die anstehenden Veränderungen zu stärken?

DL: Ich denke, verantwortungsvolle Medienschaffende könnten ihren beruflichen Einfluss wirkungsvoller nutzen. Schon seit langem dreht sich alles um einen materialistischen Lebensstil und vor allem um das Geld. Doch auch die anderen Facetten des menschlichen Lebens sollten sich in den Medien spiegeln, jedenfalls deutlich sichtbarer, als dies im Moment der Fall ist.

MvB: Du triffst ja immer wieder auf Menschen, die im Bereich der Medien Einfluss haben. Da sind vermutlich viele verantwortungsbewusste Leute darunter, aber sicher auch andere, die mehr auf Sensationen aus sind. Wenn aber ein Journalist heute kritisch über das Wirtschaftssystem oder unseren materialistischen Lebensstil berichtet, riskiert er – zumindest in einigen Ländern und bei bestimmten Boulevard-Zeitungen und Fernsehsendern – vielleicht seinen Job, denn solche Medien gehören reichen Unternehmern, den so genannten Medienmogulen, die eng mit Großkonzernen verflochten und weniger an Wahrhaftigkeit als an Gewinn orientiert sind. Glaubst Du, hier kann man etwas dagegen tun?

DL: Ich weiß nicht. Wie ich bereits sagte, alles, was wir tun können, ist, die Menschen über die Nachteile dieses Lebensstils aufzuklären, der in so vielfältiger Weise ungesund ist. Nicht nur über materiellen Reichtum reden, sondern auch über innere Schätze. Wir müssen die Journalisten einfach dazu ermutigen.

MvB: Erziehung seitens der Medien sieht meistens so aus, dass man eine finstere Zukunft zeichnet, die uns erwartet, sollten wir uns nicht ändern. Die Klimaerwärmung ist real! Selbst die Nobelpreisträger, von denen Du gerade gesprochen hast, ermahnen die Menschen und weisen auf die Gefahren hin. Das macht Angst. Und wenn es zu oft wiederholt wird, ohne dass sich Konsequenzen zeigen, dann führt das zu Gleichgültigkeit bei den Menschen. Doch Angst ist nicht die beste Motivation für einen Wandel. Sie kann am Anfang ein Auslöser zum Denken und Handeln sein, ist aber langfristig sicher nicht die beste Art für Motivation. Oder was meinst Du?

DL: Die negativen Konsequenzen unseres Verhaltens aufzuzeigen ist notwendig, weil wir nur so lernen, alles realistisch auf den Prüfstand zu stellen. Doch wenn dabei nur auf Angst gesetzt wird, dann demoralisiert das, und das wäre kontraproduktiv. Angst ist eine natürliche Reaktion aller fühlenden Wesen, um mit gefährlichen Situationen umgehen zu können, die man schon einmal erlebt hat. Angst hat ihre Wurzeln also sehr häufig – wenn auch nicht immer – in der Vergangenheit. Sie versetzt den Organismus in Alarmbereitschaft. Ein gewisses Maß an Angst ist also ganz natürlich und in den meisten Fällen hilfreich. Aber wir müssen weitergehen, die Erziehung muss weitergehen: Eine Analyse liefert uns ein klares Bild der momentanen Lage und möglicher negativer Resultate. Und wie wir bereits sagten, löst dies manchmal Angst aus. Auf der Grundlage des Wissens und der Motivation, die wir so gewonnen haben, sollten wir Konsequenzen ziehen. Es gibt ja schließlich Alternativen, und einige davon wurden auch bereits umgesetzt, wie Du vorher erzählt hast. An diesem Punkt braucht es das Wagnis zur Verhaltensänderung, bei uns selbst und in unserem sozialen Umfeld. Das stärkt wiederum die Motivation, was Rückwirkungen auf die soziale Atmosphäre hat: Man findet Freunde, die mit einem selbst gemeinsam handeln, und dies wiederum macht mehr Mut. So nehmen die Dinge allmählich eine positive Wendung. Jeder Mensch kann seine geistige Haltung immer wieder neu ausrichten. Die Angst war dann der Auslöser, der alles in Gang gesetzt hat, sie hat ein Potenzial aktiviert. Doch nur Angst zu haben und darin zu verharren, lähmt uns. Das wäre nicht gut.

MvB: Tatsächlich gibt es auf der Erde nicht nur Katastrophen und düstere Wolken am Himmel. Es gibt auch eine wachsende Zahl von Menschen, die sich mit großem Einsatz für eine Veränderung unseres Lebensstils engagieren und beachtliche Resultate erzielen. Wenn man die Massenmedien betrachtet oder sich gar nur in den sozialen Netzwerken informiert, könnte man in Depressionen verfallen oder in Paranoia. Aber das ist eben nur die eine Seite der Medaille, sie steht nicht für alles, was geschieht. Es gibt so viele positive, lebensfördernde Veränderungen wie vielleicht nie zuvor in der Menschheitsgeschichte! Das ist ermutigend. Ob es um das Engagement gegen die Armut, für mehr Gerechtigkeit oder für Frauenrechte und Ökologie geht, ob Ärzte freiwillig in Katastrophengebieten tätig sind, Menschen sich gegen Kinderarbeit, für den Dialog zwischen den Religionen oder für Amnesty International einsetzen … Es gibt ganz wunderbare Beispiele von großartigen Menschen, die sich allen Widrigkeiten zum Trotz überall auf der Welt engagieren. Das sind die Helden unserer Zeit. Sie gehen Wagnisse ein. Wir haben ja bislang nur ein solches Beispiel geschildert, die Gruppe ökologisch eingestellter Menschen in Bayern, die eine Lokalökonomie aufbauen und fördern. Aber es gibt unzählige solcher Gruppen in aller Welt, in Indien, in Afrika, auf dem amerikanischen Kontinent, auf allen Kontinenten. Da sind die hochgesteckten Ziele der Sharing-Economy (kollaborative Wirtschaft), wo man bestimmte Güter wie beispielsweise Autos nicht mehr selbst besitzt, sondern nur noch über intelligente Netzwerke mietet. So ließen sich Staus auf den Straßen verringern und unsere Öko-Bilanz verbessern. Solche Initiativen stärken auch noch das soziale Netz, sie sind also in vielerlei Hinsicht nützlich. Viele Ökologen sehen darin die Lösung für die weltweiten Verkehrsprobleme. Wie können wir solche ermutigenden Nachrichten noch intensiver unter die Leute bringen, damit sie nicht nur die negativen Seiten des Lebens sehen, sondern ein Bewusstsein für erfolgreiches Engagement durch entsprechende Erfahrungen in der Zivilgesellschaft bekommen?

DL: Ich glaube, dass die Kommunikation zwischen einzelnen Menschen hier nicht genügt. Wir müssten viel häufiger Treffen veranstalten, bei denen Menschen des öffentlichen Lebens das Wort ergreifen, wie Nobelpreisträger, Filmstars, berühmte Sportler. Dann wird die Aufmerksamkeit der Medien ganz von selbst darauf gelenkt. Auf solchen Veranstaltungen sollten die Berühmtheiten von positiven Beispielen berichten, wie Du das gerade vorgeschlagen hast. Schließlich gehen diese Themen die gesamte Menschheit an, es ist unser aller Zukunft. Wir können und dürfen das nicht den Politikern überlassen, denn wir alle sind Teil der menschlichen Gemeinschaft und sollten die anstehenden Probleme gemeinsam lösen. Manchmal haben die Nicht-Politiker ohnehin mehr Einfluss als Berufspolitiker. Das sollte man im Hinterkopf behalten, wenn man Strategien entwickelt, um der Öffentlichkeit bewusst zu machen, welche Art von Wandlung erforderlich und möglich ist. Wenn die Experten sich hin und wieder mit Berühmtheiten zusammentun, wird das Interesse der Medien geweckt. Das ist nur ein gangbarer Weg, aber vermutlich ein recht effektiver.

MvB: Ganz sicher sollten die Experten nicht vorwiegend unter sich bleiben. Wir haben ja unzählige Fachtagungen, bei denen die Forscher meist nur unter ihresgleichen sind. Dabei wäre es wichtig, dass sich Wissenschaftler auch mit Nicht-Wissenschaftlern austauschen, mit Ärzten und Künstlern, Sportlern und Lehrern, Politikern und religiösen Führern, Managern und Arbeitnehmern. Hier sollten wirklich mehr Begegnungen stattfinden.

DL: Ja, das ist richtig. Und wichtig. Alle menschlichen Aktivitäten beziehen sich schließlich auf die Gesellschaft und die Menschheit als Ganzes. Jeder Bereich hat seinen speziellen Blickwinkel.

Am Ende aber ist die ganze Menschheit davon betroffen. Das ist vollkommen richtig.

MvB: Ich möchte noch einen schwierigen und kontroversen Problembereich anschneiden. Im Grunde kenne ich Deine Einstellung dazu, aber ich möchte trotzdem mit Dir darüber sprechen: Technologie. Sollten wir von manchen Technologien nicht lieber die Finger lassen? Ein gutes historisches Beispiel ist ja die Kernkraft. Wir können die Technologie der Kernspaltung sowohl für Kernreaktoren nutzen als auch für Bomben. Bis heute geht man davon aus, dass man zwischen »friedlicher« und »militärischer« Nutzung unterscheiden könne. Doch wir wissen mittlerweile auch, dass es schwierig ist, hier eine Grenze zu ziehen, denn Uran, das in Reaktoren zu Plutonium angereichert wird, kann am Ende auch dazu benutzt werden, eine Bombe zu bauen. Außerdem mussten wir nach Tschernobyl und Fukushima begreifen lernen, dass selbst die kommerzielle Nutzung von Kernreaktoren, die ja angeblich »friedlich« ist, höchst gefährlich werden kann. Das nukleare Damoklesschwert hängt also immer noch über unserem Kopf, auch wenn es mittlerweile andere technologische Probleme gibt wie zum Beispiel die Genmanipulation. Sollten wir nicht auch darauf besser verzichten? Siehst Du darin ein Problem?

DL: Ja.

MvB: Und damit ist die technische Entwicklung ja noch nicht an ihr Ende gekommen. Heutzutage gibt es eine neue technische Revolution, die Künstliche Intelligenz (KI) und das Problem von »Big Data«, der exzessiven Datensammlung. Die Künstliche Intelligenz wird sich vermutlich über alle Lebensbereiche ausbreiten. Sie kann uns so manipulieren, dass wir uns nicht mehr selbstbestimmt entwickeln werden. Es gibt begründete Bedenken, dass wir Marionetten oder Sklaven der Computersysteme werden könnten.

DL: Die Menschen können sich solche Dinge tatsächlich vorstellen, doch ob dies eintritt, ist keineswegs sicher. Möglicherweise ist es schwierig, solche Systeme tatsächlich zu produzieren. Es ist ja auch fraglich, ob das, was diese Computer besitzen, tatsächlich »Intelligenz« ist und was Intelligenz überhaupt ausmacht. Möglicherweise werden diese Maschinen einmal bestimmte Eigenschaften haben, die die menschliche Intelligenz ebenfalls besitzt, doch letztere ist nun mal auch zur Kreativität fähig, zu Emotionen und freien Willensentscheidungen usw. Die Diskussionen, die es darüber weltweit gibt, scheinen mir diesbezüglich manchmal nicht ganz klar zu sein.

MvB: Nun, es gibt immerhin schon Computer, die nicht nur Schach spielen können, sondern Go – was wesentlich komplizierter ist. Und die Computer schlagen dabei die Weltmeister in diesen Disziplinen. Die Maschinen sind lernfähig, sie können sich selbst fortbilden. Sie können lernen, ohne dass der Mensch mit irgendwelchen Programmen eingreifen müsste. Heute trifft beim amerikanischen Militär zum Beispiel ein Computer die Entscheidung, ob eine Bombe gezündet wird oder nicht.

DL: Ich weiß nicht.

MvB: Sie benutzen Drohnen, die die Fähigkeit haben, ihr Ziel automatisch anzusteuern, und feuern aufgrund der Ergebnisse einer Gesichtserkennungs-Software.

DL: Ich weiß nicht, ob die USA solche Waffen einsetzen oder nicht. Letztlich aber liegt die Entscheidung, ob diese Technik eingesetzt wird oder nicht, beim Menschen, in diesem Fall beim Präsidenten der Vereinigten Staaten. Er ist der Oberbefehlshaber der Streitkräfte und muss seine Entscheidung nach der Einsatzbesprechung mit seinen Beratern treffen, die ebenfalls Menschen sind.

Soweit ich weiß, wurden weder in der Vergangenheit noch in der Gegenwart Entscheidungen über solche wirkungsvollen Waffensysteme je von Computern getroffen. Der Computer leistet vielleicht Hilfestellung bei der Entscheidung und führt sie am Ende aus, aber die Entscheidung selbst ist ein Akt menschlichen Handelns.

Und Computer kennen nun mal kein Mitgefühl. Ohne Mitgefühl aber ist menschliches Leben unmöglich. Denke doch nur an die Mutter, die in den ersten Tagen der Kindesentwicklung für ihr Baby sorgt. Und auch später ist ohne Mitgefühl kein Leben möglich. Techniker können raffinierte Algorithmen programmieren, die menschliches Leben nachahmen, aber das ist kein menschliches Leben, wie wir es kennen. Warum? Weil Mitgefühl kein Algorithmus ist. Dieses drückt sich vielmehr spontan aus, aufgrund der Erkenntnis, dass alles Leben miteinander verbunden ist, wie wir es vorher erörtert haben.

MvB: Und doch gibt es Anwendungen der Künstlichen Intelligenz, die unser Leben so sehr beeinflussen, dass man kaum noch von freien Entscheidungen sprechen kann, denn diese Entscheidungen scheinen nur frei, sind in Wirklichkeit aber von den Algorithmen der Computer beeinflusst. Wir haben dafür bereits die Finanzmärkte genannt. Der Handel von Daten und der Austausch von Informationen findet nicht innerhalb weniger Sekunden statt, sondern nur noch in Sekundenbruchteilen. Wenn ein

Computer eine negative Tendenz für eine Aktie berechnet, springen alle anderen Computersysteme auf den Zug auf und stellen die Aktie zum Verkauf, ohne dass auch nur ein Mensch die Entscheidungen des Computers vorher prüft. Und dieser Prozess wird von anderen Programmen registriert und automatisch in die nächsten Berechnungen einbezogen, sodass eine selbstlaufende Abwärtsspirale entsteht. Millionen von Dollar, die für Millionen Menschen Sicherheit und Wohlstand bedeuten, werden innerhalb weniger Minuten, ja Sekunden vernichtet. Menschen sind von der Technik abhängig, das ist nicht neu in der Geschichte. Doch diese KI-Netzwerke machen uns in noch nie gekanntem Ausmaß abhängig von der Technologie, weil ein Computer immense Datenmengen in so kurzer Zeit verarbeiten kann.

DL: Das mag durchaus richtig sein. Und eine massive Abhängigkeit von bestimmten Technologien ist nicht gut für den Menschen. Am Ende jedoch hängen diese Probleme alle von Werten ab, von der Frage, was sich der Mensch davon erhofft. Das Leben ist als Phänomen nicht vergleichbar. Menschliches Leben besitzt den allerhöchsten Wert, und die kulturellen Normen haben sich in Jahrtausenden kultureller Entwicklung herausgebildet. Diese Werte haben sich auf ihre ureigenste Weise entwickelt. Sie lassen sich nicht auf Maschinen reduzieren.

MvB: Aber dann … was ist denn mit dem zerstörerischen Aspekt dieser Technologien, mit der Angst, dass die Künstliche Intelligenz den Menschen versklavt? Denkst Du nicht, dass das passieren könnte?

DL: Nein, das glaube ich nicht.
Maschinen sollten im Prinzip dem Menschen dienen. Menschen hingegen sollten nicht den Maschinen dienstbar sein. Ich

vermute, einige Wissenschaftler und Medien verbreiten hier bewusst Schockmeldungen. Das hat zu einem Hype geführt, doch diese Menschen haben ein Eigeninteresse daran, solche Ängste zu schüren, diese eigenartigen Befürchtungen. Doch dahinter stehen Übertreibungen und unklare Definitionen: Was ist menschlich? Was ist Denken? Was sind Emotionen? Was ist Intelligenz?

Wenn man ein paar KI-Wissenschaftler in einen Raum sperren und ihnen ihre Mahlzeiten nur auf Zeitungspapier servieren würde, käme es wohl zu erheblichen Protestreaktionen. Sie würden sich in ihrer menschlichen Würde gekränkt fühlen, die ein Ausdruck ihrer Kultur ist. Denn was wir als Würde ansehen, ist kulturell geprägt, die Würde und der Wunsch nach Würde sind immer da. Und diese Würde ist es, die uns vom Computer unterscheidet.

MvB: Das ist ein gutes Argument. Der Mensch lebt von Emotionen und braucht menschliche Wärme. Dein Beispiel von dem Wunsch, sein Essen auf kultivierte Weise serviert zu bekommen, ist beeindruckend. Wenn ich Wissenschaftler treffe, zum Beispiel bei einer Podiumsdiskussion, dann reden alle nur noch vom Datensammeln und von Big Data. Big Data würde bald alles bestimmen, heißt es. Aber wenn man diese Menschen dann persönlich kennenlernt, dann wollen auch sie einfach nur mehr Zeit für die Familie, für Erholung, für die Erfahrung von Schönheit, für die Freude, am Leben zu sein …

Transformation der Religionen

MvB: Lass uns jetzt zu einem Thema kommen, das sich recht einfach auf den Punkt bringen lässt: 2500 Jahre Buddhismus, 2000 Jahre Christentum, und immer noch keine Verbesserung der Menschheit! Warum machen wir da immer noch so viel Aufhebens um die Religionen? Haben sie versagt? Oder sind zweieinhalbtausend Jahre einfach ein zu kurzer Zeitraum, um ein begründetes Urteil zu fällen?

DL: Wenn wir heute Rückschau halten auf historische Entwicklungen, so geschieht das bewusst und mit bestimmter Absicht. Wir analysieren individuelles und kollektives menschliches Handeln in den jeweiligen historischen Zusammenhängen. Wir versuchen, Schlussfolgerungen zu ziehen und aus der Vergangenheit zu lernen. Unser kollektives Gedächtnis lehrt uns, dass mehr Erziehung stattfinden muss, und zwar eine umfassende Form von Erziehung und Bildung. Mit der entsprechenden Erziehung wird die Neugier, das Interesse am analytischen Denken, an einer Schulung des Geistes, die auch die Emotionen mit einbezieht, ganz gewiss zunehmen. Für solche Religionen und Vorstellungen, die ausschließlich auf Glauben beruhen, wird dies allerdings wohl eher schwierig werden, wie wir schon diskutiert haben. Soweit es den Buddhismus betrifft, unterscheide ich immer zwischen dem Buddhismus als Religion und dem Buddhismus als Philosophie und praktischer Psychologie. Dieser Teil kann wie ein akademisches Studium betrieben werden, und die Ergebnisse aus solchen empirischen Untersuchungen lassen sich in der Praxis, im Alltag anwenden. Das geeignete Mittel dafür ist die

Erziehung. Erziehung ist nicht nur Faktenvermittlung, sondern sie sollte darauf abzielen, die Instrumente des Wissens zu entwickeln, und zwar alle – Denken, Fühlen, Gedächtnis, Willenskraft. Wie ich bereits sagte, gibt es auch einen glaubensbasierten Buddhismus, doch wie lange es ihn noch geben wird, vermag ich nicht abzusehen. Jene Form des Buddhismus aber, die auf Erfahrung und Einsicht beruht, wird Bestand haben, weil sie Entscheidendes beitragen kann zur Entwicklung des Potenzials, das im Menschen angelegt ist. In den tibetisch-buddhistischen Klöstern von Sera, Ganden und Drepung, die in Bylakuppe bzw. Mundgod in Südindien liegen, leben Tausende von Mönchsstudenten, die den Buddha-Dharma als philosophisch-analytische Praxis und als Geistesschulung studieren und weitertragen. Dieser Aspekt sollte und wird in Zukunft von Bedeutung sein, wie wir bereits erörtert haben. Überall auf der Welt greifen Menschen, unabhängig von ihrer Religion und ihrem Glauben, diese Formen der Praxis auf – und viele von ihnen hängen überhaupt keinem Glauben und keiner Religion an.

In den klassischen Texten werden zwei Arten von Anhängern der Lehren des Buddha unterschieden: Diejenigen, deren rationale Fähigkeiten weniger stark entwickelt sind und die sich mehr auf den Glauben als auf den Verstand stützen, und diejenigen, die eher verstandesbetont sind und von denen gesagt wird, dass sie über höhere rationale Fähigkeiten verfügen. Wir müssen diese höheren rationalen Fähigkeiten entwickeln.

MvB: Schaut man aber nach Rom, Mekka, Jerusalem oder Dharamsala, sieht man, wie die Menschen, oder zumindest viele, mit großem Glauben und enormer Hingabe ihren rituellen Praktiken nachgehen. Hier in Dharamsala praktizieren Hunderte, manchmal Tausende von Gläubigen die Kora (*skor ra*), das rituelle Umschreiten Deiner Residenz. In Fatima versammeln sich die Menschen an dem Ort zur Andacht, an dem die Madonna erschienen sein soll. Juden pilgern zur sogenannten Klagemauer nach Jerusalem, Muslime nach Mekka. In Bodhgaya, wo der Buddha Erleuchtung fand, versammeln sich die Gläubigen um den Bodhi-Baum. Hindus verehren an der Gangesquelle den Gott Shiva in seiner Gestalt als Erhalter und Zerstörer. Hindus und Buddhisten umschreiten voller Verehrung den Berg Kailash in Tibet, der beiden Religionen gleichermaßen heilig ist. All diese Menschen vollführen solche Rituale in der Erwartung, dass sie ihnen Glück und Segen, Heilung von Krankheit und Leiden sowie Seelenfrieden bringen. So war es und so ist es, allen säkularen Tendenzen, allem wissenschaftlichen Fortschritt und modernen Lebensstil zum Trotz. All das zeigt doch, dass es im Menschen eine Dimension zu geben scheint, die diese Art von Glauben einfach braucht.

DL: Wenn wir uns in einer verzweifelten Lage befinden, dann sollten wir etwas haben, worauf wir unsere Hoffnung gründen, und das ist bei diesen Menschen Gott.

MvB: Worauf stützt Du als Buddhist Deine Hoffnung?

DL: Im Buddhismus gründen wir unsere Hoffnungen nicht auf das Vertrauen in den Buddha, sondern auf das Vertrauen in den Dharma. »Dharma« meint hier so viel wie »die eigenen geistigen Qualitäten«. Wie ich bereits sagte, unterscheide ich zwischen Buddhismus als Religion und Buddhismus als philosophischer und meditativer Weg. Natürlich gibt es im Buddhismus auch ein Element des Glaubens, das hinreichend begründet ist. Es gibt ein Vertrauen ins Leben, das Vertrauen in die Gesetzmäßigkeit der Wirklichkeit, das Vertrauen auf die umfassende Vernetztheit aller Dinge. Diese Art von Glauben schenkt den Menschen neben Kraft auch geistige und emotionale Klarheit, was sie befähigt, mitfühlend zu handeln und mitzuhelfen, das Leiden in der Welt zu verringern. Dies ist eine andere, sehr hilfreiche Form von Glauben, und vielleicht brauchen wir diese Form von Glauben auch. Doch Glauben ohne Vernunft ist mehr oder weniger blinder Glaube, und auf diese Form von Glauben sollten wir uns nicht zu sehr stützen. Allerdings ist bei diesem Thema Fingerspitzengefühl vonnöten. Das eben Gesagte sollte nicht als Geringschätzung des Glaubens von Christen, Muslimen, Juden oder Hindus und Buddhisten verstanden werden. Jeder Mensch entwickelt seinen eigenen Glauben auf der Grundlage überlieferter religiöser Erzählungen und Rituale. Ob die Vorstellungen, die ein Mensch daraus ableitet, sich als hilfreich erweisen oder nicht, ob sie ihn zur Befreiung oder in ungewollte Widersprüche führen, hängt von den Umständen und vom Einzelfall ab.

MvB: Nicht alle Erscheinungsformen des Religiösen sind akzeptabel, hier müssen wir notwendig Unterscheidungen treffen. Doch ebenso wenig sind alle Aspekte einer Religion überholt, hier gilt es ebenso zu unterscheiden. Religionen entwickeln sich. Das war in der Vergangenheit der Fall und wird auch in Zukunft so sein.

Nehmen wir zum Beispiel das Christentum. Es hat einen langen Weg hinter sich von seinen Anfängen bis zum heutigen Tag. Es begann mit einem spirituellen Impuls, mit der Erkenntnis, dass zwischen Gott und Mensch nicht Welten liegen, sondern dass das, was die Menschen Gott nennen, hier, in Raum und Zeit, als Mensch präsent ist. Und dass jeder, der an diesem Geschehnis teilhat, gleichfalls Gott ähnlich sein würde. Die Christen bezeichneten dies als das Geheimnis der Menschwerdung Gottes und davon abgeleitet der Vergöttlichung des Menschen, der *Theosis*, wie die Griechen sagen, und sie waren sich gewiss, dass allem Leid, aller Ausbeutung, aller Ungerechtigkeit, allem Sterben zum Trotz am Ende diese göttliche Qualität obsiegen würde, die Kraft von Liebe und Hoffnung. Und so verbanden sie die Idee der Menschwerdung mit der leidvollen Erfahrung des Kreuzestodes und der siegreichen Auferstehung. Diese Vorstellung drückten sie in der Sprache und in der Bilderwelt ihrer Zeit aus, wobei hebräische Heilserwartungen sowie griechisches und ägyptisches Gedankengut ineinander geflossen sind. Dennoch blieb philosophisch und theologisch diese große Kluft zwischen Gott und Welt, zwischen Gott und Natur, zwischen Geist und Materie bestehen – vor allem in der täglichen Praxis der Menschen.

Nichtsdestotrotz gibt es seit den ersten Anfängen der christlichen Theologie in der Antike zwei entgegengesetzte, aber gleich starke Denkströmungen: Unter die erste fällt das, was als negative Theologie (*theologia negativa*) bezeichnet wird. Ihr zufolge kann man von Gott nur sagen, was er nicht ist. Das höchste Mysterium ist unfassbar und nicht in Worten auszudrücken. Diese Vorstellung weist große Ähnlichkeiten auf mit dem, was in den alten vorbuddhistischen Texten der indischen Upanischaden gesagt wird. Die andere Vorstellung ist, dass Gott in uns selbst ist, dass er uns sogar näher ist als unser Herzschlag. Gott ist nicht nur irgendwo außen. Diese Richtung sollte später als mystische Gotteserfahrung bezeichnet werden.

Mit der Aufklärung und daran anschließend mit dem Atheismus eines Schopenhauer, Feuerbach, Nietzsche, Freud und anderer Denker wurde der Dualismus von Gott und Welt aufgehoben, indem man den einen Pol einfach eliminierte. Als wirklich und relevant sollte von nun an nur noch gelten, was mit den Sinnen erfahrbar ist. Alles Reden von Gott sei müßig und stelle eine kindlich-regressive Projektion menschlicher Eigenschaften und Wünsche in eine himmlische Sphäre dar. Daher sprach man auch vom »Tod Gottes«. Philosophen und Psychologen lehrten, dass sämtliche auf Glauben basierenden religiösen Vorstellungen bloße Konzepte, mentale Projektionen seien. Andere Menschen hingegen entdeckten daneben noch etwas anderes, so etwas wie ein Prinzip universeller Liebe. Manche der christlichen Theologen wie Dietrich Bonhoeffer sprachen in der Folge vom »religionslosen Christentum«, oder von »Gott als Geheimnis der Welt« oder von »Gottes Sein ist im Werden« (Eberhard Jüngel). Einige dieser Formulierungen klingen de facto recht buddhistisch.

Wie auch immer, es gibt im christlichen Denken Entwicklungen wie diese und eine hochkomplexe christliche Philosophie, die versucht, eine Sprache zu finden, die mit den modernen Wissenschaften kompatibel ist. Diese Situation lässt sich vielleicht mit dem vergleichen, was im Buddhismus gerade passiert. Andererseits gibt es nach wie vor die einfachen, philosophisch nicht gebildeten Gläubigen, die Gott als Urheber von Wundern verstehen, auf den sie vertrauen und an den sie sich mit ihren Gebeten wenden, die Buße tun und Rituale durchführen, um diesen Gott gnädig zu stimmen. Und wenn das nicht funktioniert und sie nicht bekommen, was sie wollen, dann packt sie die Verzweiflung.

DL: Dazu fällt mir eine Geschichte aus Kham ein, einer Region im Osten Tibets. Darin geht es um den Karmapa, einen der höchsten Würdenträger aus der Kagyü-Schule des tibetischen Buddhismus, und einen Händler, der mit seiner Pferdekarawane unterwegs ist. Schließlich gelangt jener Handelsreisende an einen Fluss, den er überqueren muss. Während er den Fluss durchquert, rezitiert er unablässig »Karmapa khyenno, Karmapa khyenno«, um den Karmapa um Beistand anzuflehen. Irgendwann bringt er dann so viel Mut auf, dass er es wagt, auch seine Pferde ins

Wasser und durch den Fluss zu führen. Doch da wird eines seiner Pferde vom Wasser mitgerissen. Und schon verwünscht der Händler den Karmapa, statt wie vorher zu ihm zu beten.

Diese Geschichte habe ich Karmapa Rinpoche persönlich erzählt, und er hat darüber gelacht. Mit dem Glauben verhält es sich exakt so, wie es in dieser Geschichte erzählt wird. Dort geht es zwar um Glauben und Vertrauen in den Karmapa, aber es könnte genauso gut um Glauben und Vertrauen in den Dalai Lama, einen Heiligen aus der christlichen oder der Sufi-Tradition, ja um Gott den Allmächtigen selbst gehen. Sobald ein Unglück oder widrige Umstände eintreten, schlägt diese Art von Glauben schnell in Verzweiflung und Hass auf das angebetete Objekt um, weil der oder die Betreffende nicht bekommen hat, was er/sie wollte. Gründen sich Glauben und Vertrauen aber auf logische Analyse und Erfahrung, wird so etwas nicht passieren.

MvB: Weißt Du, ich sage meinen Schülern immer zwei Dinge. Erstens: Die Geschichte der Menschheit ist lang, doch geschichtliche Zeugnisse besitzen wir nur aus einem recht kurzen Zeitraum von 3000 oder 4000 Jahren, was wirklich nicht sehr viel ist. Wir wissen so gut wie nichts darüber, wie Homo sapiens vor 40000 Jahren lebte, und noch weniger, wie er dachte und fühlte. Doch selbst was die historische Zeit angeht, aus der wir schriftliche Dokumente und archäologische Überreste besitzen, haben wir Zeugnisse, die einander widersprechen, sowie auch die verschiedenen Interpretationen zu diesen Grundtexten. Wenn wir einen Blick auf die Geschichte der Menschheit werfen, erkennen wir, dass die Menschen sich den unterschiedlichsten Umwelt- und soziopolitischen Bedingungen angepasst haben, was zu einer immensen kulturellen Vielfalt geführt hat. Daher ist es müßig, grundsätzliche Spekulationen über die menschliche Natur anstellen zu wollen, ob sie nun von Grund auf gewalttätig oder mitfühlend ist, gut oder schlecht oder vielleicht gar den Tieren ähnlich. Der Mensch hat das Potenzial, sich in jede dieser Richtungen zu entwickeln. Eine Gesellschaft blüht auf, wenn die Menschen ihr Potenzial in Abhängigkeit von dem, was die Umstände erfordern, auf konstruktive Weise entwickeln. Anderenfalls geht sie unter.

Zweitens: Falls die menschliche Spezies eine Zukunft hat, wenn wir uns also nicht selbst auslöschen, dann werden wir Potenziale entwickeln, die uns bis dato unbekannt waren. Anders könnten wir gar nicht überleben. Eines dieser Potenziale ist zweifellos die Entwicklung immer komplexerer Technologien, ein anderes Potenzial aber ist eine höhere Sensibilität für die Vernetztheit allen Lebens. Auch können wir unser Verhalten ändern, indem wir, auf der Basis von Achtsamkeit und Gewahrsein, mehr Einfühlungsvermögen und Mitgefühl entwickeln. Diese Eigenschaften sind grundsätzlich im Menschen angelegt, worauf Du ja immer wieder mit Nachdruck aufmerksam machst, und jeder kann und sollte diese Potenziale fördern, nicht nur die Ausnahmegestalten, die später als Heilige in die Geschichte eingehen.

Ähnlich verhält es sich mit den Religionen, die im Zeitraum der letzten dreitausend Jahre entstanden sind sowie Entwicklungs- und Wandlungsprozesse durchlaufen haben. Betrachtet man die älteren Teile der Bibel, so tritt Gott dort zu Beginn noch als rächender Stammesgott auf. Er wird später zur identitätsstiftenden Figur der Hebräer und schließlich zum universellen Quell von Liebe, Frieden und Gerechtigkeit. In den Frühzeiten beteten die Menschen zu Gott, er möge sein Volk schützen und alle Feinde vernichten. Zu lesen, welche Gewalt hier heraufbeschworen wird, ist schrecklich. Was dort steht, ist nichts anderes als Hate-Speech, Hassbotschaften. Und selbst in den wunderbaren Psalmen, die gemeinsames spirituelles Erbe von Juden und Christen sind und aus denen zahllose Generationen in Zeiten der Not Trost gezogen haben, finden wir Dankeslieder dafür, dass Gott alle Feinde vernichtet, einen selbst aber behütet hat. Aber was ist dann mit den anderen leidenden Menschen, Frauen, Kindern und Männern? Deswegen gibt es heute im Judentum, im Christentum und im Islam Reformströmungen, die solche Passagen nicht rezitieren oder singen. Man hat begriffen, dass solche Äußerungen der heutigen Zeit nicht mehr angemessen sind, weil ein Bewusstseinswandel stattgefunden hat und wir mittlerweile erkannt haben, dass alle Dinge in Wechselwirkung stehen und alle Menschen füreinander Schwestern und Brüder sind. Was heißt das für eine Religion, die nicht mehr eine illusionäre himmlische Welt propagiert, für die ihre fanatisierten Anhänger »die Ungläubigen« ausrotten und auch sich selbst opfern sollen, sondern die sich transformiert hat und einer kreativen Weiterentwicklung der Menschheit dienlich ist? Eine transformierte Religion ist erstens *vernunftbasiert* und argumentationspflichtig, weil dies das universale humane Vermögen ist, und sie ist zweitens *pluralistisch*, weil sie die prinzipielle Begrenztheit des Erkennens als *religiöse* Wahrheit thematisiert, insofern der Mensch und jede menschliche Kulturleistung in der jeweiligen raumzeitlich begrenzten Gestalt vom Ganzen unterscheiden, aber nicht getrennt sind. Im Christentum spricht man vom Unterschied von Gott und Mensch, der bei aller Nähe und mystischem Verschmelzen nie aufgegeben wird, und im Buddhismus von den zwei Wahrheiten, so alle kognitiven und psychischen Phänomene des Menschlichen relativ sind und bleiben.

Eine solche transformierte Religion widersteht *vom eigenen Prinzip her* jedem Fundamentalismus und Fanatismus, d.h. diese Qualifikation wird nicht von außen her (als moralischer Appell) an die Religion herangetragen, sondern ist ihr *inhärent*. Religion kritisch in diesem Sinne zu transformieren ist ein Projekt der Religionsgeschichte selbst und bereits in den Figuren des Sokrates, des Buddha, vielleicht auch Jesu von Nazareth, in jedem Fall aber der europäischen Aufklärung vorgezeichnet.

Religion kann sich also verändern, wenn das Bewusstsein sich ändert, durch Geistestraining, durch Arbeit an den Emotionen, vor allem aber auch durch Humor, den wir zuvor schon angesprochen haben. Humor ist eine herzensgütige Form der Selbstrelativierung, er beruht auf tiefer Einsicht und Weisheit! Doch all das braucht Zeit, viel Zeit.

DL: Die Wirklichkeit selbst lehrt uns, dass wir Menschen Wege des Zusammenlebens finden müssen. Es gibt heute so viel globalen Austausch. In der Vergangenheit haben verschiedene religiöse Traditionen dazu beigetragen, den Menschen ein Gefühl von Identität und Zugehörigkeit zu einer größeren Gemeinschaft zu geben. Das ist unverzichtbar, Menschen brauchen das. Heute haben wir die Idee der Einheit der Menschheit, die ein allumfassendes Gefühl von Identität stiften kann. Die Entwicklungen auf technologischem, kulturellem und politischem Gebiet zeigen uns, dass wir gar keine andere Wahl haben, als dieses Netz wechselseitiger Beziehungen und Verknüpfungen in allen Lebensbereichen zu würdigen. Und dass wir es auf konstruktive Art und Weise formen und gestalten müssen.

Ich möchte in diesem Zusammenhang noch ein hochbrisantes Thema ansprechen. In den Nachrichten ist häufig die Rede vom politischen Islam als Gefahr für die Gesellschaft und als Bedrohung für den Weltfrieden. Man kann aber bestimmte politische Entwicklungen nicht mit dem Islam insgesamt gleichsetzen. Gleichwohl müssen wir die Ursachen für unheilvolle Entwicklungen wie diese identifizieren und entsprechend reagieren. Wir hatten ja bereits darüber gesprochen, dass ein großer

Unterschied im Denken besteht zwischen Muslimen, die isoliert gelebt haben, und den indischen, malaysischen oder omanischen Muslimen, die über Jahrhunderte in einem multireligiösen Umfeld ihre Identität zu behaupten hatten. Unser individuelles wie unser kollektives Gedächtnis gründen auf Erfahrungen, und das Gedächtnis prägt die Art und Weise, wie wir denken, fühlen und uns verhalten. Wir müssen diese Dinge sehr sorgfältig analysieren, um eine rationale Basis für die weitere Entwicklung zu finden und die Vernunft zur Grundlage unserer Lebensführung machen. Wir sind also in der Verantwortung, Umstände zu schaffen, die zu positiven Erfahrungen mit interreligiöser Kommunikation führen.

Vernunft und Fantasie

MvB: Du betonst unentwegt und mit Nachdruck die Bedeutung und die Macht der Vernunft. Gewiss gibt es diesen rationalen Aspekt des Bewusstseins. Doch es gibt auch den anderen Aspekt, den wir manchmal als Unbewusstes bezeichnen, die machtvollen Triebkräfte der Instinkte und Emotionen und das Reich der Fantasie. Fantasie ist meiner Meinung nach das Beste, was der Mensch an mentaler Ausstattung hat, denn sie entwirft Bilder, die ihn motivieren, die Lebensverhältnisse zum Besseren zu wenden. Fantasie kann sich aber auch negativ auswirken, weil sie uns vom wirklichen Leben und seinen Belangen wegführt und manchmal sogar psychische Störungen auszulösen vermag. Aus meiner Sicht kann die Fantasie eine produktive Kraft sein, weil sie uns eine Vision für konstruktives Handeln schenkt, und so gäbe es wohl weder eine künstlerische noch religiöse, aber auch keine technologische Entwicklung, wenn wir keine Fantasie hätten. Wie interpretierst Du das Verhältnis von Fantasie und Vernunft?

DL: Wenn man sich Dinge vorstellt, die realistisch sind, dann ist das in Ordnung. Unrealistische Visionen sind wenig brauchbar.

MvB: Nun ist es aber doch so, dass wir jetzt Dinge für unrealistisch oder unmöglich halten, die dann in der Zukunft Wirklichkeit werden. So hätte es vor fünfhundert Jahren niemand für möglich erachtet, dass wir uns einmal in Flugzeugen oder Autos fortbewegen würden. Was damals schlicht Fantastereien waren, ist heute Realität. Was also ist »realistisch«?

DL: Dinge, die es heute noch nicht gibt, kann es selbstverständlich irgendwann in der Zukunft geben, das ist natürlich möglich. Doch selbst in der Zukunft wird es schwierig sein, dass Maschinen Menschen »herstellen«. Selbst wenn Maschinen einmal gewisse menschliche Merkmale oder Eigenschaften imitieren sollten, wären sie damit dennoch kein Exemplar der Gattung Mensch. Auch die Fantasie hat ihre Grenzen, und diese Grenzen sind logischer Natur.

MvB: Was fasziniert die Leute eigentlich so daran, die Grenzen der Logik überschreiten zu wollen? Woher diese Begeisterung – nicht bei allen – für eine maschinengesteuerte Zukunft? Die milliardenschwere Filmindustrie Hollywoods produziert zuhauf Filme und neuerdings sogar komplette Virtual-Reality-Installationen, um dieses Verlangen zu befriedigen. Spezielle VR-Brillen bzw. VR-Helme vermitteln einem den Eindruck, dass man mittendrin ist im Film, statt ihn vor sich auf der Leinwand zu sehen. Wissenschaftliche Untersuchungen haben gezeigt, dass der Körper auf diese virtuelle Realität genauso reagiert wie auf die konkrete Wirklichkeit. Wenn man in der virtuellen Realität von einer Klippe stürzt, hat man tatsächlich das Gefühl zu fallen, und der Körper reagiert aufgrund seines sensorischen

Reaktionsvermögens entsprechend. Es ist die perfekte Illusion. Warum finden Menschen solchen Gefallen daran, in diese Illusionen einzutauchen statt etwas Reales zu erleben? …

DL: Weil die Menschen keinen Begriff vom Geist als solchem haben, sondern meist nur von Sinneserfahrungen bestimmt werden. »Bewusstsein« reduziert sich für sie auf die Sinneseindrücke im Geist. So wird das Leben recht oberflächlich. Hier ist Veränderung möglich und auch notwendig, wie ich finde.

Jeder, der wirklich einer spirituellen Praxis folgt, kann diese Veränderung erfahren, hier liegt unsere Hoffnung für die Zukunft. Wird der Mensch nur noch von seinen materiellen Interessen bestimmt, so wird auch seine Sicht auf das Leben materialistisch und er benutzt seinen Verstand nur noch dazu, sein materialistisches Menschenbild zu rechtfertigen. Das Ganze ist ein Teufelskreis: Eine materialistische Einstellung führt zu einem reduktionistischen Menschenbild, das den Menschen daran hindert, jene Bewusstseinsebene zu entdecken, die ihn über den Materialismus hinausführt. Der Materialismus sieht und benutzt andere Menschen wie Dinge, wie Gebrauchsgegenstände, die man für seine eigenen kurzsichtigen Interessen verwenden und ausbeuten kann. Das halte ich für sehr gefährlich. Eine solche Einstellung lässt die Menschen ihr eigenes Potenzial verleugnen. Damit aber verlieren sie das, was am wichtigsten ist: Achtung und Ehrfurcht vor dem Leben. Das menschliche Leben ist selbstreflexiv. Es kennt die Dimension des Sich-Bewusstwerdens, und diese muss entwickelt werden, um Glück und Zufriedenheit erfahren zu können. Das wiederum wird die Erfahrung von Leid verringern, das einer falschen geistigen Einstellung entspringt. Das ist es, was die Religionen auf je unterschiedliche Weise lehren, was uns heute aber auch die Wissenschaft in allgemeingültiger, rationaler Form durch überzeugende Beweise bestätigt. Menschen besitzen geistige Potenziale, die entwickelt werden können. In diesen Potenzialen spiegelt sich die Vernetztheit von allem wider, die Verbundenheit von allem, was lebt. Die Erfahrung dieser Vernetztheit zu machen hilft uns, jede Form von Gewalt zu überwinden – Gewalt gegen uns selbst, Gewalt gegen andere Menschen, Gewalt gegen andere Formen des Lebens, Gewalt gegen unser Ökosystem. Wir können einen anderen Kurs einschlagen. Darauf gründen wir unsere Hoffnung.

VERANTWORTUNG HEUTE

Globale Ethik im interkulturellen Kontext
von Michael von Brück

Einleitung

In den Gesprächen mit dem Dalai Lama ging es auch um die Frage, ob und wie eine säkulare Ethik und ihre Begründungen genügen, um den notwendigen Bewusstseinswandel und neue Handlungsstrategien der Menschheit zu gestalten. Eine säkulare Ethik hat den Vorteil, dass sie von vornherein auf der Vernunft basiert ist und damit global plausibel erscheint, weil sie nicht die Spezifika der Religionen – ihre Unterschiede und Streitpunkte in Sprache, Symbolik und Ritualen – in Anspruch nehmen muss. Andererseits sind, so sahen wir, Religionen durchaus starke Institutionen, die Motivation geben können, allerdings nur dann, wenn sie als *transformierte Religionen* nicht in Fundamentalismen abgleiten und ihre je besonderen Interessen gegeneinander ausspielen wollen. Die folgenden Erwägungen sollen nun konkreter ausführen, was es heißt, dass sich Religion im genannten Sinne transformiert. Dabei werden auch die Schwierigkeiten zu erörtern sein, denn nur wenn wir diese beschreiben und klar analysieren, können die Felder der Transformation genauer benannt werden. Dabei geht es zunächst um ganz grundsätzliche Überlegungen.

Religion als stabilisierende Kraft, die sowohl soziale Identität stiftet als auch die Grundlage für ethische Orientierung bietet, ist nicht etwa von der Geschichte überholt, sondern erweist sich als eminent wichtiger Faktor in der gegenwärtigen politischen Situation weltweit. Tatsächlich scheinen Religionen in den letzten vierzig Jahren eine gewichtigere Rolle gespielt zu haben, als dies in den frühen Jahrzehnten des 20. Jahrhunderts der Fall war. So berichtete das bekannte Magazin *India Today* (Ausgabe vom 5. Oktober 1998), gestützt auf eine breit angelegte Studie, Religion könne möglicherweise als das »neue Opium der Jugend« gelten, das den unruhigen Geistern im Land Stabilität und Orientierung in einer verwirrenden Welt gebe. Die Ergebnisse dieser Untersuchung besagen, dass es in Indien vor allem junge Menschen seien, die an Gott glauben (94 Prozent), dass die meisten jungen Menschen beten (97 Prozent) und dass die Religion einen Ersatz biete für die elterliche Autorität. Die Eltern würden nicht länger als glaubwürdige Leitfiguren betrachtet, an denen man sich wertemäßig orientieren kann. Dass solche Zahlen verallgemeinert werden können, darf man bezweifeln, aber die Macht der Religion wird hier eindrucksvoll dokumentiert – ob dies erfreulich sei oder nicht, ist eine ganz andere Frage. In vielen islamischen Ländern ist die Situation ähnlich, und in den USA ist Religion ohnehin ein vielschichtiger und ambivalenter politischer Faktor der Meinungsbildung und des öffentlichen Lebens. Selbst in Mitteleuropa, wo Religion gesamtgesellschaftlich mehr und mehr aus dem Blickfeld zu schwinden scheint, stellen Religiosität und sogar die institutionalisierten Religionen nach wie vor bedeutende soziale Kräfte dar. Aus dem *Religionsmonitor*[8] der Bertelsmann Stiftung geht hervor, dass die Religion sogar heute in Deutschland eine immer noch wichtige Rolle im täglichen Leben der Menschen spiele und auch ihr Handeln bestimme. Dass dabei das kirchliche Deutungsmonopol ins Wanken geraten ist und eine Pluralisierung bzw. Individualisierung eingesetzt hat, ist die andere Seite der Sache.

Das Problem im Licht des Pluralismus

Heute existieren kaum noch kulturell und religiös geschlossene geografische Räume, d.h. es gibt keine klar gegeneinander abgegrenzten Religionskulturen mit einem einheitlichen, nur auf einer einzigen geistigen Tradition beruhenden kulturellen Hintergrund mehr. Die heutigen Kulturen sind – und in gewisser Weise war das schon immer der Fall – heterogen. Sie haben sich historisch herausgebildet unter dem Einfluss unterschiedlicher Religionen und kultureller Systeme. Die Konstruktion sozialer Identitäten geschieht ebenso wie die religiöse Sozialisierung von Individuen auf der Basis von inneren wie äußeren Einflüssen, und solche Entwicklungen resultieren in spezifischen Verschmelzungsprozessen, die ständig neue kulturelle Vielfalt mit einem noch höheren Komplexitätsgrad hervorbringen. Besonders die modernen globalen Kommunikationstechniken ermöglichen es, dass die unterschiedlichsten Wertesysteme, die religiös fundiert sein können oder auch nicht, recht ungeregelt kommuniziert werden, aufeinanderprallen und miteinander in Beziehung treten. Dabei werden immer disparatere religiöse, kulturelle und sprachliche Elemente, d.h. immer heterogenere soziale und ethische Werte (ob bewusst oder unbewusst) miteinander vermischt, die dann die pluralistischen Strukturen unserer Gesellschaften bilden. Die allgemein gültige Werte-Norm ist und bleibt aber dennoch für die meisten Gesellschaften im 20. und 21. Jahrhundert ein durch den technologischen Fortschritt ermöglichter materialistischer Konsumismus.

Dass unterschiedliche Kulturen und Wertvorstellungen in einer modernen, von der Technologie getriebenen Welt aufeinandertreffen, ist unvermeidlich.[9] Die Regeln und Strukturen, nach denen sich solche Begegnungen vollziehen, sind gewöhnlich aber nicht klar und transparent. Es muss daher gefragt werden, ob es globale Regeln für die Kommunikation kultureller Wertesysteme geben könnte. Solche Regeln müssten allgemein akzeptiert sein und vielleicht auch so formuliert werden, dass sie per Gesetz durchgesetzt werden können. Regeln dieser Art auf der Basis der Vernunft aufzustellen wäre möglich, hätten wir ein universales System von Grundwerten, zumindest hinsichtlich dessen, was als »anständig« bzw. gesellschaftlich akzeptabel gelten solle, eben eine säkulare Ethik. Kann eine solche aber überhaupt gefunden oder definiert werden? Jedenfalls scheint zumindest die Suche danach geboten zu sein, denn nur wenn Konsens besteht hinsichtlich der Regeln, nach denen eine entsprechende interkulturelle Verständigung erfolgen solle, ließen sich Differenzen in grundlegenden Fragen erörtern und Konflikte auf gewaltfreie Weise lösen.

Allerdings muss der Austausch zwischen den Kulturen, in dem es um Ethik und deren Begründungen geht, zwangsläufig in einer bestimmten Sprache erfolgen, die in diesem Fall das Englische oder Deutsche ist. Dieses Faktum beeinflusst die Regeln, nach denen die Debatte geführt wird. Würden wir miteinander auf Französisch, Spanisch oder Russisch, Tibetisch, Chinesisch, Hindi oder Arabisch kommunizieren, wären die Spielregeln jeweils andere. Das ist nicht bloß eine linguistische, sondern auch eine Machtfrage: Wer über die Sprache gebietet, in der gesprochen wird, setzt damit auch bestimmte Regeln fest, denn Sprachen transportieren nicht dieselben Inhalte nur in verschiedener Form, sondern Sprache formt einen Text und Kontext des Denkens, der je eigenes Gepräge hat und unterschiedliche historische Erfahrungen transportiert. Notgedrungen müssen wir uns aber in *einer* bestimmten Sprache unterhalten, und aus vielerlei Gründen, historischen wie politischen, ist dies meist das Englische. Doch sollten wir uns der damit verbundenen Problematik bewusst sein, da wir hier ja bereits mit einer immensen

Schwierigkeit im interkulturellen Diskurs über ethische Fragen konfrontiert sind.

Denn Sprachen und Kulturen organisieren ihre Wahrnehmung der Wirklichkeit auf bemerkenswert unterschiedliche Art und Weise. Gerade darum müssen wir uns für den interkulturellen Dialog auf ein Regelwerk einigen, das verhindert, dass mächtigere Teilnehmer sich gleichzeitig die Rolle von Spielern und Schiedsrichtern aneignen. Das heißt, *die Regeln, wie kommuniziert wird, müssen im Prozess der Kommunikation selbst geschaffen werden.* Ein solcher Diskurs wird nicht nur die vielfältigen, kulturell unterschiedlichen Fundierungen von Wertesystemen sichtbar machen, sondern auch zeigen, wie in einem solchen interkulturellen Prozess der Werte-Schöpfung die Dialektik von Dissens und Konsens Gestalt annimmt.

Klassische Fragen der Philosophie und die Problematik einer globalen Ethik: Wahrnehmung, Wirklichkeit, Bewusstsein

WAHRNEHMUNG

Bereits in den 1970er Jahren warnte der Club of Rome in der Schrift *Die Grenzen des Wachstums* vor den sozialen und ökologischen Folgen eines ungebremsten wirtschaftlichen Wachstums. Dies hat global zu einer veränderten Sicht auf unser wirtschaftliches und kulturelles Wertesystem geführt – zuerst nur in den so genannten entwickelten Ländern, mit Verzögerung auch in den Entwicklungsländern. Für die Vereinten Nationen steht dieses Thema heute ganz oben auf der Dringlichkeitsliste. Dabei geht es um das *quantitative* Wachstum. Der Frage nach dem *qualitativen* Wachstum, die entscheidend ist für die Zukunft der Menschheit, wurde noch nicht die nötige Aufmerksamkeit zuteil. Die Frage nach der Qualität aber ist ein philosophisches und ethisches Problem, denn die Kategorien von »Qualität« werden über kulturelle und religiöse Werte vermittelt, die von Kultur zu Kultur verschieden sind.

Menschen streben danach, ihre Wertvorstellungen und Ideen zu verwirklichen, und dieses Streben gründet in der Diskrepanz zwischen dem, was ist, und dem, was sein sollte. Menschen entwickeln Potenziale zur Veränderung aufgrund dieses Antriebs, den die Imagination des Besseren oder des Möglichen schafft. Solche Prozesse sind anthropologisch universal, vollziehen sich aber vor dem Hintergrund unterschiedlicher historischer Erfahrungen kulturell spezifisch. Die Religionen haben Wertesysteme entwickelt, die sich auf einzigartige Offenbarungstraditionen einerseits sowie Behauptungen von universaler Plausibilität und Widerspruchsfreiheit andererseits berufen. Das erzeugt Spannungen, die Gesellschaften zerreißen können. Andererseits gaben und geben solche Religionssysteme Gesellschaften Stabilität, und zwar auch heute.

Im Zuge der Globalisierung und ihrer Folgen sind allerdings neuartige soziale Lebensmuster entstanden, die in bisher nicht gekanntem Tempo einander durchdringen. Diese Situation stellt eine Herausforderung für traditionelle Identitäten und Wertorientierungen dar. Infolgedessen ist weltweit eine zunehmende soziale und emotionale Verunsicherung bei Gruppen und ganzen Gesellschaften zu beobachten, die zuvor in mehr oder weniger klar definierten Traditionen verwurzelt waren. Der Horizont oder der Raum, den Menschen durch ihre historische Perspektive und durch ihr politisches Handeln ziehen und ausfüllen, verändert sich hier besonders dadurch, dass sich Menschen der Prozesse historischer Transformationen *bewusst* werden: *Menschen leben in einer begrenzten Ökosphäre, die sie formen und von der sie geformt werden*. Das heißt: *Die Menschen sind sowohl Subjekte wie Objekte ihres ökonomischen und kulturellen Handelns.* Sie sind sowohl Handelnde als auch Produkt ihres Handelns. Daraus folgt, dass Menschen gezwungen sind, die volle Verantwortung für ihr Glück wie auch für die Katastrophen der Menschheitsgeschichte zu übernehmen. Wahrscheinlich ist genau das der einschneidende Wandel in der Wahrnehmung, der in den letzten Jahrzehnten stattgefunden hat, und alle Religionen und traditionellen Kulturen müssen sich dieser veränderten Situation anpassen. Kulturelles und wirtschaftliches Handeln scheinen dabei in einem weit engeren Zusammenhang zu stehen, als das je zuvor erkannt worden wäre: *Der Mensch gestaltet, indem er produziert, und er produziert dabei seine eigene Gestaltung.*

Während der europäischen Aufklärung wurde Gott, der zuvor stets als allmächtiger Weltenherrscher und Gesetzgeber betrachtet wurde, »vom Thron gestoßen«. Seinen Platz nahmen nun die Allmachtsfantasien des neuzeitlichen Menschen ein. Sigmund Freud und die Psychologie des 20. Jahrhunderts relativierten diese Allmachtsfantasien durch den Verweis auf die Macht des Unbewussten: Hinter dem freien Willen und der Vernunft wurden verborgene Triebe erkannt, die menschliches Denken und Handeln machtvoller steuern als Vernunftargumente. (Die Diskussion um den freien Willen ist wieder aufgeflammt durch die jüngsten Entdeckungen der Neurobiologie, wonach im Gehirn Handlungsimpulse zeitlich ihrer Bewusstwerdung vorausgehen könnten.) In der zweiten Hälfte des 20. Jahrhunderts wurden neue Modelle eines ökologischen Wirklichkeitsverständnisses diskutiert mit dem Ergebnis, dass die Allmachtsfantasien des *homo faber* nicht nur in seinen unterbewussten Trieben ihre Schranken aufgezeigt bekamen, sondern auch allgemein durch die strukturell bedingten Grenzen eines quantitativen Wachstums.

Für Menschen ist Wirklichkeit das, was prinzipiell erkennbar ist. Erkenntnis ist nur im Bewusstsein möglich, d.h. Wirklichkeit erscheint nirgend woanders als im Bewusstsein. Man kann – mit guten Gründen – annehmen, dass Wirkliches auch außerhalb des Bewusstseins existiert, aber auch diese Annahme findet im Bewusstsein statt. Wirklich ist, was wir als wirklich wahrnehmen. Die Art und Weise unserer Wahrnehmung jedoch hängt ab von den Werten, die sich durch früheres kulturelles Verhalten ausgebildet haben, denn Werte lenken die Aufmerksamkeit, insofern Wichtiges als wichtig, Unwichtiges als unwichtig usw. definiert wird. Der Mensch nimmt in erster Linie das als wirklich wahr, was für ihn wichtig und von Belang ist, d.h. die Dinge, die auf seine Zwecke und sein Überleben positiven oder negativen Einfluss haben. Mit anderen Worten: Wirklichkeit ist auch das Produkt von interaktiven Wahrnehmungsprozessen zwischen Individuum, Gesellschaft und Ökosphäre. Daher ist nicht nur die Kultur, sondern auch die Natur ein Produkt kultureller, religiöser und politischer Prozesse, Wahrnehmung von Natur ist also historisch kulturell konditioniert. Wiederum ist offenkundig, dass wir es historisch nicht mit einer einheitlichen Kultur oder einer geradlinigen Geschichte zu tun haben, sondern mit verschiedenen Geschichten, die unterschiedliche Sprachen, Religionen und Wertesysteme hervorgebracht haben. Diese unterschiedlichen Kulturen haben sich zu Zeiten wechselseitig beeinflusst und geformt, zu anderen Zeiten waren sie weit voneinander entfernt.

Eine andere Konsequenz aus diesen Überlegungen besteht darin, dass der Mensch nicht als Fremder der Natur gegenübersteht, sondern Teil der Natur ist, er ist ein Knoten in dem Kommunikationsnetz, das hervorbringt, was als Wirklichkeit erscheint. Die Verantwortung, die der Mensch trägt, ist daher Antwort auf sein Schicksal: Weil er sich seiner bewusst ist, ist er sich schon zur Frage geworden, und diese Frage ist die Frage nach den Bedingungen seiner eigenen Existenz. Diese Erkenntnis hat zur Folge, dass die Werte, durch die wir die Wirklichkeit wahrnehmen, im Gefolge historischer Veränderungsprozesse ständig eine Neu- und Umformulierung erfahren. Diese Prozesse bringen einerseits sich selbst hervor und sind andererseits auch Voraussetzung jeder neuen Gestaltung. Was wirklich ist, bestimmt sich also wesentlich über einen kulturellen Wertekonsens. Ein solcher aber ist nie einheitlich, sondern sozial ausdifferenziert, d.h. für arme Unterschichten ist Wirklichkeit etwas anderes als für saturierte Oberschichten, ganz abgesehen von den unüberschaubar zahlreich individuellen Prägungen von Wertemustern.

Diese Überlegungen, mögen sie auch abstrakt erscheinen, zeigen deutlich, dass die entscheidende Frage nicht so sehr lautet: »In welcher Wirklichkeit leben wir?«, sondern: »In welcher Wirklichkeit *wollen* wir leben?« Anders formuliert: Welche Grundwerte sind nötig, um etwa den Impuls zu grenzenlosem Wirtschaftswachstum angesichts beschränkter Ressourcen so zu begrenzen, dass Menschen noch Lebensbedingungen vorfinden, die ihnen ein menschenwürdiges Dasein ermöglichen, zum Beispiel, indem sie saubere Luft zum Atmen haben, sowie genügend Arbeitsplätze vorhanden sind, die ein gewisses Minimum an sozialem Frieden garantieren? Ist dazu nicht, wie Carl Friedrich von Weizsäcker es nennt, eine »asketische Kultur« notwendig, zumindest ökologisch geboten? Wäre eine solche »asketische Kultur« aber auch ökonomisch zukunftsfähig? Um auf diese und ähnliche Fragen Antworten geben zu können, müssen wir uns dessen bewusst sein, dass es sich bei Begriffen wie »menschenwürdiges Dasein«, »asketische Kultur« usw. um kulturell konditionierte Konzepte handelt, deren mögliche Inhalte in unterschiedlichen Kontexten durchaus Verschiedenes bedeuten können.

Was wir als Bewusstsein bezeichnen, sind Wahrnehmungsmuster von Wirklichkeit. Bewusstsein lässt sich weder als individuelle Einheit noch als soziales oder als globales holistisches System definieren, sondern »Bewusstsein« ist die Bezeichnung für komplexe Prozesse der Kommunikation innerhalb eines Individuums, innerhalb einer Gruppe von Individuen und zwischen Individuen und deren Umwelt. Doch selbst der Begriff »Umwelt« erweist sich als ungeeignet, und man sollte besser von *Mitwelt* sprechen, denn, wie wir gesehen haben, ist die von Menschen geschaffene und veränderte Wirklichkeit Natur, von der der Mensch selbst ein Teil ist. In Anbetracht des grundlegenden Prinzips der Vernetztheit aller Phänomene durch die Evolution (ökonomische, kulturelle und politische Prozesse eingeschlossen)[10] dürfen wir allerdings annehmen, dass hierarchische Strukturen (der Wahrnehmung, der Machtausübung, der Organisation überhaupt) eher als Spezialfälle von grundsätzlich kooperativen Mustern von Kommunikation begriffen werden sollten.

Die wirtschaftliche und die kulturelle Globalisierung verlangt eine Vernetzung von politischen und intellektuellen Organisationsprozessen, in denen die Polarisierung Individuum – Nationalstaat ebenso relativiert wird wie der Gegensatz Natur – Kultur (und Technologie). Dies erfordert aber einen Bewusstseinswandel, der für viele traditionelle kulturelle/religiöse Identitäten eine radikale Veränderung mit sich bringt. Die Religion als traditionelle Basis sozialer Identität ist durch einen solchen strukturellen Wandel unmittelbar betroffen, denn unter den Bedingungen der modernen Pluralität wird die Matrix sozialer Identitätsbildung durch die gleichzeitige Teilhabe an mehreren Traditionen, Wertesystemen und Wertegemeinschaften neu definiert. Dies wiederum hat Folgen für unser Verständnis, was Religionen, was Kulturen, was unterschiedliche Sprachen sind;

und es hätte weitreichende Folgen für die Vermittlung von Traditionen und Werten. Anders ausgedrückt: Ein derart gewandeltes Verständnis wird auch die Art und Weise verändern, wie wir unser kulturelles Erbe weitergeben, und es hat mit Sicherheit tiefgreifende Auswirkungen auf Bildungsprozesse wie an Schulen und Universitäten.

Wahrheit und religiöse Konstrukte der Wertebegründung

Ethische Konzepte entwickeln sich in Gemeinschaften, die diese Konzepte intersubjektiv akzeptierten. Eine Gemeinschaft wird durch Identität zu einem relativ kohärenten sozialen Gebilde. Identität jedoch bildet sich heraus sowohl durch desintegrative Abgrenzung von anderen Identitäten als auch durch Schaffung eines gemeinsamen Weltbilds, das die integrative Grundlage für die Traditionen, das kollektive Gedächtnis und die ethischen Normen dieser Gemeinschaft bildet. Die Gesamtheit von Annahmen und Glaubenssätzen, die sich als kollektives Gedächtnis erweisen – heute oft als die »große Erzählung« bezeichnet –, scheint demnach eine Basis zu sein, die für jede Gemeinschaft vorauszusetzen ist. Wir können uns daher nicht auf den einen dieser beiden Faktoren (konsistente Gemeinsamkeit gegenüber Abgrenzung bzw. Integration gegenüber Desintegration) konzentrieren, ohne nicht auch den anderen zu betrachten: *Gemeinschaft entsteht auf der Grundlage von kollektiv geteilten Ideen, und diese Ideen existieren nur in einer spezifischen Gemeinschaft, die sich nach außen abgrenzt.*

Hier werden wir nur einen Aspekt dieses komplexen Themas näher betrachten, nämlich das Problem der Konsistenz einer gegebenen Werteordnung, die für eine bestimmte Kultur, ein Land, einen Kontinent oder eine religiöse Tradition bestimmend zu sein scheint. Wir werden uns, anders ausgedrückt, mit der Frage befassen, was bestimmte ethische Konzepte für eine Gemeinschaft so überzeugend macht, dass sie sie akzeptiert.

Zunächst gilt es festzustellen, dass in vielen traditionellen Gesellschaften einige grundlegende Wertvorstellungen als nicht erklärungsbedürftig betrachtet werden, eben weil sie der vorausgesetzte Rahmen einer Tradition sind. Die Auffassung, die hinter dieser Ansicht steht, lässt sich wie folgt in einem Satz zusammenfassen: *Es ist, wie es sein sollte, denn die Dinge sind, wie sie sind, indem sie genau auf diese Weise repräsentiert sind.*

Nun werden aber solche unhinterfragten Vorstellungen, Paradigmen oder Regelwerke nur so lange als selbstverständlich betrachtet, solange dazu keine Alternativen auftreten und daher keine Notwendigkeit zum Vergleich besteht, was auch einen Auswahlprozess in Gang setzen und die Frage aufkommen lassen würde, ob man nicht besser eine andere (ethische) Tradition übernehmen könnte – oder auch nicht. Sobald eine Gesellschaft mit alternativen Lebensmodellen und anderen Wertesystemen konfrontiert wird, muss sie eine neue Identität begründen, denn auch die bewusste Fundierung oder die philosophische Begründung eines bestimmten Standpunkts ist qualitativ ein Novum vor dem Hintergrund einer Tradition, die unhinterfragt als selbstverständlich erachtet wurde. Sobald also konkurrierende Vorstellungen existieren, ist es auch (aber nicht nur) ein Problem der Akzeptanz, eine Ethik so zu formulieren, dass sie die betreffende Gesellschaft als kohärent und überzeugend empfindet: Man hat nun die Wahl, ja, den Zwang zur Wahl.[11] Damit kommt die Frage nach Auswahlkriterien ins Spiel, also auch die Frage nach Wahrheit.

Was ist Wahrheit? An dieser Stelle können wir nicht auf die einzelnen Positionen der philosophischen Wahrheitsdebatten eingehen, wie sie in den westlichen oder asiatischen philosophischen Traditionen ausgetragen wurden.[12] Es genügt, die Tatsache im Auge zu behalten, dass jede Diskussion über dieses Thema ein Bewusstsein dafür entwickeln muss, dass die Frage selbst kulturell konditioniert ist: Denn es ist nicht so, dass die Wahrheitsfrage universell gestellt und von Kultur zu Kultur nur unterschiedlich beantwortet würde. Vielmehr variiert die *Struktur* der Wahrheitsfrage selbst bzw. das gesamte *Konzept* der Wahrheit von Kultur zu Kultur. Und auch innerhalb einer Kultur, wie etwa der christlich-europäischen, haben sich diesbezügliche Fragen und Antworten im Laufe der Geschichte verändert, und das ist in anderen Kulturen nicht anders.

Der indische Buddhismus zum Beispiel hat das Konzept von *satyadvaya*, den zwei (*dvaya*) Ebenen des Seins oder der Wahrheit (*satya*) entwickelt. Es ist dies auf der einen Seite die konventionelle oder relative Ebene, auf der anderen die absolute oder ganzheitliche Ebene. Dieses indische Wahrheitsmodell wurde nahezu unverändert von den tibetischen Buddhisten übernommen, in China hingegen modifiziert: aus einer Hierarchie von Ebenen wurde hier eine ausbalancierte Harmonie, ein Wechselspiel der voneinander abhängigen Kräfte. Dieses chinesische Konzept von »Wahrheit« – als Gleichgewicht von wechselseitig abhängigen Kräften oder Energien – fand seine spezifischen Ausdrucksformen im Konfuzianismus, Taoismus, chinesischen Buddhismus usw. Es war in unterschiedlichen Gestalten immer präsent und unterscheidet sich als Paradigma deutlich vom indischen Modell der Wahrheit mit seinen Hierarchien und Ebenen.[13] Als nochmals verschieden von den indischen und chinesischen Konzepten erweisen sich die

Wahrheitsmodelle der griechisch-antiken und der späteren europäischen Philosophie.

Ein kurzer Blick auf die europäische Tradition muss genügen, um diese Aussage zu konkretisieren. Es seien hier nur drei Modelle unterschieden, die bei genauerer Betrachtung in sich noch einmal differierende Perspektiven aufweisen würden:

- Das *onto-theologische* Modell, das von den Vorsokratikern bis zu den mittelalterlichen Realisten bestimmend war;
- ein *subjektivitätszentriertes* Wahrheitsmodell, das von den Nominalisten bis zum Deutschen Idealismus vorherrschend war;
- die *analytische* Sprachphilosophie, die heute tonangebend ist.

Die meisten griechischen und später auch christlichen Denker bis zum Aufkommen des Nominalismus gingen von einer Ontologie aus, die gültige Allgemeinbegriffe formulieren kann, welche die Wirklichkeit beschreiben. Parmenides, Platon und Aristoteles behaupteten mit dem Konzept des *logos* (Vernunft) oder *nous* (Geist) eine Identität, eine Kontinuität oder zumindest eine Entsprechung zwischen Sein und Denken, weswegen es möglich sei, unveränderliche, »wahre« Aussagen zu treffen. Wie ist das möglich? Durch Partizipation an diesen ewigen Wahrheiten: Eine Aussage, die sich einmal als wahr erwiesen hat, ist immer wahr. Aristoteles argumentiert, dass die Relation jedes Seienden zur Wahrheit identisch sei mit der Relation des Seienden zum Sein.[14] Die Kongruenz von Sein und Wissen ermögliche die *theoria* der Philosophie, d. h. die Möglichkeit, wahre Aussagen zu formulieren. In dieser Denktradition stehend definiert Thomas von Aquin Wahrheit als *adaequatio intellectus et rei*[15]: Diese Theorie einer Korrespondenz zwischen dem Intellekt (*intellectus*) und dem zu erkennenden Ding (*res*) wurde auf vielfältige Weise weiterentwickelt, doch all diesen Ansätzen ist gemeinsam, dass sie davon ausgehen, dass das »Ding« oder der »Gegenstand« unserer Vernunft im Prinzip so erscheinen kann, wie es/er ist. Die christliche Theologie fügt ergänzend hinzu, dass der Grund für diese Korrespondenz von Wissen und Gewusstem kein anderer als Gott sei. Wäre der göttliche *logos* nicht im menschlichen Denken präsent, so könnten wir nichts als wahr erkennen. Damit ist die Partizipation an der Wahrheit gleichzeitig Partizipation am Göttlichen. Was sich als wahr erwiesen hatte, war damit jenseits allen Zweifels auch göttlich. Nun zeigt aber ein Blick in die Menschheitsgeschichte, dass diese Teilhabe am Göttlichen sich als schwierig (oder nahezu unmöglich) erweist, was auch an der Struktur menschlicher Freiheit und deren Streben nach Unabhängigkeit von Gott liegt – was die Griechen wiederum als *hybris* (Selbstüberhebung) und die Christen als *Sünde* bezeichneten. Das Paradoxe daran ist, dass der Mensch, sobald er von seiner gottgegebenen Freiheit Gebrauch macht, um z.B. Alternativen zu denken, sich unvermeidlich von Gott als dem Gesetzgeber des »ein für alle Mal Gültigen« entfernt. Und so ist die Geschichte der Menschheit die eines Kampfes und Ringens um Wahrheit, Standpunkte, Behauptungen und Abgrenzungen.

Die eben beschriebene Denkform konnte überzeugen, solange ihr Fundament allgemein akzeptiert war, nämlich die Korrespondenz von göttlichem und menschlichem *logos*, von ontischer Ordnung und Ordnung des Denkens. Doch auf dem Höhepunkt des mittelalterlichen Denkens und später dann vor allem in der Renaissance erstarkte neben der ewigen göttlichen Ordnung ein neues Reich, das mehr und mehr als das einzig existierende gelten sollte: die Realität der Materie, die als »objektiv« betrachtet wurde, als etwas, das mittels der Sinne und durch das Experiment erkannt werden konnte. Doch auch hier scheint noch die Grundstruktur der alten Sichtweise durch: Die Dinge verändern sich in der Zeit, doch diese Veränderungen folgen einem bestimmten Verlauf, der vorhersagbar ist, solange sämtliche Ausgangsbedingungen bekannt sind. Nun war es die Welt, die zeitlich und räumlich unbegrenzt war, und »die Welt« (oder Materie und Natur) erbte die Attribute, die zuvor die »Eigenschaften« Gottes gewesen waren. Das heißt, dass sogar in diesem neuen Modell die alte ontologische Struktur erhalten bleibt: Eine Wahrheit, die als solche erkannt wird, steht in einem gegebenen System unveränderlich fest.

Diese Vorstellungen und Denkformen wurden durch den Nominalismus, später durch den Skeptizismus sowie durch die Entwicklung der Naturwissenschaften erschüttert.[16] In diesem neuen Rahmen gelten nun alle Begriffe, Vorstellungen und Konzepte, mit denen wir arbeiten, nicht länger als dem über-menschlichen Reich der Ideen entsprungen, sondern aus dem menschlichen Geist: Was wir denken, ist Produkt des menschlichen Geistes. Dies bedeutet, dass Ideen nun nicht mehr auf Gott oder eine unveränderliche Ordnung dahinter verweisen, sondern einzig und allein auf den Menschen selbst. Man geht nun nicht mehr von der Entsprechung von Sein und Denken aus, sondern von einer Selbstbezüglichkeit des Menschen.

Wir können die Konsequenzen, die sich aus dieser Auffassung ergeben, wie folgt zusammenfassen: *Wahrheit ist zwar nicht subjektiv, aber sie beruht auf einem intersubjektiven Prozess der Kommunikation.*

Was auch immer das für andere Bereiche der Erfahrung und des Denkens bedeuten mag, hier genügt es festzustellen, dass diese Entwicklung zu einer Relativierung von Wahrheit und von sämtlichen Wahrheitskriterien, zu einer Relativierung von Werten und dem Verlust eines »ordnenden Zentrums«[17] führte. Dies hatte und hat Konsequenzen für die Suche nach Identität – nicht nur für den Einzelnen und seinen »Sinn des Lebens«, sondern auch für eine gesellschaftlich praktikable Ethik und die Kohärenz von Gesellschaften. Mit anderen Worten: *Relativität bedeutet auch Pluralität von Wahrheiten und Werten, von ethischen Prinzipien und Ideen.*

WAHRHEIT UND SPRACHE

Die Diskussionen über die Wahrheit in verschiedenen asiatischen Traditionen sind vielschichtig. Auch in Asien, in Indien ebenso wie in China, beobachten wir eine Pluralisierung der Konzepte. Die Konsequenzen sind jedoch nicht die gleichen wie für das europäische Denken. Fassen wir zusammen, was bisher erörtert wurde, so können wir vergleichend sagen: Jedes Konzept von Wahrheit hängt von Sprache ab. Die menschliche Sprache aber ist metaphorisch, das heißt, die Konzepte von Raum, Zeit, Kausalität, Materie, Sein, Bewusstsein, Wahrheit usw. sind Metaphern, zwischen denen ein Verhältnis wechselseitiger Bezogenheit und Abhängigkeit besteht. Sie beschreiben nicht »etwas«, sondern beinhalten die Wertedebatten in einer Gesellschaft, die von kulturellen Kontexten abhängen. Denn Sprachen (und Konzepte) kommunizieren nicht nur Informationen über bestimmte Sachverhalte, sondern lassen Bilder und Motivationen entstehen und/oder vergehen. Diese Motivationen werden in »großen Erzählungen« (Mythen) vermittelt, welche die Grundlagen für das soziale Leben bilden und – mythisch – als Gesetz des Himmels und der Erde gelten. Solche meist stillschweigend vorausgesetzten Lebensformen sind aber nicht ewig gültige Gesetze, sondern Produkte kultureller Prozesse, die ihrerseits durch historisch kontingente Ereignisse geprägt sind.

Deshalb kann man auch nicht von »den« asiatischen Wertvorstellungen oder »der« christlich-abendländischen Tradition sprechen. Wir haben es vielmehr stets mit komplexen *historischen* Prozessen zu tun, die um der sozialen und politischen Kohärenz einer bestehenden Gesellschaft willen hervorgebracht werden. Anders ausgedrückt: *Tradition ist nichts durch die Vergangenheit Gegebenes, sondern ein Prozess der sozialen Konstruktion in der Gegenwart.* Heute lässt sich zweifelsohne sagen, dass diese Prozesse, ganz gleich ob in Asien, Afrika oder Europa, pluralen oder pluralistischen Mustern folgen.

INTERRELIGIÖSER DIALOG ALS GRUNDLAGE VON ETHIK

Die Wahrnehmung der Welt als Einheit bzw. die Wahrnehmung der einen Welt ist der Anspruch eines wie auch immer gearteten mystischen Bewusstseins, wie es von verschiedenen Kulturen und in verschiedenen Sprachen beschrieben wurde. Auf der Ebene des rationalen Denkens jedoch gab und gibt es eine Vielzahl miteinander konkurrierender Systeme, die ihren je eigenen Wahrheitsanspruch erheben, was verhindert, dass Einheit zur historischen Realität wird. Allen Differenzen bzw. der Konkurrenz zwischen den Religionen zum Trotz war in den Religionen doch auch immer ein Bewusstsein solch einer Einheit vorhanden, zumindest potenziell in religionspolitischen Begriffen wie dem Ideal der Einheit von Gott und Geschichte oder utopischen Erwartungen eines Ziels, auf das die Geschichte zuläuft. Ich möchte hier den Standpunkt vertreten, dass die Entwicklungen, die im vergangenen Jahrhundert auf wirtschaftlichem, demografischem und technologischem Gebiet (speziell auf dem Gebiet der Kommunikationstechnologie) stattgefunden haben, diesen potenziell möglichen Einheitsgedanken zu einer politischen Notwendigkeit gemacht haben, ohne dass dabei die evolutionsbedingte Vielfalt negiert würde.

Gleichzeitig beobachten wir aber, wie Konflikte durch verschiedene Interessen bzw. Interessensgruppen genährt und wie alle Nationen und Religionen, Handel und Parteipolitik in diese Konflikte verwickelt werden. Solche Konflikte erweisen sich als

Ringen um Identität und Macht, und die Debatte um eine globale Ethik ist Teil davon. Auf der einen Seite können wir einen universalen Anspruch erkennen, der sich in dem Ruf nach »Global Ethics«[18] artikuliert und an dem verschiedene internationale Organisationen wie UNO und UNESCO beteiligt sind. Auf der anderen Seite sehen wir religiöse und politische Interessen am Werk, die sich einem solchen Prozess widersetzen, denn bestimmte Gruppen und soziale/religiöse Organisationen befürchten hier einen Macht- und Identitätsverlust. Diese Befürchtungen wären nicht unbegründet, verbände sich mit einer globalisierten Ethik die Gefahr eines Zentralismus, einer zentralistischen Rechtsprechung und einer Art global-ethischer Diktatur, d. h. würde eine globale Ethik versuchen, die Realität pluralistischer Lebenswelten zu beseitigen. Dies ist aber nicht der Fall, solange sich Global Ethics als *Projekt* versteht, das heißt als dialogischer Kommunikationsprozess auf der Grundlage eines rationalen Austausches von Gedanken und Argumenten. *Global Ethics ist kein Buch mit einer Anzahl von ethischen Maximen oder Gesetzen, sondern eine Haltung der Kommunikation!* Es gilt der Grundsatz, dass alle Beteiligten dieselben Rechte und denselben Status haben und dass möglicher Konsens durch faire Diskussion herbeigeführt wird. Dennoch wird eine solche Diskussion auch verborgene Macht- und Identitätsstrukturen offenlegen, und das bedeutet: Versteckte (wirtschaftliche und politische) Interessen müssen angesprochen werden.[19] Dies gilt selbstverständlich auch für den Dialog zwischen Religionen und kulturellen Systemen, denn Religionen existieren nicht losgelöst von ihrer sozialen und politischen Rolle. Das zeigt sich schon darin, dass es keine homogenen Religionen gibt, sondern innerhalb einer Religion bestehen immer auch Interessens- bzw. Machtgruppierungen, die *unterschiedliche* ethische Prioritäten und Perspektiven haben. Nehmen wir als Beispiel hierfür den reichen Großgrundbesitzer und einen

Befreiungstheologen in den Favelas von Südamerika. Sie haben dieselbe Religion und haben sie gleichzeitig auch nicht, denn sie sind, was Macht und wirtschaftlichen Einfluss angeht, sehr unterschiedlichen Interessengruppen verpflichtet. Ein anderes Beispiel ist der Hindu Swami Agnivesh (geb. 1939), der sich für Gerechtigkeit für die Armen und Harmonie zwischen den Religionen einsetzt. Ihm stehen die politisierten Massen gegenüber, die die Babri-Moschee in Ayodhya zerstört haben, um bestimmte politische Interessen im Rahmen einer Neubegründung des Hindu-Nationalmythos zu untermauern. Wer ist nun der »wahre« Hindu? Auf diese Frage ist ohne Berücksichtigung der aktuellen politischen Interessenslage keine Antwort möglich, und jede umfassende Antwort kann nur das Ergebnis eines Kommunikations- und Bewusstwerdungsprozesses der beteiligten Parteien sein.

Natürlich kennen viele Religionen die »Goldene Regel«, wonach wir anderen nichts zufügen sollen, von dem wir nicht wollen, dass man es uns antut. Und auch die Einheit von Gottes- und Nächstenliebe ist keineswegs ein nur christliches Grundprinzip. Freilich gibt es Unterschiede, wie diese Regeln begründet und ausgelegt werden, doch solche Unterschiede folgen nicht immer (eigentlich in den meisten Fällen nicht) der Demarkationslinie, die wir zwischen der einen und der anderen »Religion« ziehen, sondern eher sozialen Interessenlagen. Nun könnte ein Konsens formuliert werden, den Vertreter der jeweiligen Traditionen auf der Grundlage des Verständnisses, das sie von ihrer Tradition aktuell haben, sorgfältig ausarbeiten. Diese Ergebnisse könnten in Dokumenten niedergelegt werden, die dann eine wichtige Rolle spielen würden für unterdrückte Minderheiten innerhalb jener Traditionen, deren Vertreter diese Dokumente unterzeichnet haben. (Man vergleiche hierzu die Rolle der »Berufungsinstanz«, die die Schlussakte von Helsinki für die

Dissidenten in Osteuropa zur Zeit des Kalten Krieges gespielt hat.) Dennoch wäre jede Form einer solchen Übereinstimmung bezüglich ethischer Prinzipien aus zwei Gründen ungenügend:

1. Allgemeine Ansichten, in denen ethische Wertvorstellungen auf der Basis einer Verantwortungsethik zum Ausdruck kommen, werden immer unter dem Gesichtspunkt von Machtinteressen interpretiert. Daher müssen solche Machtstrukturen ebenfalls berücksichtigt werden, und zwar nicht erst für die spätere »Anwendung« ethischer Argumente, sondern bereits bei ihrer Formulierung und Interpretation. *Es gibt keine Ethik, die ohne Berücksichtigung der sozialen Matrix formuliert werden könnte.*

2. Die Abfassung eines allein rational begründeten universalen Ethos oder von *Global Ethics* könnte nur auf Basis einer *voraussetzungslosen* Diskussion stattfinden. Voraussetzungslosigkeit ist aber nicht möglich, denn jede Diskussion wird, wie wir sahen, in einer bestimmten Sprache und Denkform geführt. Die religionskulturellen Voraussetzungen dessen, der das Ethos formuliert, müssen also offengelegt werden. Auch »universale ethische Maximen« stehen immer im Kontext eines explizit oder implizit vorausgesetzten Welt- und Menschenbildes, das auch dessen spezielle Interpretation von Selbst, Welt und dem Gemeinwohl umfasst. Daraus folgt, dass eine so begründete Ethik nicht allein auf der Grundlage allgemein abstrahierter Prinzipien der Vernunft möglich ist, sondern immer auch Interessenausgleich bedeutet, d.h. auf Kompromiss beruht.

Die Schlussfolgerung, die daraus gezogen werden kann, ist, dass jede interkulturelle Ethikdebatte sämtliche Dimensionen der menschlichen Existenz einbeziehen muss, das heißt, dass in jede Art der Kommunikation zwischen Gruppen bzw. ganzen Völkern ökonomische, ökologische, politische und psychologische

Aspekte hineinspielen. Die Klärung dieser Verknüpfungen ist eine Voraussetzung für gegenseitiges Verstehen.

Daraus folgt, dass die Formulierung jeder Art von allgemeiner oder interkultureller Ethik ihre politischen Implikationen thematisieren muss. In Anbetracht der gegenwärtig in der Welt herrschenden politischen Verhältnisse muss sie versuchen sicherzustellen, dass der augenblickliche Status quo, der offensichtlich auf – international gesehen – ungerechten sozialen, ökonomischen und kommunikativen Strukturen beruht, nicht festgeschrieben wird. Besagter Status quo mag aus europäischer, amerikanischer oder japanischer Perspektive akzeptabel erscheinen, aber sicherlich nicht aus tibetischer, indischer oder afrikanischer Sicht. Interkulturelles Verständnis und interkulturelle Ethikdebatten sind kein herrschaftsfreier Diskurs. Somit hängt die Glaubwürdigkeit jeder Ethikdebatte von der Fähigkeit der Beteiligten ab, die Beweggründe der jeweils anderen und gegenteiligen Perspektiven zu verstehen, und von der Bereitschaft, Definitionsmacht auch zu teilen.

Konkret bedeutet dies, dass interkulturelle Ethikdebatten davon abhängen,

- dass die wirtschaftlichen Beziehungen zwischen reicheren und ärmeren Ländern ausgeglichener, d.h. gerechter werden müssen, als sie jetzt sind;
- dass die beteiligten Seiten sich darauf einigen, die eigene Identität nicht auf Kosten der Identität des anderen zu kultivieren, wohl aber argumentativ differente Perspektiven einzubringen haben;
- dass Sprachen Wirklichkeit auf unterschiedliche Weise konstruieren und dass die Sprache des anderen gleichberechtigt neben der eigenen steht;

- dass jeder Gesprächspartner dasselbe Recht hat, seinen Standpunkt mit nachvollziehbaren Argumenten zu vertreten, die dann, wenn sie plausibel erscheinen, auch Akzeptanz verdienen;
- dass Kulturen (Religionen) keineswegs monolithische Gebilde sind, sondern sich in sozialen Interessengruppen manifestieren; das heißt, dass buddhistische, konfuzianische oder christliche Wertvorstellungen in unterschiedlichen, je gruppenspezifischen Interpretationen existieren. Denn es gibt innerhalb einer Tradition nicht *die* Ansicht und ihre Vertreter, sondern verschiedene, von den jeweiligen Interessen bestimmte Diskurse. Diese Pluralität der Ansichten sollte mit der Pluralität der Ansichten in anderen Kulturen in Wechselwirkung treten. Auf diese Weise werden durch und im Verlauf interkultureller Ethikdebatten mögliche Widersprüche innerhalb der einzelnen Traditionen offengelegt.

Religionen müssen in diesen Prozessen eine konstruktive Rolle spielen. Das wird nur möglich sein, wenn sie sich als *transformierte Religionen* in die Diskurse und Aktivitäten der Praxis einbringen. Religiöse Traditionen und ihre philosophisch ausformulierten Wahrheitsansprüche, denen wir noch nach Jahrtausenden hohen Respekt zollen, sind schon immer durch Transformationsprozesse entstanden – man denke an die Propheten Israels, an Sokrates, an den Buddha, an Konfuzius, an Jesus, an Muhammad und andere. Transformierte Religion bedeutet heute, dass sie erstens *vernunftbasiert* und argumentationspflichtig ist für das, was sie sagt und tut, und dass sie zweitens *pluralistisch* orientiert ist, weil sie die prinzipielle Begrenztheit jeden Erkennens als religiöse Einsicht thematisiert, insofern menschliches Wissen in seiner raumzeitlich bedingten Gestalt vom Ganzen nicht zu trennen, sehr wohl aber zu unterscheiden ist. Eine solche transformierte Religion widersteht vom eigenen *inhärenten* Prinzip her jedem (moralischen) Fundamentalismus und Fanatismus.

Schlussfolgerung

1. Ethikdiskurse, die unter interkulturellen Bedingungen stattfinden, müssen der Tatsache Rechnung tragen, dass es, kulturell bedingt, unterschiedliche Auffassungen von Wirklichkeit und Ethik gibt. Sämtliche modernen pluralistischen Gesellschaften sind nicht aus nur einer Tradition hervorgegangen, sondern aus Interferenzmustern und wechselseitigen Bezügen von Kulturen.

2. In den heutigen pluralistischen Gesellschaften ist das grundlegende religiöse Problem, das für die Begründung von ethischen Werten Konsequenzen zeitigt, das folgende: Wenn, um es in den Worten der Aufklärung zu sagen, jeder Mensch nach seiner Fasson selig werden soll, ist zu fragen, wie heute »Fasson«, also Glaubens- und Wertesysteme, entstehen. In den traditionellen Religionen geschah dies

- durch Tradition und Überlieferung,
- durch Nachfolge
- durch Diskurs, besonders dann, wenn es konkurrierende Vorstellungen gab und ein bewusster Auswahlprozess erforderlich war.

Der heutigen religiösen Sozialisation fehlt es aber häufig an der kritischen Aneignung der Tradition, wenn man nicht nach Wissen strebt, das durch Auseinandersetzung erworben wurde, sondern sich auf unkritische Behauptungen zurückzieht, die darauf abzielen, absolut gültige Aussagen (über die Wahrheit, Gott, die Autorität des Guru) zu rechtfertigen.[20] Das ist das Gegenteil von *transformierter Religion* und eine bleibende Gefahr für den Frieden zwischen unterschiedlichen Kulturen und Religionen. Denn unter solchen Voraussetzungen scheint es schwierig, wenn nicht unmöglich, ein Regelwerk für pluralistische interreligiöse und ethische Diskurse zu erarbeiten, das über sehr allgemein gefasste Selbstverständlichkeiten hinausgeht. Solche Regeln zu erarbeiten ist aber eine wichtige Aufgabe für die heutige Zeit – für Intellektuelle der verschiedenen Kulturen, für Schulen, Universitäten und politische Organisationen. Wir brauchen einen öffentlichen und transparenten Diskurs, an dem jede Gruppe, die das wünscht, teilnehmen kann – wer sich dem Diskurs hingegen verweigert, schließt sich selbst aus. Träger des notwendigen ethischen Diskurses sollten lokale und internationale Institutionen sein, die den interkulturellen Ethikdiskurs kontinuierlich pflegen, um vor allem Regeln und Methoden einer fairen und tiefgründigen Debattenkultur zu erarbeiten.

Die Praxis des Mitgefühls und unserer Verantwortung für die Welt
Tenzin Gyatso, XIV. Dalai Lama

Die Praxis des Mitgefühls[21]

DER SINN UNSERES LEBENS

Bewusst oder unbewusst sind Menschen von der Frage nach dem Sinn ihres Lebens umgetrieben. Auch ich habe mir über diese Frage Gedanken gemacht und möchte die Ergebnisse dieses Suchens mit Ihnen teilen in der Hoffnung, dass sie allen, die solche Erwägungen lesen, von unmittelbarem, praktischem Nutzen sein mögen.

Ich denke, der Sinn des Lebens besteht darin, glücklich zu sein. Vom Augenblick der Geburt an sehnt sich jeder Mensch nach Glück und möchte Leid vermeiden. An diesem Wunsch ändern weder soziale Konditionierung noch Erziehung oder Ideologien etwas. Aus unserem tiefsten Wesenskern heraus wünschen wir uns einfach nur Zufriedenheit. Ich weiß nicht, ob sich im Universum mit seinen zahllosen Galaxien, Sternen und Planeten noch ein tieferer Sinn verbirgt oder nicht, doch dieses ist klar, dass es unsere Aufgabe als Menschen auf dieser Erde ist, die Grundlagen für ein glückliches Leben zu schaffen. Darum müssen wir herausfinden, was uns das größtmögliche Maß an Glück verschafft.

Wie man Glück erlangt

Wir können jede Art von Glück bzw. Leid in zwei Kategorien einteilen: geistig oder körperlich. Von diesen beiden übt bei den meisten Menschen der Geist den stärksten Einfluss aus. Wenn wir nicht gerade schwer krank sind oder es uns am Notwendigsten zum Leben fehlt, spielt unsere körperliche Verfassung nur eine untergeordnete Rolle. Geht es dem Körper gut, dann ignorieren wir ihn nachgerade, d.h. wir spüren den Körper gar nicht. Unser Geist hingegen registriert jedes noch so kleine Ereignis und bewertet es durch eine emotionale Reaktion. Daher sollte unser wichtigstes Streben dem geistigen Frieden gelten. Meine begrenzte Erfahrung hat mich gelehrt, dass nichts zu größerem innerem Frieden führt als die Entwicklung von Liebe und Mitgefühl.

Je mehr wir uns um das Glück anderer bemühen, desto mehr wächst unser eigenes Wohlbefinden. Wenn wir anderen mit Warmherzigkeit und Verbundenheit begegnen, empfindet der Geist ein Wohlbefinden ganz automatisch. Das hilft uns bei der Auflösung aller möglichen Ängste und Unsicherheiten, die uns vielleicht quälen. Und es gibt uns die Kraft, Probleme, mit denen wir konfrontiert werden, zu meistern. Dies ist die eigentliche, entscheidende Ursache für ein geglücktes Leben.

Solange wir in dieser Welt leben, werden wir zwangsläufig immer wieder mit Problemen konfrontiert werden. Wenn wir darauf mit Mutlosigkeit und Verzweiflung reagieren, schwächt das unsere Fähigkeit, mit Schwierigkeiten fertigzuwerden. Wenn wir uns dagegen ins Gedächtnis rufen, dass alle Menschen, und nicht nur wir allein, zwangsläufig Leid erfahren, dann wird dieser realistische Blick auf die Situation unsere Entschlossenheit stärken und unsere Fähigkeit, mit den Problemen umzugehen. Tatsächlich ist es mit einer solchen Einstellung möglich, jedes neue Hindernis als wertvolle Gelegenheit zu betrachten, den Geist zu schulen!

Auf diese Weise können wir danach streben, unser Mitgefühl schrittweise immer mehr zu vertiefen. Das heißt, wir haben die Möglichkeit, anderen empathisch in ihrem Leid zu begegnen und ihnen zu helfen, sich daraus zu befreien. Dadurch werden auch in uns selbst Gelassenheit und innere Stärke zunehmen.

Unser Bedürfnis nach Liebe

Der letztendliche Grund, warum uns nichts glücklicher macht als Liebe und Mitgefühl, ist schlicht der, dass es unsere Natur ist, diese Qualitäten über alles zu schätzen. Dass wir auf Liebe angewiesen sind und ihrer so sehr bedürfen, hängt mit den Grundbedingungen der menschlichen Existenz zusammen. Dieses Bedürfnis wurzelt in der tiefgehenden wechselseitigen Abhängigkeit, die uns alle verbindet. Wie klug und geschickt ein Mensch auch sein mag, auf sich allein gestellt kann er oder sie nicht überleben. Wie stark und unabhängig wir uns in unseren besten Zeiten auch fühlen mögen, wenn wir krank sind oder noch ganz klein oder sehr alt, sind wir völlig auf die Hilfe und Unterstützung anderer angewiesen.

Die eben erwähnte wechselseitige Abhängigkeit ist ein Grundgesetz der Natur. Nicht nur höhere Lebensformen, auch winzige Insekten sind soziale Wesen, die – ohne jede Religion, Gesetze oder Erziehung – überleben nur aufgrund ihrer Kooperationsfähigkeit, die auf angeborenem »Wissen« um ihre wechselseitige Abhängigkeit beruht. Selbst die subtilsten materiellen Phänomene stehen in Wechselbeziehung miteinander.

Das Bedürfnis nach Liebe ist die Grundlage unseres Seins, und das liegt daran, dass unsere Existenz so sehr von der Hilfe anderer abhängt. Daher brauchen wir echtes Verantwortungsgefühl und ehrliches Interesse am Wohlergehen anderer. Wir müssen uns fragen, wer oder was wir Menschen wirklich sind: Wir sind eben nicht maschinell produzierte Objekte, denn wären wir nur mechanische Produkte, dann könnten die Maschinen, die uns produziert haben, all unser Leid lindern und unsere

Bedürfnisse erfüllen. Da wir aber keine rein materiellen Geschöpfe sind, ist es falsch, all unsere Hoffnung auf Glück nur durch äußere Entwicklung verwirklichen zu wollen. Wir sollten stattdessen unsere Ursprünge und unsere Natur betrachten und herausfinden, was wir tatsächlich brauchen.

Wenn wir die komplexen Fragen nach der Entstehung und Entwicklung unseres Universums einmal ausklammern, können wir uns zumindest darauf einigen, dass jeder von uns das »Produkt« seiner Eltern ist. Gewöhnlich ist es so, dass der Anlass für unsere Zeugung nicht einfach nur sexuelles Begehren war, sondern die Entscheidung unserer Eltern, ein Kind haben zu wollen. Solche Entscheidungen wurzeln in Verantwortungsbewusstsein und Mitgefühl – in der mitfühlenden Selbstverpflichtung der Eltern, für ihr Kind zu sorgen, bis es in der Lage ist, für sich selbst zu sorgen. Daher war ab dem Augenblick unserer Zeugung die elterliche Liebe ein direkter Teil des Prozesses, an dessen Ende schließlich unsere Geburt stand. Darüber hinaus sind wir von unseren frühesten Entwicklungsphasen an vollkommen von der Fürsorge unserer Mutter abhängig. Einigen Wissenschaftlern zufolge hat die – ruhige oder aufgewühlte – geistige Verfassung einer schwangeren Frau direkte körperliche Auswirkungen auf ihr ungeborenes Kind. Auch bei der Geburt ist es wichtig, dass Mutter und Kind einander Liebe zeigen. Nachdem wir das Licht der Welt erblickt haben, saugen wir instinktiv sofort an der Brust unserer Mutter, bis wir Milch empfangen. Deswegen fühlen wir uns der Mutter auf ganz natürliche Weise nah. Umgekehrt muss unsere Mutter auch Liebe für uns empfinden, damit sie uns gut stillen kann. Empfindet sie Wut oder Abneigung, kann das tatsächlich den Milchfluss beeinträchtigen und versiegen lassen.

Der Zeitraum von der Geburt bis zum Alter von drei oder vier Jahren ist darüber hinaus besonders wichtig für die Entwicklung des kindlichen Gehirns. In dieser Phase ist der alles entscheidende Faktor für eine normale Entwicklung des Kindes ein liebevoller Körperkontakt. Wird ein Kind nicht gehalten, in die Arme genommen und liebkost, so ist es in seiner Entwicklung beeinträchtigt und sein Gehirn wird nicht richtig ausreifen. Da ein Kind nicht ohne fremde Hilfe überleben kann, ist Liebe seine wichtigste Nahrung. Ob die Kindheit glücklich ausfällt, ob die zahlreichen Ängste des Kindes zerstreut werden und ob es ein gesundes Selbstvertrauen entwickelt, hängt direkt damit zusammen, ob es Liebe erfährt.

Heute wachsen viele Kinder in unglücklichen Familien auf. Erfahren Kinder keine echte Zuwendung, werden sie später auch wenig Liebe für ihre Eltern empfinden und nicht selten Schwierigkeiten haben, andere Menschen zu lieben. Dies ist sehr traurig. Wenn Kinder dann größer werden und in die Schule kommen, muss ihr Bedürfnis nach Unterstützung von den Lehrern erfüllt werden. Vermittelt ein Lehrer nicht nur den vorgeschriebenen Stoff, sondern übernimmt auch die Verantwortung, seine Schüler auf das Leben vorzubereiten, dann werden sie Vertrauen und Respekt empfinden und das, was er den Kindern beibringt, wird einen unauslöschlichen Eindruck in ihrem Geist hinterlassen. Dagegen wird alles, was ein Lehrer ohne echtes Interesse am Wohlergehen seiner Schüler unterrichtet, als unwichtig erachtet und bald vergessen sein.

Wird man ins Krankenhaus eingeliefert und dort von einem warmherzigen Arzt behandelt, fühlt man sich in guten Händen. Allein der Wunsch des Arztes, seine Patienten bestmöglich zu versorgen, wirkt schon heilsam, gleichgültig, wie gut er als Mediziner tatsächlich ist. Mangelt es dem Arzt hingegen an Einfühlungsvermögen und verhält er sich unfreundlich, ungeduldig oder gleichgültig, haben wir Angst, selbst wenn er eine Koryphäe auf seinem Gebiet sein sollte, seine Diagnose korrekt ist und er die richtigen Medikamente verordnet hat. Die Gefühlslage der Patienten aber übt großen Einfluss auf den Heilerfolg aus.

Selbst in einem ganz normalen Alltagsgespräch hören wir unserem Gegenüber gern zu, wenn er menschliche Gefühle zeigt, und reagieren entsprechend. Wir empfinden diese Unterhaltung als interessant, mag unser Gesprächsgegenstand auch noch so trivial erscheinen. Äußert sich der andere aber kalt oder unfreundlich, fühlen wir uns unbehaglich und wollen dieses Gespräch so schnell wie möglich beenden. Ob ein Ereignis nun nebensächlich oder von höchster Wichtigkeit ist, die Zuneigung und die Achtung anderer sind dabei entscheidend für unser Glück. Vor einiger Zeit hatte ich die Gelegenheit, mich mit einigen amerikanischen Wissenschaftlern zu unterhalten, von denen ich erfuhr, dass in den USA etwa 12 Prozent der Bevölkerung an psychischen Erkrankungen leiden würden. Das ist ein hoher Anteil. Im Verlauf unserer Diskussion wurde dann klar, dass die Hauptursache für depressive Störungen nicht materielle Nöte sind, sondern der Mangel an menschlicher Zuwendung.

Wie man aus dem bisher Gesagten erkennen kann, ist aus meiner Sicht eines völlig klar: Ob wir uns dessen nun bewusst sind oder nicht, vom Tag unserer Geburt an liegt uns das Bedürfnis nach menschlicher Zuwendung im Blut. Und selbst wenn diese Zuwendung von einem Tier kommt oder von jemandem, den wir gewöhnlich als Feind betrachten würden, so werden sowohl Kinder als auch Erwachsene sich davon ganz natürlich angezogen fühlen.

Ich glaube, dass kein Mensch frei vom Verlangen nach Liebe geboren wird. Und das beweist – auch wenn einige moderne Denkschulen das Gegenteil zu zeigen versuchen –, dass der Mensch nicht als rein materiell-körperliches Wesen definiert werden kann. Kein materielles Objekt, wie schön oder wertvoll es auch sein mag, kann uns das Gefühl geben, dass wir geliebt werden, denn unsere tiefere Identität, unser wahrer Charakter liegen in der subjektiven Natur des Geistes.

Mitgefühl entwickeln

Einige meiner Freunde sind der Ansicht, dass Liebe und Mitgefühl zwar wunderbar sind, aber nicht wirklich relevant. Unsere Welt sei kein Ort, an dem solche Glaubensinhalte viel Einfluss hätten. In ihren Augen sind Wut und Hass ebenso ein Teil der menschlichen Natur, und die Menschheit werde deshalb immer auch von diesen Regungen beeinflusst werden. Ich bin nicht dieser Ansicht: Wir Menschen existieren in unserer heutigen Form seit ungefähr hunderttausend Jahren. Ich denke, wenn der menschliche Geist in dieser Zeit primär von Wut und Hass gelenkt worden wäre, hätte die Zahl der Menschen eher abgenommen. Stattdessen werden die Menschen trotz aller Kriege immer mehr. Das zeigt in meinen Augen, dass die Welt von Liebe und Mitgefühl bestimmt wird. Außerdem schaffen es unangenehme Ereignisse ja gerade auch deshalb in die Schlagzeilen, weil mitfühlendes Handeln so selbstverständlich Teil des Alltags ist, dass man meist nicht viel Aufhebens darum macht.

Bisher habe ich im Wesentlichen die geistigen Vorzüge des Mitgefühls bedacht, aber tatsächlich trägt es auch zur körperlichen Gesundheit bei. Meiner Erfahrung nach sind geistige Stabilität und körperliches Wohlbefinden direkt miteinander verknüpft. Es steht außer Frage, dass Ärger und Nervosität uns anfälliger für Krankheiten machen. Ist der Geist hingegen ruhig und von positiven Gedanken und Gefühlen erfüllt, so ist der Körper weniger anfällig für Krankheit.

Allerdings ist es ebenso richtig, dass wir eine angeborene Selbstbezogenheit besitzen, die unserer Liebe für andere häufig im Weg steht. Diese Spannung ist vorhanden, denn – wie gesagt – wünschen wir uns ja das wahre Glück, das nur durch einen ruhigen Geist entstehen kann. Da letzterer auf einer mitfühlenden Haltung beruht, stellt sich die Frage, ob und wie wir eine solche Haltung kultivieren können. Es reicht ganz offensichtlich nicht aus, dass wir nur darüber nachdenken, wie großartig Mitgefühl doch eigentlich wäre! Vielmehr müssen wir all unsere Kräfte bündeln, um es zu entwickeln. Wie? Indem wir sämtliche Erlebnisse bündeln und nutzen, um unser Denken und Verhalten zu ändern.

Zunächst müssen wir uns klarmachen, was wir mit »Mitgefühl« meinen. Viele Formen mitfühlender Emotionen sind mit Verlangen und Anhaftung vermischt. Die Liebe, die Eltern ihrem Kind entgegenbringen, ist häufig stark abhängig von ihren eigenen emotionalen Bedürfnissen. Sie ist also nicht vollkommen mitfühlend. Auch in der Partnerschaft entspringt, vor allem zu Beginn, wenn die Partner sich noch nicht wirklich gut kennen, ihre Liebe häufig mehr der Anhaftung als dem Mitgefühl. Unser Verlangen kann so stark sein, dass wir uns den Menschen, auf den es sich richtet, als gut denken, obwohl er oder sie in Wirklichkeit sehr negativ eingestellt ist. Unter solchen Voraussetzungen entwickeln wir darüber hinaus die Tendenz, auch wenig ausgeprägte positive Eigenschaften total zu übertreiben. Ändert sich dann die Haltung eines Partners, ist der andere oft tief enttäuscht und seine Haltung verändert sich ebenfalls. Das ist ein klares Anzeichen dafür, dass diese Liebe eher auf persönliche Bedürfnisse gestützt war als auf echte Fürsorge für den anderen.

Wahres Mitgefühl ist nicht nur eine emotionale Reaktion. Es stellt vielmehr einen festen Entschluss dar, der auf Vernunft gründet. Die echte mitfühlende Haltung einem Menschen gegenüber ändert sich auch dann nicht, wenn dieser sich negativ verhält.

Solch ein Mitgefühl zu entwickeln ist alles andere als einfach! Ein guter Anfang ist es, über Folgendes nachzudenken:

Ob Menschen nun schön oder nett bzw. unattraktiv oder nervig sind, so sind sie doch menschliche Wesen genau wie wir. Wie wir wünschen sie sich Glück und wollen Leid vermeiden. Auch ist ihr Recht, dem Leid zu entgehen und Glück zu erfahren, genau dasselbe wie unseres. Wenn man sich also bewusst macht, dass alle Lebewesen dasselbe Streben und dasselbe Recht auf Glück besitzen, empfindet man automatisch Verbundenheit und Empathie mit ihnen. Indem man seinen Geist allmählich an dieses Gefühl universeller Nächstenliebe gewöhnt, entwickelt man von selbst ein Gefühl der Verantwortung für andere: den Wunsch nämlich, ihnen bei der Bewältigung ihrer Probleme beizustehen. Dieser Wunsch richtet sich nicht nur auf ausgewählte Personen, sondern auf alle Wesen gleichermaßen. Da sie alle ausnahmslos Menschen sind wie man selbst, gibt es keinen logischen Grund, zwischen ihnen wesensmäßig zu unterscheiden oder die eigene Einstellung zu ändern, wenn die anderen negativ handeln.

Ich möchte hier betonen, dass es für jeden von uns durchaus möglich ist, mit der nötigen Zeit und Geduld diese Art von Mitgefühl zu entwickeln. Natürlich wirkt unsere Selbstbezogenheit, unsere markante Anhaftung an das Gefühl, dass es da ein unabhängiges, aus sich existierendes Ich oder Selbst gibt, dieser Art von Mitgefühl entgegen. Wahres Mitgefühl kann nur entwickelt werden, wenn wir das Anhaften an ein Ich überwinden. Aber das heißt nicht, dass wir nicht trotzdem jetzt schon mit der Praxis beginnen und Fortschritte machen können.

Wir sollten damit beginnen, die größten Hindernisse für das Mitgefühl auszuräumen: Wut und Hass. Wie wir alle wissen, sind dies sehr machtvolle Emotionen, die unseren Geist vollständig überfluten und durchdringen können. Nichtsdestotrotz können sie kontrolliert werden. Werden sie das nicht, werden diese negativen Emotionen uns quälen – und das fühlt sich an wie ein Selbstläufer. Sie werden unser Streben nach dem Glück eines liebevollen Geistes gnadenlos durchkreuzen.

Daher ist es sinnvoll, darüber nachzudenken, ob Zorn tatsächlich einen Wert haben kann. Wenn wir uns hilflos in einer scheinbar ausweglosen Situation befinden, scheint die Wut manchmal tatsächlich nützlich zu sein. Sie scheint uns mehr Energie, Vertrauen und Entschlossenheit zu geben. Doch wir sollten diesen unseren Geisteszustand genauer untersuchen. Es ist zwar richtig, dass Wut uns ein Stück mehr Energie liefert, doch wenn wir die Natur dieser Energie unter die Lupe nehmen, entdecken wir, dass sie blind ist: Wir können nicht sicher sein, ob sie zu positiven oder negativen Resultaten führt. Das liegt daran, dass der Zorn den besten Teil unseres Gehirns lahmlegt: unser rationales Denken. Die Energie des Zorns ist daher höchst unzuverlässig, und sie kann sehr viel destruktives Verhalten auslösen, das wir später bereuen. Wird der Zorn nicht gezügelt, verhalten wir uns, als wären wir verrückt – wir schaden uns selbst ebenso wie anderen.

Dabei können wir eine ebenso starke, aber besser kontrollierbare Energie entwickeln, mit der wir schwierigen Situationen begegnen können. Und diese kontrollierte Energie entsteht nicht nur aus einer mitfühlenden Haltung, sondern auch aus Vernunft und Geduld. Sie sind die stärksten Gegenkräfte zur Wut. Unglücklicherweise werden diese Eigenschaften von vielen Menschen als

Zeichen der Schwäche missdeutet. Ich glaube, das Gegenteil ist der Fall: Sie sind die wahren Anzeichen innerer Stärke. Mitgefühl ist seiner Natur nach sanft, friedlich und weich, trotzdem ist es sehr kraftvoll. Menschen jedoch, die schnell ihre Geduld verlieren, sind unsicher und wenig stabil. In meinen Augen ist das Entstehen von Wut ein klares Zeichen für Schwäche.

Wenn man also mit einem Problem konfrontiert wird, versuche man, nicht hochfahrend zu reagieren. Es ist immer besser, mit einem klaren Kopf an die Dinge heranzugehen und sich um eine Lösung zu bemühen, die für beide Seiten fair ist. Natürlich kann es dann vorkommen, dass andere versuchen, einen selbst auszunützen. Sollte unsere gelassene Haltung andere dazu verleiten, sich aggressiv zu verhalten, müssen wir Stärke zeigen. Doch auch dies lässt sich mit Mitgefühl tun. Wenn es also nötig ist, den eigenen Standpunkt deutlich zu vertreten und Gegenmaßnahmen zu ergreifen, dann tue man dies ohne Zorn und ohne die Absicht, den anderen zu schaden. Es ist zu bedenken, dass selbst wenn unsere Gegner uns Schaden zufügen wollen, diese sich letztlich nur selbst schaden. Um den eigenen Racheimpulsen entgegenzuwirken, sollten wir uns den Wunsch bewusst machen, mitfühlend zu handeln, die Verantwortung zu übernehmen und unser Gegenüber vor den negativen Konsequenzen seines Tuns zu bewahren. Da solche Gegenmaßnahmen mit Besonnenheit gewählt wurden, sind sie effektiver, genauer und kraftvoller. Blindwütige Rache erreicht hingegen selten den gewünschten Effekt.

Freunde und Feinde

Ich muss nochmals betonen, dass eine positive Haltung zu Mitgefühl, Vernunft und Geduld allein nicht ausreicht, um diese Qualitäten zu entwickeln. Wir müssen darauf warten, dass

Schwierigkeiten auftauchen, und dann versuchen, Mitgefühl und Geduld in die Praxis umzusetzen. Wer aber schafft solche Gelegenheiten für uns? Unsere Freunde natürlich nicht, sondern unsere Feinde. Sie sind es, die uns den meisten Ärger machen. Möchten wir die genannten Eigenschaften wirklich entwickeln, sollten wir unsere Gegner als unsere besten Lehrer betrachten!

Für einen Menschen, der Mitgefühl und Liebe wertschätzt, ist die Übung in Toleranz ganz wesentlich. Dazu aber brauchen wir einen Gegner. Wir sollten unseren Gegnern daher dankbar sein, denn sie sind es, die uns auf unserem Weg zu einem friedvollen Geist am besten nützen! Daher ist es sowohl im öffentlichen als auch im Privatleben gar nicht so selten der Fall, dass Feinde zu Freunden werden!

Wut und Hass sind immer schädlich. Trainieren wir unseren Geist nicht und unterlassen es, diese destruktiven Kräfte zu verringern, werden sie uns weiterhin Probleme bereiten und unsere Versuche, einen ruhigen Geist zu entwickeln, torpedieren. Wut und Hass sind also unsere wahren Feinde. Es sind die Kräfte, denen wir uns stellen, die wir besiegen müssen, und nicht die zeitweiligen Anfeindungen, die wir im Laufe unseres Lebens erfahren.

Nichts ist natürlicher, als sich nur Freunde zu wünschen. Ich scherze ja oft, dass wir, wenn wir tatsächlich selbstsüchtig sein wollen, sehr mitfühlend sein müssten! Wir sollten uns um andere kümmern, uns um ihr Wohlergehen sorgen, ihnen helfen, ihnen dienen, mehr Freunde gewinnen, auf mehr lächelnde Gesichter treffen. Das Resultat? Wenn man dann selbst Hilfe braucht, hat man viele Helfer! Ist einem andererseits das Glück anderer egal, dann wird man langfristig zu den Verlierern zählen. Können Streitigkeiten und Ärger, Eifersucht und Konkurrenzverhalten denn wirklich Freundschaften begründen? Ich glaube nicht. Nur Zuwendung wird uns echte, wahre Freunde gewinnen.

In den materialistischen Gesellschaften von heute scheint jeder, der über viel Geld und Macht verfügt, viele Freunde zu haben. Aber das sind keine wirklichen Freunde, sie sind ja nur auf das Geld und die Macht der begüterten Person aus. Wenn dann Wohlstand oder Einfluss des Betreffenden schwinden, wird er von diesen scheinbaren Freunden keinen mehr zu Gesicht bekommen. Das Problem ist: Wenn es für uns gut läuft, haben wir das Gefühl, wir könnten alles alleine hinbekommen. Wir brauchen ja gar keine Freunde! Aber sobald unsere Stellung in der Welt, unser Vermögen oder unsere Gesundheit schwächer werden, erkennen wir, dass wir mit dieser Vorstellung falschgelegen haben. In solchen Momenten erfahren wir, wer sich als wirklich hilfreich für uns erweist und wer dagegen vollkommen nutzlos ist. Um uns auf solche Momente vorzubereiten und echte Freundschaften zu knüpfen, auf die wir uns in Notzeiten verlassen können, müssen wir eine altruistische Einstellung entwickeln!

Die Menschen lächeln manchmal, wenn ich das sage, aber ich für meinen Teil wünsche mir eine große Anzahl von Freunden. Ich liebe ihr Lächeln. Damit stellt sich natürlich die Frage, dass ich wissen muss, wie ich mehr Freunde gewinne, wie ich mehr echtes Lächeln finde. Denn es gibt viele Arten des Lächelns, auch solches sarkastischer, gezwungener und diplomatischer Natur. Ein solches Lächeln macht nicht glücklich, ja manchmal erweckt es sogar Misstrauen oder Angst, nicht wahr? Ein echtes Lächeln hingegen hinterlässt bei uns einen Eindruck von Frische. Es ist auch, soweit ich weiß, etwas, was nur der Mensch kennt. Wenn wir möchten, dass uns jemand so anlächelt, müssen wir die Bedingungen schaffen, aus denen ein solches Lächeln erwachsen kann.

Schließlich möchte ich meine Gedanken über diesen eng abgesteckten Rahmen hinaus erweitern und eine umfassendere Perspektive aufzeigen: Individuelles Glück kann auf tiefgreifende und wirksame Weise zur Verbesserung des Verhältnisses aller Menschen untereinander beitragen. Da wir alle das gleiche Bedürfnis nach Liebe teilen, können wir das Gefühl entwickeln, dass jeder Mensch, den wir unter welchen Umständen auch immer kennenlernen, unser Bruder oder unsere Schwester ist. Wie das Gesicht des Anderen auch immer aussehen mag, wie anders seine Art, sich zu kleiden oder zu verhalten ausfallen mag, es gibt keinen grundlegenden Unterschied zwischen uns und anderen Menschen. Es ist töricht, sich mit äußeren Unterschieden aufzuhalten, denn unsere grundlegende Natur ist ein und dieselbe.

Letztendlich ist die Menschheit eins, und dieser kleine Planet ist unsere einzige Heimat. Wenn wir unsere Heimat schützen wollen, braucht jeder von uns ein klares Gespür für universellen Altruismus. Nur dieses Gefühl kann die egoistischen Motive auflösen, die Menschen dazu veranlassen, sich gegenseitig zu täuschen und auszunützen. Wer jedoch ein ehrliches und offenes Herz hat, empfindet ganz natürlich gesundes Selbstwertgefühl und Selbstvertrauen, was die Voraussetzung dafür ist, dass man vor keinem anderen Menschen Angst haben muss. Ich glaube, dass auf jeder Ebene der Gesellschaft – familiär, stammesbezogen, national, international – eine glücklichere und erfolgreichere Welt nur realisiert werden kann, wenn wir unser Mitgefühl kultivieren. Wir müssen dazu nicht tieffromm werden, wir brauchen auch nicht irgendeiner Ideologie anzuhängen. Alles, was wir brauchen, ist, dass jeder von uns gesunde menschliche Qualitäten entwickelt. Ich versuche, jeden Menschen, den ich treffe, wie einen alten Freund zu behandeln. Das vermittelt mir ein echtes Glücksgefühl. Das ist praktiziertes Mitgefühl.

Universelle Verantwortung und die globale Umwelt[22]

Nun, wo das 20. Jahrhundert zu Ende gegangen ist, entdecken wir, dass die Welt kleiner geworden ist. Der Weltfrieden hat uns beinahe zu einer Welt-Gemeinschaft werden lassen. Politische und militärische Bündnisse haben große multinationale Institutionen geschaffen, die Industrie und der weltweite Handel haben eine globale Wirtschaft hervorgebracht. Die weltumspannende Kommunikation hebt Barrieren wie Entfernung, Sprache und Rasse auf. Auch die schwerwiegenden Probleme, mit denen wir zu kämpfen haben, schweißen uns zusammen: Überbevölkerung, schwindende natürliche Ressourcen und eine Umweltkrise, die Luft, Wasser und Wälder bedroht und mit ihnen eine Vielzahl wunderbarer Lebensformen, die die unverzichtbare Grundlage unseres Daseins auf diesem kleinen Planeten darstellen, den wir miteinander teilen.

Ich glaube, dass die Menschheit, um die Herausforderungen unserer Zeit zu meistern, einen stärkeren Sinn für universelle Verantwortung entwickeln muss. Jeder von uns muss lernen, nicht nur für sich selbst, seine Familie oder Nation aktiv zu werden, sondern sich für das Wohlergehen der gesamten Menschheit einzusetzen. Universelle Verantwortung ist der eigentliche Schlüssel fürs menschliche Überleben. Sie ist das beste Fundament für die Welt, den Frieden, die angemessene Nutzung natürlicher Ressourcen und die Sorge für künftige Generationen, den richtigen Umgang mit unserer Umwelt.

Ich bin zu dieser Versammlung von Umweltschützern gekommen, weil ich optimistisch und voller Hoffnung bin. Das Treffen hier ist für die Menschheit eine wichtige Schwelle. Hier hat unsere sich entwickelnde Weltgemeinschaft die Möglichkeit, auf bislang ungekannte Weise zusammenzuarbeiten. Selbst wenn es so aussieht, als würde der Gipfel in Rio nicht erreichen, was nötig ist, so ist doch allein die Tatsache, dass er stattfindet, schon eine enorme Leistung. Daher ist es ermutigend, dass hier so viele Nicht-Regierungsorganisationen vertreten sind. Ihre Rolle im Bemühen um eine bessere Zukunft kann gar nicht genug betont werden. Auch wenn sie innerhalb der Vereinten Nationen nur begrenzten Einfluss haben, so wird dieser doch weiter zunehmen.

Viele Nicht-Regierungsorganisationen sind von engagierten Aktivisten gegründet worden, aus der echten Sorge um ihre Mitmenschen heraus. Ihr Einsatz markiert die vorderste Front des sozialen und ökologischen Fortschritts. Alle hier vertretenen Organisationen stehen für bestimmte Wünsche und Bedürfnisse, so wie die einzelnen Menschen das auch tun. Ohne unsere kollektive Anstrengung würden die hier durchgesetzten Fortschritte weit geringer ausfallen.

Ob uns das nun passt oder nicht, wir wurden hier auf der Erde geboren und sind Teil der großen Menschheitsfamilie. Reich oder arm, gebildet oder ungebildet, für diese Nation und Ideologie oder eine andere stehend, letztlich ist jeder von uns nur ein Mensch wie alle anderen auch. Außerdem hat jeder von uns dasselbe Recht auf Glück und die Vermeidung von Leid. Wenn Sie anerkennen, dass alle Wesen in dieser Hinsicht gleich sind, empfinden Sie automatisch Mitgefühl und Verbundenheit mit ihnen. Aus diesem Gefühl heraus erwächst der Sinn für universelle Verantwortung, der Wunsch, aktiv dazu beizutragen, dass unsere Mitmenschen ihre Probleme überwinden können.

Diese Art von Mitgefühl ist seiner Natur nach friedlich und sanft, aber auch sehr kraftvoll. Es ist das wahre Anzeichen für innere Stärke. Wir müssen dafür nicht religiös werden oder an eine Ideologie glauben, sondern alles, was jeder von uns braucht, ist, dass wir unsere positiven menschlichen Eigenschaften entwickeln.

Die Notwendigkeit eines universellen Verantwortungsgefühls betrifft jeden Aspekt des menschlichen Lebens. Heute wirken sich wichtige Ereignisse in einem Teil der Welt unmittelbar auf den ganzen Planeten aus. Daher müssen wir jedes größere lokale Problem von Anfang an als globales Anliegen betrachten. Wir können uns nicht auf nationale, ethnische oder ideologische Barrieren berufen, ohne dass dies destruktive Rückwirkungen auf uns selbst hätte.

Die wechselseitige Verbundenheit ist ein grundlegendes Naturgesetz. Nicht nur alle Lebensformen, auch die subtilsten materiellen Phänomene werden vom Gesetz der wechselseitigen Verbundenheit beherrscht. Alle Erscheinungen – vom Planeten, den wir bewohnen, hin zu den Ozeanen, Wolken, Wäldern und Blumen um uns herum – entstehen in Abhängigkeit von subtilen Energiemustern. Ist ihr Zusammenspiel gestört, lösen sich die Dinge auf und vergehen.

Wir müssen dieses Naturgesetz mehr als bisher in unsere Betrachtungen einbeziehen. Unsere Unwissenheit ist verantwortlich für viele der Probleme, mit denen wir heute konfrontiert sind. Die begrenzten Ressourcen unserer Welt – vor allem in den Entwicklungsländern – nur für den ausufernden Konsum zu nutzen ist verheerend. Wenn das ungebremst in dieser Form weitergeht, werden wir letztlich alle leiden. Wir müssen die feine Matrix des Lebens respektieren, sodass es sich selbst erholen kann. Das Umweltprogramm der Vereinten Nationen mahnt – so habe ich gehört –, dass wir vor der gravierendsten Welle von Artensterben seit mehr als 65 Millionen Jahren stehen. Diese Tatsache allein ist schon erschreckend. Sie sollte unser Bewusstsein dafür schärfen, wie gewaltig die Krise ist, vor der wir stehen.

Die Unwissenheit über die wechselseitige Abhängigkeit zerstört nicht nur die Umwelt, sondern auch die menschliche Gesellschaft.

Statt füreinander zu sorgen, richten wir unser Streben nach Glück rein auf die Ansammlung materieller Güter. Wir sind damit so beschäftigt, dass wir die grundlegendsten menschlichen Bedürfnisse wie Liebe, Güte und Zusammenarbeit darüber vernachlässigen. Das ist zutiefst zu bedauern und wir müssen uns klarwerden, wer wir Menschen wirklich sind. Im Grunde schätzen wir alle unseren geistigen Frieden. Wenn der Frühling kommt und die Tage länger werden, gibt es mehr Sonnenschein, das Gras und die Bäume fangen wieder an zu leben und alles ist frisch. Die Menschen sind glücklich. Im Herbst fällt zuerst ein Blatt, dann noch eines, dann sterben all die schönen Blumen ab, bis wir nur noch von den Gerippen der Pflanzen umgeben sind. Das verursacht nicht so gute Laune. Warum? Weil wir tief im Inneren konstruktives, fruchtbares Wachstum schätzen und Dinge nicht mögen, die verfallen, sterben oder zerstört werden. Jede destruktive Handlung läuft unserer innersten Natur zuwider: Aufbauen, konstruktiv sein – das ist das Wesen des Menschen.

Um dieses Wachstum zu fördern, müssen wir unser Engagement für menschliche Werte in vielen Bereichen verbessern. Natürlich braucht das politische Leben eine ethische Grundlage, aber das gilt auch für die Wissenschaft und die Religion. Ohne eine solche Grundlage können die Wissenschaftler nicht zwischen förderlichen und einfach nur zweckmäßigen Technologien unterscheiden. Die Umweltschäden, die wir heute erleben, sind der deutlichste Beweis für diese Art Verwirrung. Auch im Fall der Religion ist die ethische Grundlage besonders vonnöten.

Die Aufgabe der Religion ist nicht die Errichtung schöner Kirchen oder Tempel, sondern die Förderung positiver menschlicher Qualitäten wie Toleranz, Großzügigkeit und Liebe. Jede

Weltreligion, wie sie sich auch philosophisch begründen mag, beruht zuallererst auf dem Anspruch, dass wir unsere Selbstbezogenheit reduzieren und anderen dienstbar sein sollen. Unglücklicherweise verursachen Menschen im Namen der Religion mehr Streitigkeiten, als sie aufzulösen. Die Praktizierenden der verschiedenen Glaubensrichtungen sollten erkennen, dass jede religiöse Tradition einen starken intrinsischen Wert hat, insofern sie geistige und spirituelle Gesundheit zu schaffen vermag.

In der Bibel gibt es einen wunderbaren Vers, in dem davon die Rede ist, dass man Schwerter zu Pflugscharen machen wird. (Micha 4,1-4) Das ist ein sehr schönes Bild, eine Waffe, die zu etwas umgeformt wird, das grundlegende menschliche Bedürfnisse zu erfüllen vermag – ein Symbol für äußere und innere Abrüstung. Im Geiste dieser uralten Botschaft halte ich es für wichtig, dass wir auf eine politische Strategie drängen, die längst überfällig ist: die Entmilitarisierung des gesamten Planeten. Die Entmilitarisierung wird enorme Ressourcen freisetzen, die wir für den Schutz der Umwelt verwenden können, für die Bekämpfung der Armut und eine nachhaltige menschliche Entwicklung. Es ist meine Hoffnung, dass die Vereinten Nationen dazu beitragen können, dies möglichst bald Wirklichkeit werden zu lassen.

Ich habe mir immer vorgestellt, dass die Zukunft meines Landes – Tibet – sich auf dieser Grundlage gestalten könnte. Tibet wäre ein neutrales, entmilitarisiertes Heiligtum, in dem Waffen verboten wären und die Menschen in Harmonie mit der Natur lebten. Nun ist das kein bloßer Traum – die Tibeter haben fast eintausend Jahre lang so zu leben versucht, bevor unser Land tragischerweise Opfer einer Invasion wurde. In Tibet wurde die Tier- und Pflanzenwelt geschützt, weil das im Einklang mit buddhistischen Prinzipien steht. Schon im 17. Jahrhundert haben wir Gesetze zum Schutz der Umwelt erlassen. Vermutlich waren wir eine der ersten Nationen, die sich um die Umsetzung von Umweltschutzvorschriften bemühte! Unsere Umwelt wurde größtenteils durch unsere Religionskultur geschützt, die wir an unsere Kinder weitergegeben haben. Und in den letzten dreihundert Jahren hatte Tibet de facto keine Armee. Tibet gab die Kriegsführung als Instrument nationaler Politik schon im 8. Jahrhundert auf.

Ich möchte nun mit der Erklärung schließen, dass ich durchaus recht optimistisch bin, was die Zukunft angeht. Der schnelle Wandel unserer Haltung der Erde gegenüber ist eine Quelle der Hoffnung. Vor noch nicht einmal zehn Jahren haben wir die Ressourcen der Welt gedankenlos verbraucht, als wären sie unerschöpflich. Wir haben nicht gemerkt, dass grenzenloser Konsum für Umwelt und soziales Zusammenleben gleichermaßen katastrophal ist. Nun aber suchen Menschen und Regierungen gemeinsam nach einer neuen ökologischen und ökonomischen Ordnung.

Ich sage gern ein wenig scherzhaft, dass Mond und Sterne zwar schön anzusehen sind, wenn wir aber dort leben müssten, wäre das eher unangenehm für uns. Dieser unser blauer Planet ist ein wunderbarer Ort zum Leben. Sein Leben ist unser Leben, seine Zukunft unsere Zukunft. Tatsächlich ist die Erde uns allen eine Mutter. Wie Kinder sind wir von ihr abhängig. Was globale Probleme wie den Treibhauseffekt und die Ausdünnung der Ozonschicht angeht, sind einzelne Organisationen und Nationen hilflos. Wenn wir nicht alle zusammenarbeiten, wird sich keine Lösung finden. Unsere Mutter Erde erteilt uns eine Lektion in universeller Verantwortung.

Ich glaube, wir können sagen, dass aufgrund dieser Lektion das nächste Jahrhundert freundlicher, harmonischer und weniger zerstörerisch verlaufen wird. Mitgefühl, der Same des Friedens, wird blühen und gedeihen. Ich bin da sehr hoffnungsvoll. Gleichzeitig glaube ich, dass jeder Einzelne von uns eine Verantwortung trägt, unsere globale Familie in die richtige Richtung zu lenken. Gute Wünsche allein sind nicht genug: Wir müssen Verantwortung übernehmen. Denn die Aktionen Einzelner werden oft zu großen weltumspannenden Bewegungen.

Der Sponsor dieses Zusammentreffens, die Vereinten Nationen, wurden gegründet, um militärische Konflikte zu vermeiden. Es berührt mich tief, dass sie nun eine neue Herausforderung annehmen – nämlich die langfristige Wahrung der Gesundheit unseres Planeten und unser selbst. Ich hoffe und bete, dass in den Tagen, die vor uns liegen, jeder von uns alles in seiner Macht Stehende tun wird, um das Ziel zu erreichen: eine glücklichere, harmonischere und gesündere Welt.

Grund zur Hoffnung auf eine bessere Welt[23]

Ich fühle mich sehr geehrt, vor beiden Kammern des Parlaments von Kalifornien sprechen zu dürfen. Sie vertreten nicht nur einen der größten Bundesstaaten der Vereinigten Staaten, sondern werden auch noch von aller Welt für ihre Innovationskraft bewundert. Daher ist es mir eine Quelle tiefster Befriedigung, dass Sie mir die Gelegenheit geben, einige meiner Gedanken mit Ihnen, der gesetzgebenden Versammlung dieses Staates, teilen zu dürfen.

Mittlerweile sind fast sechzig Jahre vergangen, seit ich mein Heimatland Tibet verlassen habe und zum Flüchtling geworden bin. Dank der Güte der Regierung und des Volkes von Indien haben wir Tibeter eine zweite Heimat gefunden, in der wir in Würde und Freiheit leben können, wo man uns erlaubt, unsere Sprache, unsere Kultur und unsere buddhistischen Traditionen weiter zu pflegen.

Während der meisten meiner Lebensjahre habe ich die Welt

in gewaltsame Konflikte verstrickt gesehen. Bald nach meiner Geburt 1935 brach der chinesisch-japanische Krieg aus. Zur selben Zeit kamen allmählich die Kräfte zum Zuge, die dann den 2. Weltkrieg auslösten. In Hiroshima und Nagasaki wurden Atomwaffen ihrem schrecklichen Zweck zugeführt. Auf den brutalen Bürgerkrieg in China folgten der Korea- und dann der Vietnamkrieg. In der Zwischenzeit kam es zu Konflikten in Asien, im Nahen Osten, in Lateinamerika und Afrika, wo die Menschen für ihre Befreiung in den Bürgerkrieg zogen. Einige Historiker schätzen, dass im Laufe der gewaltsamen Konflikte des 20. Jahrhunderts mehr als 200 Millionen Menschen getötet wurden.

Auch heute noch ist für die bewaffneten Konflikte im Nahen Osten kein Ende abzusehen. Im Falle Syriens hat dies zur größten Flüchtlingskrise einer ganzen Generation geführt. Schreckliche Terrorangriffe wie die in Brüssel oder in Paris haben Angst und Leid verbreitet. Es wäre ganz einfach, nun in einen Zustand der Hoffnungslosigkeit zu versinken. Aber statt sich der Verzweiflung zu überlassen, sollten wir zu Beginn des 21. Jahrhunderts realistisch, vertrauensvoll und optimistisch sein. Die Lösung für viele unserer Probleme besteht nämlich einfach darin, dass wir Menschen uns daran erinnern, dass wir Brüder und Schwestern sind, dass wir alle einer Familie angehören und die globalen Herausforderungen gemeinsam meistern können.

Die Anerkennung universeller Menschenrechte, zu denen auch das Recht auf Selbstbestimmung gehört, hat im letzten Jahrhundert zugenommen und alle Vorstellungen weit übertroffen. Sie wurden Teil unseres kollektiven Gewissens und verweisen die ethnischen, religiösen, kulturellen, sozialen und nationalen Unterschiede zwischen uns in den Hintergrund. Auch der internationale Konsens zur Achtung von Geschlechtergleichheit und Frauenrechten – die Rechte der Hälfte der Menschheit – wächst und wächst. Wir sehen heute – vor allem bei der jüngeren Generation – eine weitgehende Ablehnung des Krieges als Mittel zur Lösung von politischen Problemen. Man hat das Arsenal an Nuklearwaffen weltweit reduziert, so weit, dass die Resolution aller Nobelpreisträger, die einen Zeitrahmen für einen weiteren Abbau und letztlich die völlige Abschaffung nuklearer Waffen fordert, kein ferner Traum mehr ist. Auch Präsident Obama hat diesem Wunsch kürzlich in Hiroshima Ausdruck verliehen.

In der Welt von heute wirkt die Vorstellung eines absoluten Sieges für eine Seite und der absoluten Niederlage der anderen völlig veraltet. Gewalt führt immer nur zu weiterer Gewalt, wohingegen Mahatma Gandhi und Martin Luther King jr. bewiesen haben, dass der Verzicht auf Gewaltanwendung höchst effektiv sein kann. Ich bewundere Menschen, die auf lange Sicht im 21. Jahrhundert auf Dialog setzen. Dazu gehören auch jene, die den Terrorismus an der Wurzel packen wollen. Mit Dialog und gegenseitigem Respekt arbeiten sie an den tiefen gegenseitigen Missverständnissen, an der Natur des Zorns und an der gefährlichen und polarisierenden Vorstellung, dass »die« und »wir« sich fundamental voneinander unterscheiden. In gleicher Weise haben sich viele Menschen auf der ganzen Welt mit großem Mitgefühl für Flüchtlinge eingesetzt, haben sie aus Seenot gerettet, haben sie bei sich aufgenommen und sind ihnen mit Freundschaft und Unterstützung begegnet. Das Mitgefühl ist bei ihnen eine selbstverständliche menschliche Reaktion.

Die Umstände, die Menschen zu Flüchtlingen machen, sind höchst komplex. Doch wenn wir den Ausdruck auf ihrem Gesicht sehen, vor allem den Gesichtern der Frauen und Kinder, und die traurige Verzweiflung in ihrer Situation erkennen, dann können wir nicht mehr anders: Dann müssen wir ihnen helfen, so gut wir können. Ich verstehe allerdings auch, warum manche Menschen in den Gastländern sich ungehört oder übergangen fühlen. Die wichtigste und letztlich auch einzige Lösungsmöglichkeit ist also, für Frieden zu sorgen, damit die Flüchtigen möglichst schnell in ihr Heimatland zurückkehren können. In der Zwischenzeit müssen wir Sorge tragen, dass die Kinder eine gute Erziehung und Ausbildung erhalten, damit sie, sobald die Zeit gekommen ist, ihrem Land eine Zukunft geben können. Wir Tibeter wissen recht gut, wie es ist, im Exil zu leben. Obwohl wir noch nicht in der Lage sind, in unser Heimatland zurückzukehren, sind wir dankbar für die Hilfe, die wir in den letzten Jahrzehnten von Freunden erhalten haben, auch vom Volk der Vereinigten Staaten.

Auch das kürzlich in Paris geschlossene Klimaabkommen ist ermutigend, zeigt es doch, dass es zu echter Zusammenarbeit zwischen den Staaten der Welt kommen kann, wenn nur der Wille vorhanden ist.

Mein Heimatland Tibet ist das höchstgelegene Plateau der Welt. Es ist ein Epizentrum des Klimawandels und erwärmt sich gut dreimal so schnell wie der Rest der Welt. Es gilt als der »dritte Pol« der Erde, da es eine enorme strategische Bedeutung besitzt, denn es stellt der Welt größtes Grundwasser- und Gletschervorkommen außerhalb von Arktis und Antarktis dar. Dort entspringen einige der größten Flüsse der Erde. Diese Flüsse und Tibets gewaltige Gletscher sind von zentraler Bedeutung für die bevölkerungsreichsten Länder der Erde.

Meiner Ansicht nach zeigt dies sehr gut, wie wir global voneinander abhängig sind. Daher ist Zusammenarbeit und Verständnis so wichtig, wenn es um unsere gemeinsame Zukunft geht. Wo der Klimawandel das Wohlergehen dieses Planeten bedroht, der unsere einzige Heimat ist, können wir unsere lokalen und nationalen Interessen nur wahren, wenn wir den globalen Interessen die nötige Aufmerksamkeit schenken.

Um Lösungen für die schwelenden Konflikte und Umweltgefahren zu finden, müssen wir uns also nach neuen Antworten umsehen. Obwohl ich ein buddhistischer Mönch bin, glaube ich, dass diese Lösungen heute außerhalb der Grenzen der Religion zu suchen sind – ich plädiere für ein Konzept *säkularer Ethik.* Bei diesem Ansatz schulen wir uns selbst nach den Erkenntnissen der Wissenschaft, nach allgemeinen Erfahrungen und dem gesunden Menschenverstand – ein universeller Ansatz, der unsere gemeinsamen menschlichen Werte fördern soll.

Manche Menschen wollen unter dem Begriff »säkular« die Ablehnung von Religionen verstanden wissen. Doch so, wie der Begriff in Indien verwendet wird, meint er einen *umfassenden* Respekt für alle Religionen ohne jede Voreingenommenheit, also auch den Respekt für jene, die keinem religiösen Glauben folgen. Eine der zentralen Missionen meines Lebens ist die Förderung von Verständnis und Harmonie unter unseren spirituellen Traditionen. Sie gehört zu meinen drei Verpflichtungen: als menschliches Wesen menschliche Werte zu fördern; als Mensch, in den die Tibeter ihr Vertrauen setzen, die Kultur und Identität des tibetischen Volkes zu bewahren; und außerdem die natürliche Umwelt unseres Heimatlandes zu schützen.

Mehr als drei Jahrzehnte Diskussionen mit Wissenschaftlern, Pädagogen und Sozialarbeitern in aller Welt zeigen mir, dass alle die Notwendigkeit eines ethischen Systems sehen, das sich auf alle sieben Milliarden Menschen anwenden lässt. Das Ergebnis war, dass wir neue Formen der Erziehung geschaffen haben: ein System, zu dem auch die Erziehung des Herzens gehört, das auf dem Studium der Funktionsweise des Geistes und der Emotionen beruht, das durch wissenschaftliche Forschung vorangetrieben wird und nicht nur durch religiöse Praxis. Da wir in jedem Bereich menschlichen Handelns moralische Prinzipien brauchen – Mitgefühl, Achtung vor anderen Wesen, Güte, Verantwortungsbewusstsein –, sollten die Schulen Möglichkeiten dafür schaffen, dass die Kinder mehr Selbst-Gewahrsein lernen, damit sie in der Lage sind, ihre negativen Emotionen zu handhaben und ausgleichende soziale Fähigkeiten zu entwickeln.

In immer mehr Schulen in Nordamerika und Europa wird der Unterricht in SEE (Soziales, Emotionales und Ethisches Lernen) eingeführt. In der kanadischen Provinz British Columbia lehrt man SEE in allen Schularten, vom Kindergarten bis zum Gymnasium. Eine Initiative an der Emory University in Atlanta, an der ich beteiligt bin, bemüht sich um die Entwicklung eines Lehrplans für säkulare Ethik in Schulen. Der erste Entwurf dieses Lehrplans soll als Pilotprojekt in einigen Schulen in Indien und den Vereinigten Staaten umgesetzt werden. Dann wird man sehen, wie diese Versuche laufen. Sind die Resultate vielversprechend, können wir unsere Erfahrungen für Schulen auf internationaler Ebene zur Verfügung stellen. Eine Schulbildung, die sich vom Kindergarten bis zur Universität auch um ethisches Verhalten bemüht, wird den Menschen eine andere Perspektive geben und – was noch wichtiger ist – das Gefühl, Bürger dieser einen Welt zu sein.

Zahlreiche wissenschaftliche Untersuchungen bestätigen, dass die menschliche Natur ihrem Wesen nach mitfühlend ist. Bei einem dieser Experimente reagierten Kinder fröhlich auf Bilder von Menschen, die einander halfen, aber mit erschrockener Betroffenheit auf Bilder, die zeigten, wie Menschen einander verletzen. Darin liegt unsere Hoffnung. Durch solch eine Erziehung können wir uns selbst ändern, unsere Art zu denken, unsere Art, auf die Welt zu reagieren. Wer, wie ich, zu der Generation von Menschen des 20. Jahrhunderts gehört, wird die Ergebnisse dieser Maßnahmen vielleicht nicht mehr erleben. Doch ich bleibe voller Hoffnung. Die Erfahrung der letzten 80 Jahre hat mir gezeigt, dass ich meine Gedanken mit anderen teilen muss, damit wir gemeinsam eine neue Vision für die Zukunft erarbeiten und deren Umsetzung in Gang bringen können.

Meine Generation ist Zeuge so unendlich vieler Gewalttaten geworden. Wenn diese Bedingungen bestehen bleiben, werden auch die jüngere Generation und deren Kinder in der Zukunft leiden. Dann wird das 21. Jahrhundert nur den Schmerz und das Blutvergießen der Vergangenheit fortsetzen. Wer heute jung ist, hat sowohl die Chance als auch die Verantwortung, an der Schaffung einer besseren und glücklicheren Welt mitzuarbeiten. Wir stehen noch ganz am Anfang dieses Jahrhunderts, und ich glaube, es ist durchaus möglich, dass wir in einigen Jahrzehnten eine Ära des Friedens erleben. Es liegt in unserer gemeinsamen Verantwortung, dies Wirklichkeit werden zu lassen.

Die Zeit ist gekommen, konkrete Schritte zu unternehmen, um die Art, wie wir künftige Generationen bilden und ausbilden, einem wirklichen Wandel zu unterziehen. Wir müssen die Erziehung des Geistes mit der Erziehung des Herzens zusammenbringen, sodass unsere Kinder als verantwortungsbewusste, fürsorgliche Bürger aufwachsen, die bereit sind, sich den Herausforderungen der immer stärker globalisierten Welt zu stellen.

ANMERKUNGEN

1 C.F. von Weizsäcker, Die Sterne sind glühende Gaskugeln und Gott ist gegenwärtig. Über Religion und Naturwissenschaft, Freiburg/München, Herder spektrum 1992, S. 208 (»The Way of meditative experience is open. It is not an escape into an inner transcendence; it leads into the present, towards reason.«)

2 Shantideva (7./8. Jahrhundert) war einer der größten Meister und Gelehrten des Mahayana-Buddhismus. Er lehrte an der angesehenen buddhistischen Nalanda-Universität. Sein Werk *Bodhicaryavatara* (dt. *Eintritt in die Lebensführung des Erwachens*) wird vom XIV. Dalai Lama immer wieder kommentiert.

3 Die Übersetzung der Verse (Kap. 3, Vers 6 ff, Kap. 10, Vers 2) wurde entnommen aus: Shantideva, *Die Lebensführung im Geiste der Erleuchtung*, Berlin 2004.

4 Albert Schweitzer, *Verfall und Wiederaufbau der Kultur. Kulturphilosophie Erster Teil* (= Albert Schweitzer Ausgabe in fünf Bänden. Bd. 2), Berlin: Union Verlag, 1971, S. 108f.

5 Bereits im frühen Buddhismus werden sechs Arten von Bewusstsein (*vijnana*) unterschieden, die den fünf Sinnesfähigkeiten und einer koordinierenden Instanz entsprechen: Sehbewusstsein, Hörbewusstsein, Riechbewusstsein, Geschmacksbewusstsein, Tastbewusstsein, mentales Bewusstsein. Letzteres fügt die Sinneswahrnehmungen, die durch Zusammenwirken von Sinnesorgan, Sinnesobjekt und sinnesverarbeitendem Bewusstsein zustande kommen, in einen mentalen Rahmen ein und erzeugt damit die kohärente Wahrnehmung von »Objekten« (bezogen auf ein wahrnehmendes »Subjekt«), was sowohl bewusste als auch unbewusste Komponenten umfasst.

6 Das tibetische Wort *bardo* bezeichnet die sechs Übergangs- oder Zwischenzustände des Bewusstseins in den verschiedenen Phasen von Geburt – Leben – Sterben – Wiedergeburt, nämlich die Bardos von Geburt, Traum, Versenkung, Augenblick des Todes, Zwischenbereich, Wiedergeburt. Den letzten drei Zuständen wird insgesamt eine Dauer von 49 Tagen zugemessen.

7 Nalanda (seit dem 5. Jh. n.Chr.), eine der größten indischen buddhistischen Klosteruniversitäten, an der bis zu 15 000 Mönche unter ca. 1000 Lehrern Logik und Philosophie studierten, wurde im 12. Jh. von muslimischen Armeen zerstört. Heute versucht der indische Staat eine Neugründung.

8 *Religionsmonitor 2017*, Bertelsmann Stiftung Gütersloh, veröffentlicht unter dem Titel: »Vielfalt leben – Gesellschaft gestalten«.

9 Für eine detaillierte Analyse, wie Asien und Europa sich im Rahmen der Begegnung von Buddhismus und Christentum über die Jahrhunderte hinweg gegenseitig beeinflusst haben, siehe von Brück, M., Lai, W., *Buddhismus und Christentum. Geschichte, Konfrontation, Dialog*, München 1997.

10 Dies ist natürlich eine praktische Anwendung des zentralen buddhistischen Konzepts von *pratityasamutpada* (Entstehen in wechselseitiger Abhängigkeit), vgl. M. von Brück, *Einführung in den Buddhismus*, Frankfurt a. M. 2007, S. 133 ff.

11 Der österreichisch-amerikanische Religionssoziologe Peter L. Berger (1929–2017) hat dies bereits 1979 den *»häretischen Imperativ«* genannt.

12 Einige grundlegende methodologische Fragen einer interkulturellen Debatte über »Wahrheit« werden erörtert in: M. von Brück, »Interkulturelle Perspektiven: Wissen und Wahrheit in asiatischen und europäischen Traditionen«, in: Rager, G., von Brück, M., *Grundzüge einer modernen Anthropologie*, Göttingen 2012, S. 210–237.

13 Vgl. von Brück/Lai, *Buddhismus und Christentum*, a. a. O., S. 621 ff.

14 Aristoteles, *Metaphysik*, 993 a 30.

15 Thomas von Aquino, »De veritate« q. 1,1.1; Summa Thel. Q. 16, a.2 ad 2.

16 Die Naturwissenschaft arbeitet mit einem Wahrheitsbegriff, der auf dem Prinzip der Objektivierung beruht. Es ist ein pragmatischer Wahrheitsbegriff, der an der Bewährung in den Bezügen der Erfahrungsgegenstände gemessen wird und alles Subjektive, also auch Emotionen, Werte usw. ausschließt, weil sie nicht der wissenschaftlichen Objektivierbarkeit zugänglich sind, obwohl sie die Erfahrungswelt durchaus mitprägen. Aus diesem Grunde muss das naturwissenschaftliche Verfahren durch kulturell bedingte Wahrheitskonstruktionen ergänzt werden, von denen hier die Rede ist. Sie können entweder idealistisch oder konstruktivistisch geformt sein, also als in einer eigenen Realität der Ideen bzw. Formen begründet oder als kulturelle Konstrukte behauptet werden. Wahrheit in diesem Sinn ist nicht aus reiner Logik begründbar, kann aber mit Gründen, die der Vernunfteinsicht zugänglich sind, plausibilisiert werden und somit intersubjektiven Konsens nicht aber Objektivität erreichen.

17 W. Heisenberg, *Wandlungen in den Grundlagen der Naturwissenschaften.* Stuttgart 1959, S. 139.

18 Vgl. die Diskussion um das Projekt Weltethos: Küng, H., *Projekt Weltethos,* München 1990; Küng, H., Kuschel, K.-J. (Hrsg.), *Erklärungen zum Weltethos. Die Deklaration des Parlaments der Weltreligionen,* München 1993.

19 Einige dieser Punkte sind aufgelistet in: von Brück, M., Lai, W., *Buddhismus und Christentum*, a. a. O., S. 642 f.

20 Eine solche Haltung könnte man als »Fundamentalismus« bezeichnen, je nachdem, wie dieser recht unklare Begriff verwendet wird.

21 Text von der Website S. H. des Dalai Lama.

22 Rede beim Parliamentary Earth Summit – Globales Forum der Vereinten Nationen für Umwelt und Entwicklung (UNCED) – vom 7. Juni 1992 in Rio de Janeiro, Brasilien (Von der Webseite S. H. des Dalai Lama)

23 Rede des Dalai Lama vor den zwei Kammern des Parlaments des Staates Kalifornien in Sacramento, 20. Juni 2016.